German A2

Zeitgeist 2

Teacher's Book

Sarah Provan
Morag McCrorie
Dagmar Sauer
Maria Hunt

OXFORD
UNIVERSITY PRESS

Contents

Symbols used in the Teacher's Book:

🔲	Cassette
S🔲	Self-study cassette
A 12	*Arbeitsblatt*

OXFORD
UNIVERSITY PRESS

Great Clarendon Street, Oxford OX2 6DP

Oxford University Press is a department of the University of Oxford. It furthers the University's objective of excellence in research, scholarship, and education by publishing worldwide in

Oxford New York

Auckland Bangkok Buenos Aires Cape Town Chennai Dar es Salaam Delhi Hong Kong Istanbul Karachi Kolkata Kuala Lumpur Madrid Melbourne Mexico City Mumbai Nairobi São Paulo Shanghai Taipei Tokyo Toronto

Oxford is a registered trade mark of Oxford University Press in the UK and in certain other countries

© Sarah Provan, Morag McCrorie, Dagmar Sauer, Maria Hunt 2001

The moral rights of the author have been asserted

Database right Oxford University Press (maker)

First published 2001

British Library Cataloguing in Publication Data

Data available

ISBN 0 19 912324 1

10 9 8 7 6 5 4

Design by Blenheim Colour Limited, Eynsham, Oxford

Printed by Athenaeum Press Ltd, Gateshead.

Acknowledgements
The authors and publishers would like to thank the following people for their help and advice: Marian Jones (course consultant); Katie Lewis (editor of the Zeitgeist 2 Students' Book); Dr Peter Halstead (consultant on revision and assessment material); Pia Hoffmann (language consultant); Laurent Dury for music composition.

The speech was recorded at The Soundhouse, London W6 and produced by Prolingua Productions.

Every effort has been made to contact copyright holders of material reproduced in this book. If notified, the publishers will be pleased to rectify any errors or omissions at the earliest opportunity.

Summary of unit contents

Unit	Subject content	Grammar	Skills
Einheit 1 ***Der Staat und das Individuum*** Political and public life	German system of government (p6) German political parties (p8) Pressure groups (p10) *Prüfüngstraining* (p12)	Revision of cases (p13) Use of definite and indefinite article (p13)	Listening and answering questions in German (p12) Better listening (p13)
Einheit 2 ***Armut und Reichtum*** Poverty and wealth	The Third World (p16) Homelessness (p18) Charities (p20) *Prüfüngstraining* (p22)	Revision of adjective endings (p17)	Translating from German into English (p23)
Einheit 3 ***Gesundheit*** Health	Stress (p26) We are living longer (p28) Addiction (p30) *Prüfüngstraining* (p32)	Revision of perfect, imperfect and pluperfect (p32)	Summarizing a listening passage (p33)
Einheit 4 ***Mobilität heute*** Transport today	Car travel (p38) Traffic jams and accidents (p40) The railway (p42) *Prüfüngstraining* (p44)	Revision of the passive (p41) Impersonal passive (p45) Avoiding the passive (p45)	Understanding reading passages and answering questions in German (p45)
Einheit 5 ***Vorsprung durch Technik*** New technologies	Genetic technology (p48) Cloning (p50) Technological developments (p52) *Prüfüngstraining* (p54)	Revision of imperfective subjunctive (p53) Revision of tenses (p54)	Answering questions in German on an English passage (p55)
Einheit 6 ***Rassismus*** Racism	An old problem? (p58) A European problem? (p60) Right-wing violence (p62) *Prüfüngstraining* (p64)	Indirect speech (p65)	Translating into German (p65)
Einheit 7 ***Verbrechen und Rechtswesen*** Crime and justice	Youth crime (p70) Punishment vs rehabilitation (p72) Today's values (p74) *Prüfüngstraining* (p76)	Modal verbs and verbs of perception in the perfect tense (p76)	Expressing your opinion (p77)
Einheit 8 ***Die Zukunft Europas*** The future of Europe	EU Institutions (p80) Expansion of the EU (p82) The future of Europe (p84) *Prüfüngstraining* (p86)	Future perfect tense (p85) Conditional perfect tense (p86)	Tackling gap-fill activities (p87)
Einheit 9 ***Stichwort: Globalisierung*** Globalization	The shrinking world (p90) War and peace (p92) NATO – a guarantee of freedom? (p94) *Prüfüngstraining* (p96)	Use of *da* + preposition (p96) Complex word order (p97)	Preparation for the exam (*Arbeitsblätter* 27a and 27b)

Introduction

The course

Welcome to **Zeitgeist 2**!

Zeitgeist 2 is the second stage of a two-part German course written to match the new AQA AS and A2 specifications. The nine teaching units are sequenced to resource the AQA A2 specifications, but content coverage and activities are also suitable for other specifications.

Zeitgeist 2 is written by a team of experienced authors and practising teachers and is suitable for a wide range of learners.

Rationale

The aims of **Zeitgeist 2** are:

◆ to provide thorough coverage of the AQA A2 specification and excellent preparation for the A2 examination

◆ to provide comprehensive grammatical coverage and practice of the QCA-defined grammatical content

◆ to help students develop specific examination techniques, for example, listening and reading for gist, constructing a summary, expressing opinions orally and in writing etc.

◆ to enable students to take control of their own learning by means of learning strategies, reference and revision sections, study skills and opportunities for independent study

◆ to encourage success by providing clear objectives and by practising language via activities with a clear purpose

◆ to provide up-to-the minute information on current affairs and language learning activities via the dedicated website

The components of Zeitgeist 2

Students' Book

The Students' Book is the complete handbook for advanced level studies, providing a comprehensive and integrated programme of teaching, practice, revision and reference for students. This 144-page book contains the following sections:

Einheiten 1–9
There are nine units on different topics, providing material to cover the language and content of the AQA A2 level specification, Modules 4–6. Each unit has been planned to be interesting and motivating, as well as to develop relevant strategies and skills for independent study and preparation for examinations. An outline of the content of each unit is given on Teacher's Book page 3.

Wiederholung
After every three units, there are two pages with a range of revision activities, aimed at providing further practice and consolidation of the language of the preceding units. Some of the activities are suitable for use in class whereas others are suitable for individual study. In addition to these two-page sections, there are fourteen assessment *Arbeitsblätter* (numbers 28a–36) linked to groups of units (1–3; 4–6; 7–9).

Probetest
This section on pages 101–107 of the Students' Book forms a practice examination for the A2 qualification.

Coursework skills
This section, on pages 108–113 of the Students' Book, forms a step-by-step guide to producing successful pieces of coursework for the A2 examination.

Grammar
A more detailed reference section which complements the explanations given within the body of the book. All explanations are in English so that students are able to use it independently.

Teacher's Book

Detailed teaching notes for each unit are provided. These notes include:

- suggestions for using the material in the Students' Book, including revision pages
- answers to most activities, including possible answers where appropriate as well as the correct answers for true/false activities
- transcripts for all recorded material
- notes on when to use the *Arbeitsblätter* within each unit
- 36 *Arbeitsblätter*: three for each unit of the Students' Book (1–27b) and fourteen assessment sheets (numbers 28a–36).

Grammar Workbook

A 96-page workbook containing thorough revision and practice of grammar covered in the Students' Book with an answer booklet for self-marking if appropriate. This can be used with **Zeitgeist 1** and **Zeitgeist 2**.

Cassettes

The cassettes (or CDs) provide the listening material to accompany the Student's Book, *Arbeitsblätter* and assessment material. The scripted material was recorded by native German speakers. All cassettes or CDs may be copied within the purchasing institution for use by teachers and students. The **Zeitgeist Solo Cassette** is ideal for self-study and it is advisable for students to have an individual copy of the cassette to practise independent listening.

Contents:
Cassette 1 side 1: Units 1–3 (page 33)
Cassette 1 side 2: Unit 3 (*Arbeitsblatt* 7), revision and assessment Units 1–3, Unit 4
Cassette 2 side 1: Units 5–6, revision and assessment Units 4–6, Unit 7
Cassette 2 side 2: Units 8–9, revision and assessment Units 7–9, *Probetest*
CD1: Units 1–4
CD2: Units 5–9, *Probetest*

Website

There is a dedicated website containing additional activities and links to suitable German websites at www.oup.com/uk/zeitgeist.

The features of a **Zeitgeist 2** unit

Unit objectives

Each unit begins with a list of topics in German with page references to their place in the unit. There are also objectives in German that provide clear information to students of what they will learn in the unit. These include skills students will learn and grammar points they will cover. The first page of each unit contains a visual stimulus to introduce the theme of the unit, along with some activities to kick off the theme.

Spreads

An introductory sentence or sentences pinpoint what students will learn on each spread. The initial emphasis is on listening and reading activities, leading to a productive spoken and written task at the end of the spread.

Hilfe

These occasional boxes provide useful phrases for students to use in their written and spoken outcome tasks.

Extra!

These are additional activities, often provided on an *Arbeitsblatt*, to extend what students have learnt on the spread.

Prüfungstraining

These sections follow the main part of the unit, and provide students with activities to practise and improve their grammar (*Grammatik* sections) and skills and examination techniques (*Tipp* sections).

Grammatik

These grammar boxes are in English. For each grammar point students can identify examples from texts on the spread. Practice activities in English are provided (lettered A, B, C etc.) to reinforce the grammar point. Cross references are supplied to pages in the grammar reference section and in the Grammar Workbook.

Tipp

These boxes provide practical ideas in English on how to learn the language more effectively, with activities numbered separately. They also familiarize students with all the different techniques that they will require to successfully carry out the various parts of their A2 examination. These sections are ideal for self-study.

Zur Auswahl
Each unit has a page of self-study activities at the end to reinforce the language, skills, examination techniques and grammar points that students have learnt in the unit. The listening activities are recorded on a self-study cassette.

Wiederholung and *Probetest*
Revision practice with exam-style questions as described below to help students prepare for the A2 examination.

Zeitgeist and the new A2 level specification

Zeitgeist is a structured course intended for use over two years' study and has been written to follow the new AQA AS/A2 specifications. There are nine units in **Zeitgeist 2** written to match the content and sequence of the AQA Modules 4 to 6. Each of the units of **Zeitgeist 2** is devoted to one of the Contemporary Issues of AQA A2, Module 4. All nine units also provide material for Modules 5 and 6.

Grammar

Zeitgeist 1 and **2** provide complete coverage of the QCA-defined grammar content. The deductive approach on the Students' Book pages and the extensive practice provided in the Grammar Workbook ensure that students are able to master all aspects of language structure required at this level.

Assessment

The assessment sections in **Zeitgeist 2** have been written to match the AQA examination style and have been read and approved by the chief examiner.

Practice in tackling exam-style questions is provided in the *Wiederholung*, *Probetest* sections and *Arbeitsblätter* 28–36. Mark schemes that match the AQA assessment criteria are also provided in the notes for these sections.

Key Skills
Communication
Teachers should note that, although the study of a modern foreign language helps students to develop their communication skills, **the evidence for this Key Skill must be presented in English, Irish or Welsh. Zeitgeist 2** offers opportunities for **practising and developing** communication skills rather than for generating assessed evidence.

For this Key Skill, students need to:

1a Contribute to discussions
All **Zeitgeist 2** units provide opportunities for students to discuss topics in pairs, small groups or as a whole-class activity.

1b Make a presentation
Many of the topics covered in the coursebook provide a suitable basis for a presentation. Students could be encouraged to enhance their talk by using visuals, e.g. OHP transparencies, photographs, maps, timetables, brochures, diagrams, etc.

2 Read and synthesize information
Zeitgeist 2 provides reading material on a variety of topics, with follow-up activities designed to help students identify main points and summarize information. Texts range from extended essays and reports, formal and informal letters, newspaper articles to publicity material and online information on the **Zeitgeist website**.

		1	2	3	4	5	6	7	8	9
Main Key Skills	Communication	✓	✓	✓	✓	✓	✓	✓	✓	✓
	Application of number	✓	✓	✓	✓	✓	✓	✓	✓	
	ICT	✓	✓	✓	✓	✓	✓	✓	✓	✓
Wider Key Skills	Working with others	✓	✓	✓	✓	✓	✓	✓	✓	✓
	Improving own learning and performance	✓	✓	✓	✓	✓	✓	✓	✓	✓
	Problem solving			✓		✓	✓	✓	✓	✓

In addition, students could be encouraged to undertake wider reading when researching information for a presentation or essay.

3 Write different types of documents
Opportunities exist throughout **Zeitgeist 2** for students to attempt different styles of writing covering a variety of topics, e.g. formal and informal letters, brochures, essays and reports, a CV, guided tours of home town/school.

Application of number

Opportunities exist within **Zeitgeist 2** to generate evidence, including interpreting statistics relating to German-speaking countries: e.g. Unit 3, page 28; Unit 4, page 40.

Information Technology

Students need to be able to:

1 search for and select information
2 explore and develop information, and derive new information
3 present combined information, including text, numbers and images

These three requirements can be combined within a single extended piece of work, as outlined in the following example: Unit 6, page 6, activity 5.

1 Students **search** the Internet or CD-ROM reference materials to find out about the chosen topic, and **select the information** that is relevant to their task.
2 Students **explore** and **develop the information**, e.g. by comparing the new material they have found with the material already covered in the unit.
3 Students **present** their research in the form of a word-processed pamphlet, incorporating text, graphics (e.g. clip-art or scanned images) and charts/tables if appropriate.

Working with others

This Key Skill requires students to:

1 plan work and confirm working arrangements
2 work towards achieving identified objectives
3 review the activity

All **Zeitgeist 2** units provide opportunities for students to work together, either in a one-to-one situation or as part of a group. Often, these opportunities take the form of speaking activities, e.g. paired tasks, interviews, discussions, surveys. The following example illustrates how a group task can be developed and expanded in order to become a suitable means of assessing this Key Skill:

Unit 5, page 51, activity 5
Students work together to prepare for a debate in the class.

1 Students plan the work and **confirm working arrangements**, e.g. by allocating the four roles within the group, identifying reference sources for each person to use, etc.
2 Students **work towards their objectives**, fulfilling their responsibilities and seeking advice from teachers or other group members as appropriate.
3 The role-play could be presented to the rest of the class, enabling the whole class to view and appraise the different performances. Together with their teacher, individual students then review their **progress** and **agree ways of improving** their future work.

Improving own learning and performance

Students are required to:

1 agree and plan targets
2 seek feedback and support
3 review their progress with an appropriate person and provide evidence of their achievements

Zeitgeist 2 provides opportunities to meet these criteria in the following ways:

◆ **Essays and project work**
Any extended piece of work is suitable, because the work takes place over a period of a few weeks. Targets, plans, deadlines, etc. need to be discussed in advance, and students then work unsupervised, using reference materials and seeking advice as appropriate. As a follow-up to the task, progress can be reviewed with the teacher and new targets set, e.g. a student might be confident in using the present tense but might need to improve the use of past and future tenses.

◆ **Strategies for improving performance**
All **Zeitgeist 2** units include *Tipp* sections, which offer students suggestions on how to improve their performance, e.g. listening, speaking, reading and writing strategies, practical tips on different ways of learning and preparing for exams, advice on how to use dictionaries effectively, etc.

Problem solving

In language learning, a 'problem' can take the form of any unknown word or phrase. If students can be encouraged to 'work out' new language for themselves instead of relying on teacher support, they will be developing their problem-solving skills.

Zeitgeist 2 suggests ways in which students can become more independent in their language learning. For example, the *Tipp* sections give students advice on how to:

- use context, visual clues, cognates and the component parts of individual words to deduce meanings
- use their knowledge of grammar to help work out the meaning of a sentence

Information technology

Possible ways to use ICT with **Zeitgeist 2** include:

Websites

The dedicated website produced for **Zeitgeist** contains not only additional activities but also links to useful German websites. The website is to be found at: www.oup.com/uk/zeitgeist. In addition to this resource, references to specific websites are given in the Students' Book where relevant.

E-mail

E-mail can often be used to enhance and develop the work of the unit, especially where a class has a link with a German-speaking class. Information can easily be exchanged which both motivates students and generates a source of additional material.

Text manipulation

IT allows text to be presented in a variety of forms which can be easily edited and manipulated. A word, phrase, sentence or paragraph can be moved, changed, copied or highlighted. Any activity involving text manipulation will emphasize understanding and enhance language production.

Examples:
- writing a short report – Einheit 2, p. 17, Extra!
- writing a brochure – Einheit 3, p. 27, activity 5
- writing an article – Einheit 2, p. 19, activity 6
- writing a letter to a newspaper – Einheit 5, p. 51, activity 6

Databases

Information gathered by students, possibly during a class survey, can be entered in a database. The results, presented graphically or numerically, offer an ideal oportunity for further language work. Comparison and discussion of results can provide a new context for language manipulation.

Graphics

Graphics are easy to manipulate with IT and are easy to produce. Students can add a picture to text in DTP, create or edit existing graphics with an art or drawing package or scan and digitize images to include their own work.

Example:
- downloading images and text from suggested websites – Einheit 4, activity 3a

Der Staat und das Individuum Einheit 1

Unit objectives

By the end of this unit students will be able to:

- Understand the German parliamentary system
- Understand differences between the German and British systems
- Discuss the effects of pressure groups
- Understand the voting system

Grammar

- Revise the cases (nominative, accusative etc.)
- Use the definite and indefinite article correctly

Skills

- Develop listening skills and answer questions in German

page 5

1a Students match the dates to the appropriate picture or text.

Answers:

1 *b/c* **2** *e* **3** *b/c* **4** *d* **5** *a*

1b Students give reasons for their choices in activity 1a.

Answers:

1 *The constitution (Grundgesetz) was introduced on 23 May 1949. Over 40 amendments were made for reunification on 3 October 1990.*
2 *The new Reichstag was opened in Berlin in 1999.*
3 *A clause in the Grundgesetz (1949) declared that the flag of the new federal republic would be black, red and gold.*
4 *The first session of the new Bundestag after reunification was in 1990.*
5 *German national anthem: lyrics by August Heinrich Hoffmann von Fallersleben (1841), music by Franz Joseph von Haydn (Kaiserhymne, 1797); first verse declared to be the German national anthem in 1922, since 1950 only the third verse sung as national anthem*

2 Students have to link up the political words listed with the appropriate definition. They will need to do some research to find the answers; they can either use encyclopaedias or the website listed.

Answers:

a *4* **b** *5* **c** *7* **d** *1* **e** *2* **f** *3* **g** *6*

Die deutsche Regierung

Materials

- Student's Book pages 6–7
- Cassette 1 side 1 CD 1
- *Arbeitsblatt* 1

1a Students look at the opinions given on topical issues and identify those they agree with and those that they disagree with.

1b Students get together with a partner and discuss both the issues and also whether the issues are topical at the moment.

2 Students read the text about the German political system and then do the true/false activity to test comprehension.

Answers:

a *F (Der Bundespräsident wird auf fünf Jahre gewählt.)*
b *F (Der Bundestag wählt den Bundeskanzler.)* **c** *F (Der Bundeskanzler hat die größte Macht in Deutschland.)* **d** *R*
e *F (Der Bundesrat gibt seine Zustimmung zu Gesetzen.)*
f *F (Der Bundespräsident wird von der Bundesversammlung gewählt.)* **g** *F (Der Bundesrat wird nicht direkt gewählt.)*
h *nicht im Text*

3 Students refer to the text on page 6 and complete sentences a–h.

Answers:

a *die Bundestagsabgeordneten.* **b** *die Erlassung der Gesetze.*
c *vertreten die Interessen der Länder.* **d** *die Arbeit der Bundesregierung zu überwachen.* **e** *die Bundesversammlung.*
f *die Richtlinien der Politik zu bestimmen und Minister zu ernennen und zu entlassen.* **g** *Bundesminister und Richter.*
h *die Grundrechte der Bürger geschützt.*

AB1 **Extra!** Students do activities 1 and 2 on *Arbeitsblatt* 1, which compares the German and British systems.

4a Students listen to the first part of the government statement from the German Chancellor. They select the appropriate verb phrases (1–5) to go with the nouns (a–e). The completed sentences will spell out the Chancellor's aims.

Answers:

a *5* **b** *1* **c** *4* **d** *2* **e** *3*

> p 7, activity 4a
>
> **Teil 1**
> Es folgen die Nachrichten vom Dienstag, dem 10.
> November 1998
> Bonn: Nach dem Wahlsieg der SPD am 27. September,
> den Koalitionsverhandlungen mit dem Bündnis 90 und
> den Grünen und der Regierungsbildung gab der
> Kanzler heute in der dritten Sitzung des neu gebildeten
> Bundestages seine Regierungserklärung ab.
> Das Programm für die Amtszeit seiner Regierung
> umfasst zwanzig Punkte, in denen er die Richtlinien der
> neuen Mitte darlegt.
> Insbesondere verkündete er neue Maßnahmen zur
> Bekämpfung von Massenarbeitslosigkeit. Die
> Unsicherheit der Arbeitsplätze nehme der Bevölkerung
> die Hoffnung und mache ihr Angst. Bestehende
> Arbeitsplätze sollen gesichert und neue geschaffen
> werden. Er wolle es besonders den kleineren und
> mittleren Betrieben durch steuerliche Vergünstigungen
> erleichtern, nicht weiterhin Angestellte entlassen zu
> müssen.
> Auch für Arbeitnehmer werde es sich in Zukunft noch
> mehr lohnen, berufstätig zu sein und sich nicht auf
> Sozialbeihilfe zu verlassen. Die Einkommenssteuern
> werden gesenkt, das Kindergeld erhöht und eine
> durchschnittlich verdienende Familie werde im Jahr
> durch die neuen Maßnahmen der Regierung DM 2700
> mehr in der Haushaltskasse haben.

 4b The second part of the statement deals with
measures to help young people. Students listen to it and
then pick out the sentences (a–g) which match measures
in the statement.

Answers: a, c, d, f, g

> p 7, activity 4b
>
> **Teil 2**
> Besonders den jungen Menschen möchten der Kanzler
> und seine Regierung eine neue Perspektive für
> Ausbildung und Arbeit geben. Die Bundesregierung
> werde ein Sofortprogramm einführen, das 100 000
> Jugendlichen Wege zur Erwerbstätigkeit anbieten
> werde. Mittlere und große Betriebe sollen in der
> Zukunft mehr Lehrstellen zur Verfügung stellen und
> der Staat baue auf die Verantwortlichkeit der
> Unternehmer, eine hoch qualifizierte Bevölkerung zu
> schaffen. Dabei spreche er nicht von einer Gesellschaft
> von lauter Superhirnen und Weißkitteln, sondern
> vielmehr von einer Gesellschaft, in der unterschiedliche
> Begabungen gefördert werden und die fit ist für den
> Wettbewerb auf dem europäischen Markt.
> Wenn junge Menschen durch sinnvolle Beschäftigung
> und Einsatz ihrer Begabung ihrem Leben eine neue
> Perspektive abgewinnen, werde dies zwangsweise auch
> zu einem Rückgang der Jugendkriminalität führen.

 4c Students listen to the third part of the statement and
find the appropriate word to fill the gaps in sentences a-e.

Answers:

a *acht* **b** *nicht* **c** *finanzielle* **d** *Städte* **e** *mutig*

> p 7, activity 4c
>
> **Teil 3**
> Zum Aufbau Ost sagte der Kanzler, in den vergangenen
> acht Jahren hätten die Deutschen ihre Solidarität mit
> den neuen Bundesbürgern bewiesen, doch sei der
> Aufbau noch lange nicht beendet. Diese Solidarität
> werde auch weiterhin vonnöten sein. Die finanziellen
> Mittel, die bisher den neuen Bundesländern zur
> Verfügung ständen, würden auch in der neuen
> Amtsperiode weitergeführt werden. Er wolle die
> Anstrengungen zur Sanierung und Neugestaltung der
> Städte verstärken und die Vollbeschäftigung anstreben.
> Er forderte die Bundesbürger auf, mit Mut und
> Optimismus die Regierung zu unterstützen,
> Deutschland als würdigen europäischen Partner in das
> neue Jahrtausend zu führen.

Encourage students to research more information about
reunification using the Internet, encyclopedias or history
books.

5a Students choose one of the four German politicans
listed and reseach their life in order to give a one-minute
talk about them to the class.

5b A whole-class activity where each student describes
one of the four politicians without giving the person's
name. The rest of the class guess which politician is being
described.

Extra! Students listen to the text and do activity 3 on
AB1 *Arbeitsblatt 1.*

Das Parteiensystem

Materials
- Student's Book pages 8–9
- Cassette 1 side 1 CD 1
- *Arbeitsblatt 2*

1 Students work with a partner to look at the
advertising slogans and discuss:

- what is on each election poster
- what text, images and colours are used
- what type of voters the adverts are aimed at
- what political issue is being addressed
- which poster appeals most to them.

2a Students read the extracts from the letters on page 9 and list what the writers are protesting about.

Answers:

1 *Versprechen nicht gehalten; keine Arbeitsplätze in Brandenburg; keine kostenlosen Kinderkrippen*

2 *bettelnde Asylanten, die nicht arbeiten; Jugendliche, die sich herumtreiben; Mütter, die ihre Kinder vernachlässigen*

3 *Deutsche fahren zu viel: Staus; Abgase; Baumsterben; Fische sterben*

2b Students guess which parties the authors of the letters would be likely to vote for.

Extra! There is more information on German political parties on *Arbeitsblatt 2*.

2c Students review their answers for activity 2b after reading the goals the parties have (see *Arbeitsblatt 2*).

Answers:

1 *PDS: ganz auf die neuen Bundesländer ausgerichtet*

2 *NPD: „Deutschland den Deutschen", gegen die Arbeit von Müttern außer Haus*

3 *Die Grünen: für national organisierten Umweltschutz*

3a Students look through the words given and look up those which they don't know.

Answers:

a *healthcare* **b** *to protect the environment* **c** *attractive girls* **d** *to hide behind/take refuge in his music* **e** *party events* **f** *bullet-proof glass* **g** *entry restrictions for particular courses at university, e.g. medicine, dentistry* **h** *spy cases* **i** *to have no interest in something* **j** *to sit in a wheelchair*

3b Students now listen to the interview, which includes the words and phrases from activity 3a. They list these words and phrases in the order in which they come in the interview.

Answers: *i, g, a, f, j, h, b, d, e, c*

---

p 9, activity 3b

Int.: Also, zunächst einmal recht herzlichen Dank dafür, dass ihr mich zu diesem Treffen eingeladen habt. Unser heutiges Thema ist: die politischen Parteien. Wie steht ihr zu diesem Thema? Also zunächst einmal Philipp hier:

P.: Also, ich bin der Philipp und ich bin im vergangenen Mai 18 Jahre alt geworden, das bedeutet also, dass ich wählen darf. Aber ehrlich muss ich sagen, da hab ich überhaupt keinen Bock drauf. Was da so in der Politik vor sich geht, interessiert mich überhaupt nicht. Ich muss erst mal kräftig für die Schule lernen, also da kommt jetzt bald der ganze Abi-Stress auf mich

zu, und bei dem Studienfach, was ich mir ausgesucht habe, da ist noch Numerus Clausus und ehrlich gesagt, da muss ich viel dafür tun. Außerdem spiel ich in meiner Freizeit in einer Band und wir proben die ganze Zeit und bringen auch demnächst unsere erste CD raus, da geh ich voll Power rein und da bleibt halt nix mehr übrig für die Politik und so.

M.: Aber hör mal zu, Philipp, ich meine, du solltest ein bisschen mehr Verantwortung zeigen, denn jetzt, wo du volljährig bist, könntest du dich schon mehr an der Politik beteiligen. Du wohnst schließlich in einem Sozialstaat und akzeptierst auch die positiven Seiten wie zum Beispiel die Krankenversorgung und auch deinen Studienplatz nächstes Jahr.

P.: Aber Manuela, du meinst, du könntest da als Einzelner irgendetwas ändern. Da irrst du dich aber. Du kannst dich da noch so sehr engagieren, aber die nehmen dich überhaupt nicht zur Kenntnis, die da in Berlin, die nur mit ihren dicken Mercedes Dienstwagen da rumfahren. Was meinst du, Johann?

J.: Also, das mit den Autos ist doch was anderes. Die brauchen panzersicheres Glas, damit sie vor Attentätern geschützt sind und so was. Schließlich riskieren sie ihr Leben für uns. Ein Politiker von der CDU sitzt doch im Rollstuhl und irgendwann haben sie ja auch den Kennedy erschossen. Ich meine, es geht doch hier um ganz andere Fragen, nämlich wer die beste Politik für uns junge Menschen anbietet oder bist du da anderer Meinung, Sandra?

S.: Ja, und gerade da ist es vielleicht nicht leicht, die ganzen Slogans zu durchschauen. Meiner Meinung nach gibt es sowieso nicht mehr viele Unterschiede zwischen den Parteien. Die alten traditionellen Parteien sind sowieso das Letzte. Ein Skandal nach dem anderen: Spendenaffären, Spionagefälle, wie soll man da das Vertrauen in sie nicht verlieren? Das, was die Grünen so machen, das sagt mir wesentlich mehr zu. Endlich mal welche, die wirklich die Umwelt schützen und sich um unsere Zukunft kümmern. Sie wollen die öffentlichen Verkehrsnetze ausbauen und die Autofahrer weg von der Straße locken – ist das nicht mal endlich was Vernünftiges?

M.: Das ist reiner Idealismus, Sandra! Ich gehe zu den Jungen Christdemokraten in meinem Ort, die haben Erfahrung und schließlich war es die CDU, die Deutschland wieder zusammengeführt hat.

J.: Aber Manuela, diese Skandale und dann noch dieser Extremismus der CSU in Bayern, die wirklich ganz deutlich gegen die Ausländer ist. Nein, da ist mir die SPD schon lieber. Die sind wenigstens ehrlich und geben zu, dass wir Probleme haben mit den Rechtsradikalen und der Arbeitslosigkeit.

> P: Ach Johann – ich weiß nicht, wenn ich euch so reden höre, dann muss ich mich doch ein wenig schämen. Ich glaube ich bin doch eher egoistisch, wenn ich mich so hinter meiner Arbeit und hinter meiner Musik verschanze. Sandra und du, Manuela, könnt ihr mich vielleicht mal zu euren Parteiveranstaltungen mitnehmen? Und – kommen da noch mehr flotte Mädchen hin?
>
> M./S.: Philipp!
>
> Int.: Vielen Dank für euer so offenes Gespräch. Ich habe alles, was ihr gesagt habt, sehr aufschlussreich gefunden.

3c Students listen to the interview again and answer questions a–j.

Answers:

a *keine, weil er sich überhaupt nicht für Politik interessiert*

b *weil er in einem Sozialstaat wohnt und die positiven Seiten akzeptiert*

c *weil es nicht viele Unterschiede zwischen ihnen gibt; außerdem sind sie ständig in Skandale verwickelt*

d *für die Grünen*

e *den Jungen Christdemokraten*

f *sie haben Erfahrung; sie haben Deutschland zusammengeführt*

g *die SPD*

h *Sie sind ehrlich und geben zu, dass es Probleme mit den Rechtsradikalen und der Arbeitslosigkeit gibt.*

4 Students read the descriptions of the political parties on *Arbeitsblatt 2*. They then write their own manifesto for a new German political party.

5 In pairs, students play the role of a member of a political party who is trying to convince his or her partner to become a member. Refer students to the *Hilfe* on the page which gives useful vocabulary.

Interessenverbände

Materials

◆ Student's Book pages 10–11
◆ Cassette 1 side 1 CD 1

1a A whole-class activity to introduce the topic of pressure groups. Students look at the images at the top of the page and discuss why people have taken action and what they are protesting about.

1b In pairs, students make a list of local action groups.

2a Students read the text about the protests against the transportation of nuclear waste. They pick out from the text the words which match the descriptions a–f.

Answers:

a *Atommülltransport* b *Zwischenlager*
c *Aufprallgeschwindigkeiten* d *lecken*
e *Sicherheitsmaßnahmen* f *bundesweit*

2b To test reading comprehension, students answer the questions on the text.

Answers:

a *Der Atommülltransport soll quer durch das Bundesland und weiter bis zum Zwischenlager Gorleben führen. (Gorleben is in the north of Germany, not in Rheinland-Pfalz.)*

b *Sie hat sich mobilisiert – Protestgruppen besetzten die Gleise.*

c *Die Polizei musste die Gleise räumen.*

d *Die Behälter könnten lecken OR Die von den französischen Behörden durchgeführten Sicherheitsmaßnahmen genügten nicht.*

e *Die Unfalltests sollen nur an verkleinerten Modellen durchgeführt worden sein.*

f *Die Behälter könnten bersten und Radioaktivität freisetzen.*

g *Student's own opinion*

3a A true/false activity to test listening comprehension.

Answers:

a *F (Der Nationalpark Wattenmeer soll vergrößert werden.)*

b *R* c *F (Die Fischer protestieren gegen diese Änderung.)*

d *F (Jürgen Sörns sucht nach Krabben.)* e *R* f *R* g *R*

---

p 11, activity 3a

Sprecher: Kiel: In Schleswig-Holstein erreichte gestern der bereits seit drei Jahren laufende Protest gegen die Vergrößerung des Nationalparks Wattenmeer zwischen Elbmündung und der dänischen Grenze seinen vorläufigen Höhepunkt. Mit der geplanten Vergrößerung soll ein Walschutzgebiet geschaffen werden, vor allem für den bedrohten Schweinswal, eine Art ein Meter langer Delphin.
150 bunte Kutter tuckerten munter durch den Nord-Ostsee-Kanal direkt bis nach Kiel, um vor Landtag und Staatskanzlei gegen den Plan zu protestieren.
Die Fischer fühlen sich von der Regierung übergangen. Wenn die Ausdehnung des Naturparks tatsächlich stattfände, würde ihnen in der Zukunft ihre Existenzgrundlage entzogen.
Dazu Krabbenfischer Jürgen Sörns:

Jürgen: Seit 27 Jahren tuckere ich schon durch das Wattenmeer auf der Suche nach Krabben. Wenn wir nun durch das Verbot auf das hohe Meer getrieben werden, stehen wir in Konkurrenz mit den High-Tech-Schiffen aus Holland und Dänemark und das überleben wir nicht. Außerdem habe ich in all meiner

Zeit auf See höchstens 10 Wale gesehen und die lassen sich von uns sicher nicht bedrohen.

Sprecher: Heike Johannsen, seit über 50 Jahren auf der Insel Amrun ansässig, meint zu diesem Thema:

Heike: Das Schlimmste ist, dass man uns überhaupt nicht in die Diskussion miteinbezogen hat. Die Menschen hier kämpfen seit Jahrhunderten mit der See. Sie gehört uns einfach – wir müssen mit ihr leben und nicht irgendwelche dummen Politiker da in Kiel. Außerdem ist das Fischen in Küstennähe überhaupt nicht umweltschädlich. Die Grünen sollten da mal ihre Fakten überprüfen. Greenpeace weiß Bescheid. Wir alle hier halten das Ganze für einen Öko-Wahnsinn.

Sprecher: In den vergangenen drei Jahren kam es mehrmals zu scharfen Protestaktionen und die Ministerpräsidentin, Heide Simonis, und ihr grüner Umweltminister, Rainder Steenblock, hatten sich wiederholt mit Eiern und Tomaten bewerfen lassen müssen. Führer der Opposition versprachen, nach Amtsantritt das Gesetz sofort wieder rückgängig zu machen.

3b Students listen to the report again and do a gap-filling activity to further test listening comprehension.

Answers:
a *drei* b *Schweinswal* c *Landtags* d *fischen*
e *Krabben* f *wohnt* g *schadet*

4 Students design a pamphlet that addresses one of the following issues:

◆ introducing youth clubs in your area
◆ the abolition of tuition fees for students
◆ a pedestrian area in your town (for shops and cafés)

5a In pairs, students discuss the issues from pages 10–11 (nuclear waste transportation; enlargement of a national park) and whether or not they would support these causes.

5b Students go on to discuss other issues of importance to them.

Extra! Students plan their own campaign about their own cause. They should use the phrases in the *Hilfe* section and draw up an action plan.

6 A role-play with one student playing the part of a parent and the other student playing the role of a student. The student must convince the parent that the time they spend campaigning will not adversely affect their *Abitur* studies.

Prüfungstraining

Grammar and skills
◆ Cases
◆ Use of articles
◆ Listening and answering questions in German
◆ Better listening

Materials
◆ Student's Book pages 12–13
◆ Cassette 1 side 1 CD 1
◆ *Arbeitsblatt 3*
◆ Grammar Workbook pages 8 and 10–16

Tipp
This section focuses on listening and answering questions in German and also on improving students' exam technique.

Answers:
1 *It's about the voting system in Germany; two votes*
2 *Suggested key words:*
   der Reichstag, das Wahlsystem, das Wahlrecht, die Regierung, die Amtzeit eines Parlamentes, der Kanzler, die Mehrheit verlieren, das Verhältniswahlrecht, das Mehrheitswahlrecht, Abgeordnete, die Zweitstimme, Sitze im Bundestag, die Landesliste, die absolute Mehrheit, Koalitionsregierungen
3 a *gemacht* b *Ziel* c *warum?* d *gemeinsam (3)* e *Land (2)* f *e richtig?* g *wie viele Stimmen?* h *328,669* i *unfair (4)* j *Zweitstimme* k *Ergebnisse, SPD (2)* l *schwache Regierung* m *Koalition* n *so etwas (Koalition) in GB?* o *gut für Demokratie?*
5 *k*

6 Students practise their listening skills on a passage about the German parliamentary system. This passage is also on the Solo cassette, to give students a chance to practise on their own.

Answers:
a *eine Führung durch den Reichstag.*
b *einige Fragen über das deutsche Wahlsystem zu stellen.*
c *(Weil) es für Engländer doch ziemlich kompliziert ist.*
d *(1) Alle dürfen mit 18 wählen. (2) Man wählt das Parlament im Allgemeinen alle vier Jahre. (3) Frauen haben seit 1918 das allgemeine Wahlrecht.*
e *(1) Verhältniswahlrecht – Deutschland;*
   (2) Mehrheitswahlrecht – England
f *Nein, Deutschland hat eine Mischung aus beiden.*
g *Zwei*
h *(1) 328 Wahlkreise oder 328 Bundestagsabgeordnete werden direkt gewählt; (2) 669 Sitze gibt es im Bundestag*
i *In einem Wahlkreis kann (1) der Labour-Kandidat 21 000 Stimmen, (2) der Konservative 12 000 und (3) der Liberale 9 000 Stimmen bekommen und (4) nur die Stimmen des Siegers zählen.*

j *Sie bestimmt die Verteilung der Sitze im Bundestag.*
k *(1) Die SPD hatte 40,9% der Stimmen gewonnen (2) und*
298 Sitze eingenommen.
l *Weil es bei diesem System kaum möglich ist, eine absolute*
Mehrheit zu bekommen.
m *Eine Koalition ist, wenn zwei Parteien zusammen die*
Regierung bilden.
n *Nur zu Kriegszeiten*
o *(1) Sie fördert die Diskussion und (2) begrenzt die Macht der*
stärksten Partei.

p 12, activity 6

Das deutsche Wahlsystem. Eine englische Schulgruppe mit ihrer Lehrerin hat gerade ihre Führung durch den neuen Reichstag beendet. Jetzt hat die Lehrerin Gelegenheit, dem Führer, Herrn Menzel, Fragen zu stellen, die ihre Schüler vorbereitet haben:

Fr. D.: Recht herzlichen Dank, Herr Menzel, für Ihre aufschlussreiche Führung durch Ihren wunderschönen neuen Reichstag und für die Zeit und die Geduld, die Sie für uns aufgebracht haben. Wie ausgemacht haben meine Schüler hier einige Fragen über das Wahlsystem für Sie aufgeschrieben, denn es scheint doch unheimlich kompliziert zu sein, besonders für uns Engländer!

Hr. M.: Das will ich schon glauben! Also, zunächst mal das Gemeinsame! Hier hat man also das allgemeine Wahlrecht wie bei Ihnen auch, mit 18 Jahren. Frauen haben in Deutschland seit 1918 das allgemeine Wahlrecht, und ich glaube, das war auch in England so. Normalerweise geht man alle vier Jahre zur Urne, zumindest um den Bundestag zu wählen.

Fr. D.: Ja, in England kann das schon mal kürzer sein, wenn die Regierung es für günstig hält, eine Wahl früher auszurufen, aber ich glaube, das ist in Deutschland nicht üblich.

Hr. M.: Die Amtszeit eines Parlamentes kann schon kürzer sein, wenn das Parlament dem Kanzler nicht mehr vertraut oder die regierende Partei aus irgendwelchen Gründen die Mehrheit verliert. Aber das ist in Deutschland erst zweimal vorgekommen, 1973 und 1983. Aber lassen wir das erst mal beiseite und konzentrieren uns auf die Unterschiede.

Fr. D.: Ja, ich habe meinen Schülern erzählt, dass es hier in Deutschland das Verhältniswahlrecht gibt, während wir in England ja nur das Mehrheitswahlrecht haben.

Hr. M.: Das stimmt nicht genau! Wir haben eigentlich eine Mischung von beiden. Jeder Wähler hat zwei Stimmen. Die erste Stimme ist direkt für einen Kandidaten. Es gibt in Deutschland insgesamt 328 Wahlkreise, das bedeutet, dass genauso viele Abgeordnete direkt gewählt werden. Das geht wie bei Ihnen in England.

Diejenigen, die die meisten Stimmen in ihrem Wahlkreis bekommen, sitzen automatisch im Parlament. Allerdings gibt's im Bundestag insgesamt 669 Sitze!

Fr. D.: Na, das ist doch eigentlich ganz einfach. Warum könnte man nicht die Zahl der Wahlkreise vergrößern und dann wäre es nicht so kompliziert?

Hr. M.: Sicher, das wäre einfach, aber wäre es auch fair? Bei Ihnen in England kann zum Beispiel ein Labour-Kandidat sagen wir mal 21 000 Stimmen bekommen, der Konservative 12 000 und der Liberale 9 000, aber die Stimmen der Verlierer zählen überhaupt nicht, denn nur der Labour-Mann kommt ins Parlament.

Fr. D.: Wir sagen: so ist es eben, denn es scheint uns ziemlich schwierig, das irgendwie fair zu gestalten.

* * * *

Fr. D.: Wofür aber ist die Zweitstimme?

Hr. M.: Die Zweitstimme wird grundsätzlich für eine Partei abgegeben. Die Zweitstimme ist unheimlich wichtig, denn sie entscheidet ganz genau, wie die Sitze im Bundestag verteilt werden. Bei der letzten Wahl erreichte die SPD zum Beispiel 40,9% der Stimmen und das bedeutet also, dass 298 SPD-Abgeordnete im Bundestag sitzen. Aber der Rest der Sitze, der kommt von der Zweitstimme über eine so genannte Landesliste, d.h. eine Partei stellt eine Liste auf und je nach der Anzahl der Stimmen, die sie bekommt, kommen dann prozentual genauso viele Kandidaten in den Bundestag.

Fr. D.: Aber das bedeutet, dass hier in Deutschland überhaupt keine Partei die absolute Mehrheit hat und dass somit die Regierung geschwächt ist.

Hr. M.: Sie dürfen nicht vergessen, dass bei uns Koalitionsregierungen sehr beliebt sind. Seit 1961 haben wir immer Koalitionen gehabt, während die in England, glaube ich, nur während eines Krieges wirklich populär sind.

Fr. D.: Es ist ganz schwer für meine Schüler, sich das vorzustellen. Bedeutet das nicht, dass sie niemals starke Regierungen haben, die ihren Willen durchsetzen können?

Hr. M.: Das ist nicht unbedingt wahr, denn eine Koalition zwischen zwei Parteien sorgt auch dafür, dass eine Partei nicht einfach handeln kann, wie sie will, wenn sie erst mal an der Macht ist. Die zweite Regierungspartei hat immer eine Art Kontrollfunktion und es finden viel mehr Austausch und Diskussion statt.

Fr. D.: Vielen Dank, Herr Menzel, Sie haben uns das Wahlsystem ganz klar erklärt und haben viele unserer Fragen beantwortet.

Hr. M.: Es war mir eine Freude und ich wünsche Ihnen allen noch einen wunderschönen Aufenthalt in Berlin. Schauen Sie sich was an – Berlin ist doch eine Reise wert!

Tipp

The second *Tipp* panel offers general advice to improve listening skills.

Grammatik

This section focuses on cases and the use or omission of the definite and indefinite article.

A Students translate sentences using the definite article.

Answers:

a *Die Türkei will der EU beitreten.* **b** *Die deutsche Regierung muss die Arbeitslosigkeit in Ostdeutschland reduzieren.* **c** *1990 ist die Demokratie endlich in der ehemaligen DDR angekommen.* **d** *Das moderne Deutschland hat viele Ausländer (willkommen geheißen) aufgenommen.*

B Students translate sentences which do not need an indefinite article in German.

Answers:

a *Die Präsidentin der CDU ist Ostdeutsche.* **b** *Als Bundestagsabgeordneter musste er sich eine Wohnung in Berlin suchen.* **c** *Er entschied sich endlich, Parteimitglied zu werden.* **d** *Die Mutter des Kanzlers war Kriegswitwe.*

AB3 Extra! *Arbeitsblatt 3 provides more practice of the use of the definite and indefinite article.*

Zur Auswahl

Skill focus

◆ Pronunciation practice
◆ Revision of the unit

Materials

◆ Student's Book page 14
◆ Solo cassette side 1

S🔲 **1** Students answer the questions on the report of the election of the *Bundespräsident* to test their listening comprehension.

Answers:

a *Wahl des Bundespräsidenten, 50 Jahre Grundgesetz (50 Jahre Bundesrepublik Deutschland) (2 marks)* **b** *sieben* **c** *drei* **d** *Johannes Rau, weil die SPD und die Grünen die meisten Stimmen in der Bundesversammlung hatten. (2 marks)* **e** *Er glaubte, er sei schon bekannt als Politiker mit Integrität; er würde fortfahren, für das allgemeine Wohl der Deutschen zu arbeiten (2 marks)* **f** *hohe intellektuelle Kapazität, nahe am Volk stehen* **g** *Bundesrat und Bundestag, insgesamt 1338 Mitglieder, SPD 565, CDU/CSU 547, die Grünen 96, PDS 65, FDP (Liberale) 56, Republikaner/DVU 9 (9 marks)* **h** *Johannes Rau: die besten Chancen, SPD und Grüne hatten die*

meisten Stimmen, auch einige FDP-Mitglieder würden vielleicht für ihn stimmen. Dagmar Schipanski: durchaus nicht schlecht, die CDU/CSU ist eine große Partei, Frau Schipanski ist Ostdeutsche, Uta Ranke-Heinemann: wenige, die PDS ist nicht stark vertreten (8 marks) **i** *An über 400 Veranstaltungen teilgenommen.* **j** *Es war die erste Bundestagspräsidentenwahl im neu eröffneten Reichstag.* **k** *sieben* **l** *Nein, es könnte noch Überraschungen geben.* **m** *Weil er für die NATO-Angriffe in Jugoslawien war.* **n** *Weil man nicht wusste, wie die Ostdeutschen (1) und die Frauen (1) abstimmen würden — lieber Frau als Rau? (2 marks)*

---

p 14, activity 1

Der 23. Mai war wiederum ein historischer Tag für Berlin und für ganz Deutschland. Die Bundesversammlung ist im neuen Reichstag zusammengekommen, um den achten deutschen Bundespräsidenten zu wählen. Aber nicht nur aus diesem Grunde hat der Tag seine Wichtigkeit, nein, man hat das Datum schon deswegen festgesetzt, weil an diesem Tag die Bundesrepublik Deutschland fünfzig Jahre alt war. Am 23. Mai 1949 war das Grundgesetz der Bundesrepublik Deutschland verabschiedet worden und somit hat Deutschland sein halbes Jahrhundert gefeiert.

Drei Politiker hatten sich um das hohe Amt beworben, darunter natürlich ein Favorit, nämlich Johannes Rau, Ministerpräsident von Nordrhein-Westfalen und natürlich Mitglied der SPD, schon deshalb Favorit, weil die SPD zusammen mit ihrem Koalitionspartner sowohl im Bundestag als auch im Bundesrat die Mehrheit hatte.

Rau selbst meinte vor der Wahl, er sei bekannt als Politiker mit Integrität und er werde, falls er zum Präsidenten gewählt werde, genau so fortfahren, für das allgemeine Wohl der Deutschen zu arbeiten wie bisher.

Bundeskanzler Gerhard Schröder, ein enger Freund von Rau und Befürworter seiner Kandidatur, erinnerte am Vortag der Wahl in Berlin an die Eigenschaften, die ein Präsident mitbringen müsse, nämlich Volkesnähe und hohe intellektuelle Kapazität.

Der Bundestag und Bundesrat stellen zusammen die Bundesversammlung dar, die nur alle fünf Jahre und nur zu diesem Zweck zusammentritt. Sie besteht aus den 669 Mitgliedern des Bundestages und genauso vielen Abgeordneten des Bundesrates, davon gehörten zum Zeitpunkt der Wahl 565 der SPD, 547 der CDU/CSU Fraktion, 96 den Grünen mit dem Bündnis 90 an. Die PDS hatte 65, die FDP 56 und die Republikaner und Sonstige hatten 9 Stimmen.

Man räumte Johannes Rau die größten Chancen ein, da ja, wie schon gesagt, die Regierungsparteien wenn zwar nicht die absolute Mehrheit, dann doch eine große Zahl von Stimmen auf sich vereinigten. Einige Liberale hatten sich auch für ihn erklärt.

Dagmar Schipanski allerdings hatte in der letzten Zeit eine beispiellose Wahlkampagne geführt und war auf über 400 Veranstaltungen erschienen. Ihre Aussichten waren durchaus nicht schlecht, da sie aus Ostdeutschland stammt und sie schon allein dadurch viele Anhänger hat. Außerdem durfte man nicht außer Acht lassen, dass die CDU/CSU immerhin doch die zweitgrößte Partei in der Bundesversammlung war. Uta Ranke-Heinemann, zwar auch Frau und Ostdeutsche, würde wenige Stimmen auf sich vereinigen können, da die PDS ja nur mit 5,1% vertreten war.
Wolfgang Schäuble, der Sprecher der Opposition, betonte den besonderen Symbolcharakter des Wahltages, da der Präsident doch in dem neuen Reichstag gewählt werde. Er warnte davor, anzunehmen, der neue Bundespräsident hieße Johannes Rau. Rau habe sich durch seine Befürwortung des NATO-Einsatzes im Kosovo bei einigen Grünen nicht gerade beliebt gemacht. Außerdem war es nicht klar, wie die Ostdeutschen und vor allem auch die jetzt größere Anzahl der Frauen nun abstimmen würden. Also am Ende: doch lieber Frau als Rau?

2a   Students work with a partner to produce definitions of the key words introduced in unit 1.

2b   A whole-class game: a list of key words is agreed upon and displayed on the board. Students take it in turns to give their own definition for one of the key words and the other students attempt to guess the word.

S[🔊] **3**   Students listen and then repeat the sentences.

---

p 14, activity 3

a Sechshundert Bundestagsabgeordnete sitzen im Bundestag.
b Die Bundesversammlung ist das einmalige Zusammenkommen von Bundesrat und Bundestag.
c Viele Bürgerinitiativen sind aus ökologischen Gründen ins Leben gerufen worden.
d Bündnis 90 und die Grünen kümmern sich hauptsächlich um Umweltfragen.
e Die Parteiverdrossenheit ist eine Herausforderung an die Demokratie.

---

4   Students write an essay about either (a) measures German political parties could take to attract young voters or (b) the systems of proportional representation and majority voting, including their opinion of the German voting system.

5   Translation practice using vocabulary from the chapter.

Answers:

a *Die Deutschen haben zwei (Wahl)Stimmen.*

b *Der Bundestag wird gewöhnlich auf vier Jahre gewählt.*

c *Das deutsche System ist eine Mischung von Verhältnis- und Mehrheitswahlrecht.*

d *Fischer aus Schleswig-Holstein protestierten gegen die geplante Vergrößerung des Naturparks.*

Answers for Copymasters

Arbeitsblatt 1

1   *Bundesrat, direkt, gewählt, Vertretern, föderativen, Bundespräsident, Königin, repräsentative*

[🔊] **3a** **1** *F (Knapp zehn Jahre nach dem Fall der Mauer)* **2** *F (von 1894 bis 1933)*   **3** *F (keine neue Ära, keine andere Republik und einen möglichst unaufgeregten, selbstverständlichen Wechsel von Bonn nach Berlin)*   **4** *R*   **5** *F (Der Umbau hat rund DM 60 000 000 gekostet und hat acht Jahre gedauert.)*   **6** *F (Jetzt ziehe endlich das gesamtdeutsche Parlament ein.)*   **7** *R*   **8** *R*   **9** *R*   **10** *F (1894 im Kaiserreich)*   **11** *F (Er ist während der Weimarer Republik genutzt worden.)*

A1, activity 3a

Berlin: In einer historischen Feier wurde heute in Berlin der neue Reichstag eröffnet. Knapp zehn Jahre nachdem die Berliner Mauer gefallen war, wurde heute der Schlüssel zum Reichstag überreicht. Doch sind Abgeordnete keine neuen Erscheinungen in diesem ehrwürdigen Gebäude. Von 1894 während der wilhelminischen Zeit und über die Weimarer Republik bis zum schicksalhaften Jahr 1933 wurde hier Politik gemacht. Der neue Bundestagspräsident Thierse sagte, dass der Ortswechsel von Bonn nach Berlin jedoch keine neue Ära und keine andere Republik einleite, sondern dass er vor allem einen möglichst unaufgeregten und selbstverständlichen Wechsel in die alte Hauptstadt beabsichtige. Auch die Sprecher der anderen Parteien hoben hervor, dass mit dem Umzug nun doch kein Richtungswechsel vorgegeben sei.

  Der Umbau des alten Reichstags hatte acht Jahre in Anspruch genommen und die Regierung hat dafür mehr als sechzig Millionen Mark ausgeben müssen. Heute zieht das Parlament des gesamten Deutschlands in dieses Gebäude ein, das zu einem Symbol der Freiheit und der Demokratie geworden ist. Die Giebelinschrift „Dem deutschen Volke" sei nun allen Deutschen gewidmet und halte die Parlamentarier dazu an, dem Wohl der gesamten Nation zu dienen.

  Doch nicht nur die Parlamentarier haben Zugang zum Reichstag, er ist für alle geöffnet. Der Bevölkerung ist gestattet, den Parlamentsdebatten beizuwohnen und sie kann gleichzeitig Erfrischungen zu sich nehmen.

Der Reichstag ist Sinnbild für die Höhen und Tiefen der deutschen Geschichte. Erbaut im Jahre 1894 im Kaiserreich, ist er doch vom Hitlerregime missbraucht worden. Die Ursachen des Reichstagsbrandes im Jahre 1933 sind noch nicht völlig geklärt. Durch seine Einbindung in die Geschichte und seine künftige Aufgabe soll er sowohl die Vergangenheit als auch die Zukunft Deutschlands symbolisieren.

Dem englischen Architekten Sir Norman Foster war der Auftrag des Umbaus gegeben worden. Foster hat die beeindruckende Fassade durch Innenräume und Gänge ergänzt, die völlig von Licht überflutet sind. Die monumentale Glaskuppel ist sein Werk. Darunter liegt der neue Plenarsaal.

3b *beidseitiger, Jugend, weniger, Teilung, Einheit, Zukunftschance, müssen*

A1, activity 3b

Es folgt ein Auszug aus Bundeskanzler Schröders Ansprache:

Das Zusammenwachsen ist ein beidseitiger Prozess, der vor allem auf die Jugend setzt. Die junge Generation ist viel weniger belastet von 40 Jahren Teilung. Die Jugend genießt die Einheit in vollen Zügen, sofern sie erlebt, dass sie in dieser Einheit eine Zukunftschance hat, und genau um diese Zukunftschance müssen wir kämpfen.

Arbeitsblatt 2

1 **1** *h* **2** *g* **3** *i* **4** *j* **5** *a* **6** *c* **7** *d* **8** *e* **9** *f* **10** *b*

1a **1** *F (Sie ist antikommunistisch.)* **2** *F (Die CSU, die Schwesterpartei der CDU ist hauptsächlich in Bayern vertreten.)* **3** *R* **4** *F (Sie kümmern sich unter anderem auch um die Menschenrechte und die Gleichberechtigung von Mann und Frau.)* **5** *F (Die PDS ist die Nachfolge partei der SED, die nur in den neuen Bundesländern vertreten war.)*

Arbeitsblatt 3

1 **a** *den* **b** *einer* **c** *Der* **d** *den* **e** *der*
f *den* **g** *Den* **h** *Den, die* **i** *der* **j** *des*

2 **a** *Das* **b** *Der, die* **c** *Der* **d** *die* **e** *der* **f** *der, den*
g *den, der, die* **h** *des* **i** *der, die* **j** *der, die, den*

3 **a** *In Leipzig trugen die Menschen Plakate in den Händen, um ihre Unzufriedenheit mit der Regierung zu zeigen.*
b *Das Leben in Ostdeutschland hat sich dramatisch verändert.*
c *Hitler hat 1933 die Macht ergriffen und das nationalsozialistische Deutschland hat mit der Aufrüstung begonnen.*

d *Die Schweiz blieb in beiden Weltkriegen neutral.*
e *Das mittelalterliche Deutschland war in viele kleine Staaten aufgeteilt.*
f *Es dauerte über 50 Jahre, bis die Demokratie endlich in Ostdeutschland einzog.*
g *Der Präsident hielt nach dem Abendessen eine Rede / eine Ansprache / einen Vortrag.*
h *Sogar / Selbst in der Schule hat er sich sehr für Politik interessiert.*
i *Sie trat den Grünen bei, als sie auf der Universität war.*
j *Im November 1989 änderte sich das Schicksal von ganz Europa mit dem Fall der Mauer.*

4 **a** *Als Katholik wählte er immer nur die CDU.*
b *Er war noch Student, als er an den politischen Demonstrationen teilnahm.*
c *Rosa Luxemburg war Kommunistin.*
d *Sein Vater war Engländer.*
e *Die Frau des letzten Präsidenten war Sozialfürsorgerin.*
f *Sogar als Schüler hat er schon Politiker werden wollen.*
g *Präsident Kennedy wollte als Berliner betrachtet / angesehen werden.*
h *Man hörte es ihm nicht an, dass er Bayer war.*
i *Es erforderte Mut, in Ostdeutschland nicht in die Partei einzutreten.*
j *Die Gesundheitsministerin war früher Alleinerziehende / allein erziehende Mutter.*

Armut und Reichtum Einheit 2

Unit objectives

By the end of this unit students will be able to:

- Understand poverty in Germany and in the Third World
- Discuss the problem of homelessness
- Discuss the role of charities
- Contrast wealth and poverty

Grammar

- Adjectives

Skills

- Translating German into English

page 15

1 Students match the captions to the pictures.

Answers:

1 *a* 2 *c* 3 *e* 4 *d* 5 *b*

2a Students begin to think about the issues depicted above by writing answers to the questions a–d.

2b Draw together individual students' answers in a whole-class discussion on the topics introduced.

3 Students work in small groups to draw spidergrams with key words on the themes of *Armut* and *Reichtum*.

Die Dritte Welt

Materials

- Student's Book pages 16–17
- Cassette 1 side 1 CD 1
- *Arbeitsblatt* 4
- Grammar Workbook pages 22–5

1 Students discuss with a partner which countries are part of the Third World and what problems these countries face. Draw these ideas together in a whole-class discussion.

2a After reading the text, students pick out the words which match the definitions a–f.

Answers:

a *Armut* **b** *lebensnotwendig* **c** *Analphabet*
d *Bürgerkrieg* **e** *Dürren* **f** *Hungersnöte*

2b Students write a list of the main problems facing Third World countries.

Suggested answers:

Armut, niedrige Lebenserwartung, wenige Ärzte, mangelnde Hygiene, geringe Bodenschätze, Überbevölkerung, unzureichende Nahrungsmittel, einen hohen Prozentsatz an Analphabetentum, wenige Schulen und Krankenhäuser, Krankheiten, wenig sauberes Wasser, Aids, manchmal: Bürgerkriege, Naturkatastrophen

2c To test reading comprehension, students complete the sentences with the appropriate ending.

Answers:

a *fehlt es einem selbst an den dringend lebensnotwendigen Dingen*
b *dass er 40 Jahre leben wird (or similar)*
c *lesen noch schreiben*
d *breiten sich Krankheiten schnell aus*
e *werden finanzielle Mittel in Waffen gesteckt*
f *Naturkatastrophen wie Dürren oder Hungersnöte eintreten*
g *sie den Industrieländern Geld schulden*
h *14 Millionen Menschen*

Grammatik

A Students pick out all the adjectives from the text and explain each ending (or no ending).

Answers:

der so genannten Dritten Welt = feminine singular, definite article, dative case
in absoluter Armut = feminine singular, no article, dative case
an den dringend lebensnotwendigen Dingen = plural, definite article, dative case
ist zu gering = stands alone, no ending
ist drastisch = stands alone, no ending
mangelnde Hygiene = feminine singular, no article, accusative case
geringe Bodensätze = plural, no article, accusative case
unzureichende Nahrungsmittel = plural, no article, accusative case
einen hohen Prozentsatz = masculine singular, indefinite article, accusative case
zu sauberem Wasser = neuter singular, no article, dative case
finanzielle Mittel = plural, no article, nominative case
auf internationale Hilfsorganisationen = plural, no article, accusative case
als tragisch = stands alone, no article
dem neuesten Problem = neuter, definite article, dative case in apposition to 'Aids'

B Students fill in the gaps with the appropriate adjective ending.

Answers:

a *häufige* **b** *schwangeren* **c** *nächsten*
d *schweren, weitflächigen* **e** *armen, richtige*

3   Students listen to a report about child labour in the Third World and answer questions a–i.

Answers:

a *Teppichknüpfer, Hausmädchen, Prostituierte* (3 marks)
b *billige Arbeitskräfte* (1 mark)   **c** *25%* (1 mark)   **d** *weil die Familie es sich nicht mehr leisten kann, sie zu behalten* (1 mark)   **e** *In vielen Ländern müssen Kinder arbeiten, um die Familie zu ernähren.* (1 mark)   **f** *Kleinen Kindern werden noch kleinere Geschwister aufgebürdet, weil die Eltern sich Arbeit außer Haus suchen.* (1 mark)   **g** *Omar lernt jetzt den Beruf eines Fischers.* (1 mark)   **h** *Omar will arbeiten und Geld verdienen. Er fühlt sich frei.* (2 marks)   **i** *Es behindert sowohl die Entwicklung der Kinder als auch des Landes* (2 marks)

---

p 17, activity 3

Der Inder Schanker ist Teppichknüpfer, Sunita aus Nepal Hausmädchen, Daya Prostituierte in einem Bordell in Neu-Delhi. Alle drei sind noch Kinder, sechs, zehn und vierzehn Jahre alt, und werden als billige Arbeitskräfte ausgebeutet. Jedes vierte Kind zwischen fünf und vierzehn Jahren muss arbeiten, rund 250 Millionen Kinder weltweit schätzt die Internationale Arbeitsorganisation. In manchen asiatischen Ländern werden Zwölfjährige an Bordelle verkauft, weil die Familie es sich nicht mehr leisten kann, sie zu behalten. In vielen Ländern müssen Kinder arbeiten, um die Familie zu ernähren. Kleinen Kindern werden noch kleinere Geschwister aufgebürdet, weil die Eltern sich Arbeit außer Haus suchen, andere müssen Arbeit in Bergwerken, Fabriken oder auf der Straße finden, um zum Familieneinkommen beizutragen. Nicht alle Kinder halten es für schlecht. Omar ist zehn Jahre alt und wohnt in Dakar. Er lernt jetzt den Beruf eines Fischers. Er geht jeden Morgen mit seinem Vater zum Fluss. Der Fang wird von der Mutter auf dem Markt verkauft. Omar hat keine Lust mehr auf die Schule – er will arbeiten und Geld verdienen. Er fühlt sich frei. Seine Arbeit mag wohl keine richtige Ausbeutung sein, aber es behindert sowohl die Entwicklung der Kinder als auch des Landes. In Senegal können nur 30% der Bevölkerung lesen und schreiben.

---

4   Students research a Third-World country in order to prepare to give a talk about it to the class. Bullet points are given to focus their preparation, and they should also make use of the *Hilfe* on the page.

Extra!   Students write a report about a Third-World country of their choice. This could be done for homework.

 Extra!   Students listen to the text about solving the problems of the Third World and do activity 1 on *Arbeitsblatt* 4.

AB4

Obdachlosigkeit

Materials

◆ Student's Book pages 18–19
◆ Cassette 1 side 1 CD 1
◆ *Arbeitsblatt* 5

1   As an introduction to the subject of homelessness, students extract the words from the graphic and consider the causes and effects of being homeless.

2a   Students read the text and then pick out the words that fit the definitions a–e.

Answers:

a *sich an jemanden kuscheln*   **b** *Krach*   **c** *prügeln*
d *vergebens*   **e** *ein Teufelskreis*

2b   A multiple-choice activity to test comprehension of the text.

Answers: **a** *2*   **b** *3*   **c** *3*   **d** *1*   **e** *3*   **f** *3*   **g** *3*

3   Students translate the last paragraph.

Suggested answer:

Gabi fled to Munich in the hope of finding a job – but in vain. 'I lived in the youth hostel until my money ran out. I could not go back to Bayreuth. Since then I have been here on the street.' Christoph gave up hope of work and a home long ago. 'We're caught in a vicious circle. Anyone without a permanent address can't get work. Without a job you can't pay for accommodation. No one seems to concern themselves much with us. Of course there are hostels, especially in winter, but no one is trying to get us out of this situation. What exactly are social services doing? The worst thing is neither the cold nor the dirt. It's that you're treated like an animal. The people who go by mostly don't look at you at all.'

 4   Students listen to the report about BISS (*Bürger in sozialen Schwierigkeiten*) and answer questions a–h. Point out to students that BISS is the rough German equivalent of *Big Issue* in the UK.

Answers:

a *eine Zeitung* (1 mark)   **b** *der Chefredakteur* (1 mark)
c *Obdachlosen zu helfen; mehr Aufmerksamkeit auf die Schattenseiten einer reichen Industriegesellschaft zu lenken* (2 marks)   **d** *keine (Wir waren ein No-Budget Projekt)* (1 mark)   **e** *10 000 Exemplare des ersten Heftes waren nach wenigen Wochen weg; jetzt erscheint BISS alle zwei Monate mit einer Auflage von 50 000 Exemplaren* (2 marks)
f *Betrunken darf nicht verkauft werden und gleichzeitiges Betteln ist verboten.* (2 marks)   **g** *die Möglichkeit aus der Scham des Bettelns auszusteigen* (1 mark)   **h** *Jetzt versucht er wieder, etwas aus seinem Leben zu machen.* (1 mark)

p 19, activity 4

H. M.: Sie haben keinen Biss? Dann kaufen Sie sich einen Biss.

Int.: In der Münchener U-Bahn verkaufen Obdachlose ihre eigene Zeitung – BISS, abgekürzt für „Bürger in sozialen Schwierigkeiten". Chefredakteur Klaus Honigschnaben hat das Projekt ins Leben gerufen.

K. H.: Nicht eine Zeitung für Obdachlose wollten wir machen, sondern eine von und mit Obdachlosen.

Int.: Die Idee entstand am Rande einer Tagung der Evangelischen Akademie Tutzing. Das Anliegen war sowohl Obdachlosen konkret zu helfen, als auch mehr Aufmerksamkeit auf die Schattenseiten einer reichen Industriegesellschaft zu lenken.

K. H.: Wir waren ein No-Budget Projekt. Aber die 10 000 Exemplare des ersten Heftes waren nach wenigen Wochen weg.

Int.: Jetzt erscheint BISS alle zwei Monate mit einer Auflage von 50 000 Exemplaren. Die Zeitung wird von Obdachlosen verkauft, die vom Verkaufspreis von 75 Cent 50 Cent behalten dürfen. Dabei gelten feste Regeln: Betrunken darf nicht verkauft werden und gleichzeitiges Betteln ist verboten. Die Verkäufer gewinnen dadurch oft mehr als Geld. Für Hermann Merkl bedeutet die Zeitschrift die Möglichkeit, aus der Scham des Bettelns auszusteigen.

H. M.: Es ist ein großer Unterschied, ob du die Leute um Geld bittest, oder ob du Ihnen was verkaufst. Man hat ein ganz anderes Selbstwertgefühl. Seitdem ich BISS verkaufe, geht die Spirale wieder nach oben. Jetzt versuche ich wieder, etwas aus meinem Leben zu machen.

5 Students take part in a role-play. A plays the part of a journalist and B plays a homeless person. They should cover the following points: how and why B became homeless, what B lives on, a typical day, help available, future plans

6 Students imagine they are homeless and write an article of about 150 words for the newspaper BISS. This could be done for homework.

AB5 Extra! Students read the text on *Arbeitsblatt* 5 about life in the new *Bundesländer* and do the activities on the worksheet.

Wohlfahrtsorganisationen

Materials
◆ Student's Book pages 20–21
◆ Cassette ◆ side 1 CD 1
◆ *Arbeitsblatt* 6

1 To introduce the topic of charities, students match the charities (a–g) with descriptions of their work (1–7).

Answers: **a** 4 **b** 6 **c** 1 **d** 7 **e** 2 **f** 3 **g** 5

2a Students read the text on page 20 and pick out the German equivalents of the English vocabulary listed (a-e).

Answers:

a *im Einsatz* **b** *Arbeitszustände* **c** *es mangelt an allem* **d** *Überfluss* **e** *wiederholt*

2b To test reading comprehension, students decide whether each sentence (a–i) is true, false or not mentioned in the text.

Answers:

a *R* **b** *nicht angegeben* **c** *R* **d** *R* **e** *F (es mangelt an allem: an … Medikamenten …)* **f** *F (nur eines gibt es im Überfluss: Patienten)* **g** *R* **h** *nicht angegeben* **i** *F (Die beiden kündigten, um Nothilfe im Ausland zu leisten.)*

2c Students imagine they are Gabi Kortmann and write an account of her life and work in Africa. The bullet points can to be used as a guide to what students should include.

AB6 Extra! As practice for the speaking exam, students read the English passage on *Arbeitsblatt* 6 and prepare answers to the questions on it in German.

3 Students listen to a report about the work of the *deutsche Kinderschutzbund* and then choose the appropriate ending for each sentence (a–g).

Answers: **a** 1 **b** 3 **c** 2 **d** 2 **e** 2 **f** 3 **g** 3

p 21, activity 3

Int.: Der deutsche Kinderschutzbund setzt sich für die Interessen von Kindern in der Bundesrepublik ein. Die Grundlage für alle Aktivitäten der Organisation ist die UN-Konvention über die Rechte des Kindes. Die zwei zentralen Arbeitsbereiche des Bundes betreffen Kinder, die in Armut leben, und Kinder, die Opfer von Gewalt sind. Die Aktivitäten des Bundes sind vielseitig. Johanna ist neun Monate alt und liegt mit Brüchen im Krankenhaus. Der Arzt ruft Nicole an, eine Beraterin vom Kinderschutzbund. Für sie gehören solche Fälle zum Alltag. Sie arrangiert ein Treffen mit den Eltern. Beide sind unter 20, lieben ihr Kind, sind aber hilflos, verzweifelt, kommen mit ihrer Elternrolle nicht klar. Der Grundsatz der Organisation heißt „Hilfe statt Strafe". Dazu Nicole:

N.: Um das Kind vor weiterer Gewalt zu schützen, muss man den Eltern eigentlich Hilfe gewähren.

Int.: Zuerst bleibt Johanna im Krankenhaus, dann wird mit den Eltern zusammen geplant, wie es weiter gehen soll.

N.: Zuerst müssen wir den Auslöser für die Gewalt finden. Oft wurden gewalttätige Eltern selber während ihrer Kindheit geschlagen. Es ist wichtig, einen Weg aus diesem Teufelskreis zu finden.

Int.: In armen Innenstädten bietet der Bund Spielmobile und Eltern-Treff-Gruppen an. Der Bund finanziert auch das Kinder- und Jugendtelefon, die so genannte „Nummer gegen Kummer". Rund 10 000 Mädchen und Jungen rufen täglich die kostenfreie Nummer an, um mit einem Berater über Probleme zu sprechen. Thema Nummer 1 ist Liebe und Sexualität, aber es melden sich auch Kinder, die sexuellen Missbrauch oder Gewalt zu Haus erlitten haben, und sonst keinen Ansprechpartner haben. Im politischen Bereich ist der Kinderschutzbund auch aktiv. Die Organisation sieht sich als Lobby für Kinder. Die führende Kampagne im Moment – Kinderpornographie im Internet.

4a Students discuss in pairs Gabi's opinion that the problems within Germany are as nothing compared to the problems in the Third World.

4b A whole-class debate about whether money should be given to help the Third World or whether it is better spent on domestic problems. The language in the *Hilfe* section will help students to prepare their opinions for the debate.

5 Students research a charity of their choice and write a report about its work. Some useful websites are given for German charities which students could research.

Prüfungstraining

Skills
◆ Translating from German into English

Materials
◆ Student's Book pages 22–23
◆ Cassette 1 side 1 CD 1
◆ *Arbeitsblatt* 4

1 A whole-class discussion about what poverty is within a European context.

2a Students read the text about the single mother and the one about dot.com companies and then find the German equivalents of the English vocabulary (a–f).

Answers:
a *allein erziehende Mutter* **b** *gebraucht* **c** *scheitern*
d *Missbilligung* **e** *Aktien* **f** *Gewinne*

2b To test reading comprehension of both texts, students choose the appropriate ending for each sentence (a–g).

Answers:
a *2* **b** *3* **c** *2* **d** *2* **e** *1* **f** *2* **g** *3*

 3 Students listen to Thomas, Elke and Sabine. For each person they note down the problem they mention and the solution they suggest.

Answers:
Thomas: *Zu viele Menschen in Deutschland leben unter der Armutsgrenze. Lösung: Die Reichen sollten mehr Steuern zahlen, um anderen zu helfen.* ***Elke:*** *Es gibt heutzutage immer noch Obdachlose. Lösung: Die Regierung sollte mehr Geld in Heime für diese Leute investieren und ihnen helfen, Arbeit zu finden.* ***Sabine:*** *Allein erziehende Mütter oder Väter haben es schwer. Lösung: Kostenlose Kinderbetreuung für Leute mit wenig Geld; mehr Kindergartenplätze.*

	p 23, activity 3
Thomas:	Zu viele Menschen in Deutschland leben unter der Armutsgrenze – das ist die Schattenseite des Wohlstands. Die Gesellschaft sollte mehr machen, um Leute aus dieser Situation herauszuholen. Ich glaube, die Reichen in Deutschland sollten mehr Steuern zahlen, um anderen zu helfen.
Elke:	Ich finde es unmöglich, dass es heutzutage immer noch Obdachlose gibt. Es gibt in Deutschland so viel Wohlstand, und wir sollten uns schämen, dass manche Leute auf der Straße schlafen müssen. Die Regierung sollte mehr Geld in Heime für diese Leute investieren und sollte ihnen auch helfen, Arbeit zu finden, damit sie wieder selbstständig werden können.
Sabine:	Ich glaube, dass allein erziehende Mütter oder Väter es besonders schwer haben. Wir brauchen kostenlose Kinderbetreuung für Leute mit wenig Geld und sowieso mehr Kindergartenplätze.

4 Students first work in pairs to discuss today's most pressing social problems and possible solutions. Then draw together students' opinions in a whole-class discussion.

AB4 **Extra!** Students do activity 2 on *Arbeitsblatt* 4.

Tipp

1 Students work with a partner to guess words a–e from their context.

Answers: **a** *to bring up* **b** *out of the question (literally: excluded)* **c** *not available (literally: missing)*
d *brainwave* **e** *stockbroker / stockmarket speculator*

2 Students decide which tense each verb is in and how it should be translated.

Answers:

beendet hatte = pluperfect, had finished; wurde = imperfect, became/fell (pregnant); wusste = imperfect, knew; erziehen müsste = imperfect subjunctive, would have to bring up; entschied sich = imperfect, decided

3 Students find a suitable translation for the phrase *sie entschied sich dafür*.

Suggested answer: *She decided to keep it.*

4a Brainstorm ways to translate the two sentences.

Suggested answers:

Dot.com companies shot up/sprang up like snowdrops. At first they were often laughed at, but they became millionaires over night.

4b Students translate all of the text *Ich wär so gerne Millionär.*

Suggested answer:

In the mid-90s, anyone who was young and wanted to get rich quick really had two possibilities: playing the Lottery or founding an Internet company. 'Dot.coms' sprang up like snowdrops out of the ground. Their founders were mostly aged between 20 and the mid-30s. They were not infrequently laughed at in the beginning, but they became millionaires over night.

The share prices of Internet companies broke all records and provoked the imagination of stock market speculators. The stock market valued companies such as Freeserve at almost 13 billion (thousand million) euros. The price of these shares tripled in a very short time after their entry on to the market. Yet the company has not yet made any profits at all outside the stock market. The pre-tax losses in one quarter could easily be around 4 billion (thousand million) euros.

There were some winners, though. One of them is John Pluthero, founder of Freeserve, who has become several million euros richer through his brainwave.

Zur Auswahl

Skill focus
◆ Pronunciation practice
◆ Revision of the unit

Materials
◆ Student's Book page 24
◆ Solo cassette side 1

S 📼 **1** Students listen to the text about a Romanian orphanage and answer questions a–h.

Answers:

a *im Kinderheim in Rumänien* (1 mark) **b** *sechs Kinder und drei Betreuer* (2 marks) **c** *schwer traumatisiert, abgemagert und mit motorischen Störungen* (3 marks) **d** *liebevolle*

Betreuer, besseres Essen, können im Freien und mit Tieren spielen (4 marks) **e** *Heimkinder bekommen 7000 Lei pro Tag von der Gemeindeverwaltung. Das reicht gerade für eine Brotration. Und selbst dieses Geld wird nicht immer bezahlt.* (3 marks) **f** *Spenden* (1 mark) **g** *Nahrungsmittel, Medikamente, warme Kleidung und auch Spielzeuge für die Kinder* (4 marks) **h** *fehlendes Personal* (1 mark)

---

p 24, activity 1

André und Attila wohnten bis vor drei Jahren im Kinderheim von Bradca in Rumänien. Sie hatten aber Glück. Die englische Hilfsorganisation „White Cross" richtete drei Bauernhöfe in der Umgebung her und holte 18 Kinder aus dem Heim. Seitdem wohnen die beiden zusammen mit vier anderen Kindern und drei Betreuern auf einem von diesen Höfen. „Als sie ankamen, waren sie schwer traumatisiert, abgemagert und hatten motorische Störungen", erinnert sich Roger Heimer, ein Helfer von White Cross. Ganz langsam gelang es den Betreuern an die beiden heranzukommen, so dass sie sich ihnen gegenüber öffneten. Heute spielen die beiden auf dem Hof, füttern die Schweine. Lachend rennen sie zum Abendessen. Solche Erfolgsgeschichten sind selten in Rumänien. Kaum ein Heimkind hat das Glück, von liebevollen Menschen betreut zu werden. Heimkinder bekommen 7000 Lei pro Tag von der Gemeindeverwaltung. Das reicht gerade für eine Brotration. Und selbst dieses Geld wird nicht immer bezahlt. Ohne Spenden wären die Heime verloren. Hilfsgüter kommen aus Deutschland und anderen europäischen Ländern. Nahrungsmittel, Medikamente, warme Kleidung und auch Spielzeuge für die Kinder werden in Lastwagen transportiert. So wird für die dringendsten Bedürfnisse dieser Kinder gesorgt. Sie verhungern nicht, sie erfrieren nicht, aber eine richtige Kindheit haben sie auch nicht. Fehlendes Personal schließt die Möglichkeit, die psychischen Probleme der Kinder zu lösen aus. Viel mehr Geld wird gebraucht, um weitere Heime wie die White Cross Bauernhöfe einzurichten, und den Kindern damit ein richtiges Zuhause zu geben.

---

2 Students discuss questions a–h with a partner to revise the themes of poverty, charity and the Third World.

3 Students choose three of the questions from activity 2 and write up their answers. This could be done for homework.

4 Students translate the German sentences into English.

Suggested answers:

a *The German Child Protection Society supports the interests of children in the Federal Republic. The basis for all the organization's activities is the UN convention on the rights of children. The society's two main areas of work are children living in poverty and children who are the victims of violence.*

b *The mission was both to help the homeless in a concrete way and to draw more attention to the dark side of a rich industrial society.*

c *What is seen as tragic in the first world is an everyday occurrence in the developing countries.*

5 Students listen to these sentences on the topic and repeat them.

---

p. 24, activity 5

a Manche Länder leiden unter mangelnder Hygiene und einem hohen Prozentsatz an Analphabetentum.

b Die Hilfsorganisationen sichern die Ernährung der Bevölkerung.

c Die durchschnittliche Lebenserwartung liegt bei 38 Jahren.

d Für allein erziehende Mütter kann das Leben sehr schwierig sein.

Answers for Copymasters

Arbeitsblatt 4

1 Students' summaries should include these points:
- Hilfsorganisationen finanzieren Projekte oder helfen bei Katastrophen (2)
- Sie sind nicht in der Lage, grundliegende Probleme zu lösen (1)
- Hilfe zur Selbsthilfe Projekte (1)
- leiht Geld an diejenigen, / die dadurch einen Weg sehen, sich von der Armut zu befreien (2)
- leihen Geld (1)
- massive Schulden/können sie nicht zurückzahlen (2)
- Geld ist nicht immer für die richtigen Zwecke ausgegeben worden (1)
- Konzentration auf kleinere Projekte auf dem Lande (1)

A4, activity 1

Int.: Herr Hoffmann, wir hören viele über die Probleme in der Dritten Welt. Was machen die Industrieländer, um der Dritten Welt zu helfen?

Hr. H.: Das ist kein einfaches Problem. Die bekannteste Art von Hilfe ist durch Spenden und Projekte von Hilfsorganisationen wie Brot für die Welt oder das Rote Kreuz unter anderen. Sie finanzieren Projekte in einzelnen Dörfern oder helfen, wenn Katastrophen wie Hungersnöte eintreten. Die Arbeit von solchen Organisationen ist unentbehrlich und sie haben viel geleistet. Sie können aber keineswegs die grundlegenden Probleme wie geringe Bodenschätze oder mangelnde Hygiene auf nationaler Ebene lösen.

Int: Welche Projekte helfen am meisten?

Hr. H.: Viele Organisationen finanzieren Projekte unter dem Titel „Hilfe zur Selbsthilfe". Das heißt, dass die Unterstützung der Organisation nach einem bestimmten Zeitraum nicht mehr nötig sein sollte. Die Grameen Bank in Bangladesch zum Beispiel leiht Geld an Leute, die es benutzen wollen, um sich von der Armut zu befreien, zum Beispiel, indem sie einen Weg sehen, ein kleines Geschäft zu gründen oder Geld auf eine andere Weise zu verdienen. So werden diese Leute selbstständig und brauchen anschließend kein Geld mehr.

Int: Und was machen die Regierungen der Industrieländer?

Hr. H.: Sie haben der Dritten Welt viel Geld geliehen, um die Entwicklung in diesen Ländern zu fördern. Die Weltbank vor allem hat viele Programme in der Dritten Welt finanziert. Das Problem ist, dass die wirtschaftliche Situation sich so entwickelt hat, dass die Länder der Dritten Welt die jetzt oft massive Schulden haben. Ihr Fortschritt ist aber noch nicht so weit, dass sie es sich leisten können, das Geld zurückzuzahlen. Die Dritte Welt schuldet Deutschland allein fast 8 Millionen Euro und die Gesamtschulden der Dritten Welt betragen 1,8 Billionen Euro. Ein weiteres Problem ist natürlich, dass die Entwicklungsländer Zinsen zahlen müssen.

Int: Wie ist das Problem zu lösen?

Hr. H.: Manche Entwicklungshilfe-Organisationen fordern einen Schuldenerlass – es kommt darauf an, ob die Industrieländer das akzeptieren. Die Weltbank und die Industrieländer kontrollieren jetzt auch besser, dass das Geld für die richtigen Zwecke ausgegeben wird. Es hat Kritik gegeben, dass viel Geld für Projekte in Großstädten ausgegeben worden ist, und dass die Lebensunstände in ländlichen Gebieten sich keinesweges gebessert haben. Im Moment wird sich deshalb mehr auf kleinere Projekte auf dem Lande konzentriert.

Int.: Herr Hoffmann, danke für das Gespräch.

---

2 *gegründet, ermöglicht, einzutragen, verschiedenen, elektronische, traditionellen, Popularität, Summe registriert*

Arbeitsblatt 5

1 a *kompetent* **b** *sich leisten* **c** *die Kluft*
d *umsonst* **e** *sich ansiedeln*

2 a *F (weil ihr Betrieb von einem westdeutschen Investor übernommen wurde)* **b** *R* **c** *R* **d** *F (die Kluft zwischen Westen und Osten scheint größer zu werden)* **e** *NA* **f** *R* **g** *R* **h** *NA* **i** *R* **j** *F (mehr als 400 Dorfbewohner – es gab 2900 Einwohner)*

Arbeitsblatt 6

No answers – speaking activities

Gesundheit Einheit 3

Unit objectives

By the end of this unit students will be able to:

- ◆ Discuss causes and effects of stress
- ◆ Discuss whether prolonging life is advantageous
- ◆ Discuss whether euthanasia should be permitted
- ◆ Identify and discuss different forms of addiction
- ◆ Discuss the causes and effects of Aids

Grammar

- ◆ Revise the perfect, imperfect and pluperfect tenses

Skills

- ◆ Write a summary of a listening text

page 25

1a Make sure that a pair of students is looking at each picture if possible. Students should look at the picture and try to interpret it, i.e., who are the people involved, what is the background to the photo and what will happen next. Encourage students to be imaginative in their answers.

1b Now draw together these answers in a whole-class discussion on the issues depicted.

Stress

Materials

- ◆ Student's Book pages 26–27
- ◆ Cassette 1 sides 1 and 2 CD 1
- ◆ Arbeitsblatt 7

1 Brainstorm vocabulary related to stress with the class.

2 For each statement a–h, students choose the appropriate answer (*oft, manchmal, nie*). Tell students the scores as below and they can total their answers. The key on page 26 tells them how stressed they are.

Scores:
manchmal = 2 in all questions
a, d, e: oft 3 nie 1; b, c, f, g: oft 1 nie 3

3a Read the text about stress and then ask students to find the German equivalents of the vocabulary listed (a–g).

Answers:
a *anfällig*   **b** *Infarkt*   **c** *überfordert*   **d** *ist auf etwas zurückzuführen*   **e** *Leistungsdruck*   **f** *vereinfachen*
g *abschalten*

3b A true/false/not in the text activity to test reading comprehension.

Answers:

a *F (Der Anteil an Deutschen, die an Stress leiden, ist in den letzten Jahren gewachsen. / Immer mehr Deutsche sind dem Stress der Gesellschaft nicht gewachsen und werden psychisch krank.)*
b *R*   **c** *nicht im Text*   **d** *nicht im Text*
e *F (Jedoch hört man nur noch selten die Worte „Sie sehen doch müde aus. Nehmen Sie sich ein paar Tage frei …!")*

3c Students answer the questions a–d in full sentences.

Answers:

a *Der Tod des Partners oder eine Ehescheidung kann zu Stresszuständen führen. (2 marks)*
b *Der Anstieg an Stresskrankheiten in den letzten zehn Jahren ist prinzipiell auf den immer steigenden Leistungsdruck am Arbeitsplatz zurückzuführen. (1 mark)*
c *Die neue Technik hat es ermöglicht, rund um die Uhr zu arbeiten. Für manche wird es immer schwieriger, Freizeit und Arbeitszeit zu trennen. (1 mark)*
d *Wer sich ständig Sorgen macht, gefährdet dabei sein seelisches Wohlbefinden. Oft dauert es nicht lang bis Nervenkrankheiten und andere seelische Störungen einsetzen. (2 marks)*

4 Students listen to the doctor talking about measures to combat stress and then finish off sentences a-f with the appropriate ending.

Answers:

a *um bestimmte Leistungen zu bringen*   **b** *Anforderungen an sich selbst stellt*   **c** *einzuteilen*   **d** *körperliche Arbeit machen*
e *wenn man sich wohl fühlt*   **f** *schwächt sein Immunsystem und vergrößert das Krankheitsrisiko*   **g** *beim Aufwachen schon kaputt fühlt*   **h** *man nicht in Form ist*

---

p 27, activity 4

Int.: Herr Doktor Aust, was kann man machen, um stressfrei zu leben?

Dr. A.: Zuerst muss man akzeptieren, dass so etwas unmöglich ist. Ein gewisses Maß an Stress ist nützlich, um bestimmte Leistungen zu bringen. Probleme treten nur auf, wenn man zu oft im Stress ist.

Int.: Und wie kann man das vermeiden?

Dr. A.: Man sollte sich nicht zu viel vornehmen. Stress wird oft durch Anforderungen ausgelöst, die man an sich selbst stellt. Man sollte seine Zeit richtig einteilen, damit man der Familie und der Freizeit genug Zeit widmet.

Int.:	Was für eine Rolle spielt Freizeit?
Dr. A.:	Eine enorm große. Vor allem Sport kann helfen, Stress abzubauen. Man soll versuchen, Stress in körperliche Arbeit umzusetzen, auch wenn man nur ein bisschen spazieren geht.
Int.:	Das klingt alles sehr gut, aber es ist manchmal schwierig, wenn man bei der Arbeit unter Druck steht.
Dr. A.:	Tja, das stimmt, aber man muss einsehen, dass man eigentlich mehr leistet, wenn man sich wohl fühlt. Es ist auch wichtig, genug zu schlafen und sich auch richtig zu ernähren. Wer zu spät ins Bett geht und nur Tiefkühlkost zu sich nimmt, schwächt sein Immunsystem und vergrößert das Krankheitsrisiko. Oder es kommt vor, dass man sich morgens beim Aufwachen schon kaputt fühlt. Wer nicht in Form ist, ist weniger belastbar und fühlt sich schneller gestresst.
Int.:	Herr Doktor Aust, ich bedanke mich für das Gespräch.

5 Students listen to the dialogue again and note down all the advice the doctor gives. They then use this advice and their own ideas to make their own brochure of stress-beating tips.

Answers:

Man sollte: sich nicht zu viel vornehmen; seine Zeit richtig einteilen; Stress in körperliche Arbeit umsetzen; genug schlafen; sich richtig ernähren

6 A role-play: student A plays a stressed patient and student B plays a pyschiatrist. They must decide what action should be taken and discuss the following:

◆ symptoms
◆ work situation
◆ personal circumstances.

The role-plays could then be extended with the patient not being compliant with the doctor's advice, for example, maybe because he or she is afraid of losing his/her job if working hours are reduced.

7 Students take the part of someone suffering from stress and they write to a newspaper agony aunt to ask for advice. This activity could be done for homework. Students should use the phrases from the *Hilfe* section and include in their letter: how long they have been suffering from stress; possible causes; their symptoms; measures they have already taken.

Extra! Students listen to the piece on music therapy and
AB7 do activity 1 on *Arbeitsblatt* 7

Wir leben länger

Materials

◆ Student's Book pages 28–29
◆ Cassette 1 sides 1 and 2 CD 1
◆ *Arbeitsblatt* 7

1 Students look at the graph showing life expectancy in Switzerland and answer questions a–c.

Suggested answers:

a *Die Lebenserwartung hat sich fast verdoppelt.*

b *weniger Kinder sterben; wir leben gesünder; wir essen weniger Fett; die Medizin ist besser — man kann mehr Krankheiten heilen; es gibt weniger Arbeitsplätze, die schwere körperliche Arbeit verlangen; die Hygiene ist besser*

2a Students read the text and pick out medical vocabulary.

Answers:

Spritzen, Tabletten, Patient, lebenserhaltende Apparate, Verletzte, Frühgeburten, das Gehirn, Gehörlosen, Höreindrücke, Innenohr

2b Students list how medical procedures help different types of patient.

Answers:

lebenserhaltende Apparate — Frühgeburten und schwer Verletzte können überleben; modernste Technik — Blinden und Tauben können ihre verlorenen Sinne zurückbekommen; Computer — übersetzt für Blinde Videobilder in elektronische Signale, woraus das Gehirn ein Bild zusammensetzen kann; Sprachprozessoren — man kann Höreindrücke als elektrische Impulse zum Hörorgan ins Innenohr schicken; Computer — helfen Patienten, die nicht mehr sprechen können; der Computer macht Sprache für sie

3a Students read the text about the paralysed man and find the German equivalent of the listed English vocabulary (a–f).

Answers:

a *gelähmt* **b** *Richter* **c** *verurteilt* **d** *erniedrigend*
e *unter bestimmten Umständen* **f** *straffrei*

3b To test reading comprehension students match the sentence halves.

Answers:
a *5* **b** *7* **c** *1* **d** *9* **e** *2* **f** *3* **g** *4* **h** *6* **i** *8*

4 Students listen to five people's opinions about euthanasia and for each one note down if they are for or against and their reasons.

Answers:

1 *für: unmenschlich, Leute, die an unheilbaren Krankheiten leiden, am Leben zu halten, wenn das offensichtlich gegen ihren Wunsch ist; sollten Gnade haben so wie an Tieren.*

2 *gegen: Sterbehilfe ist Mord und daher Verbrechen, nur Gott entscheidet*

3 *gegen: Wie zu kontrollieren? Kein Gesetz könnte alle Fälle decken.*

4 *für: Jeder Mensch hat das Recht, in Würde zu sterben.*

5 *für: Indem er Sterbehilfe verbietet, beeinträchtigt der Staat unsere persönlichen Rechte.*

---

p 29, activity 4

1 Ich finde es unmenschlich, Leute, die an unheilbaren Krankheiten leiden, am Leben zu halten, wenn das offensichtlich gegen ihren Wunsch ist. Wenn Tiere leiden, dürfen sie sterben und wir nennen das Gnade. Warum haben wir denn keine Gnade für unsere Mitmenschen?

2 Sterbehilfe ist nur ein anderer Name für Mord und das ist ein Verbrechen. Nur Gott soll entscheiden, wann wir sterben. Ich halte es für sehr gefährlich, wenn Menschen diese Rolle auf sich nehmen.

3 Ich glaube auch, dass es sehr gefährlich sein könnte, Sterbehilfe zu legalisieren. Wie sollte man das denn kontrollieren? Verwandte könnten den Kranken unter Druck setzen, und was passiert in den Fällen von Wachkoma-Patienten oder Kindern, bei denen eine lebensbedrohliche Krankheit vorliegt? Wer soll dann entscheiden? Ich glaube, kein Gesetz könnte alle Fälle decken und es gäbe sicher Missbräuche.

4 Jeder Mensch hat das Recht, in Würde zu sterben. Warum sollten wir gezwungen werden, zu leben, nur weil die Medizin es ermöglicht? Meine Großmutter ist an Krebs gestorben. Die letzten zwei Monate ihres Lebens hat sie furchtbar gelitten – sie wollte einfach in Ruhe mit ihrer Familie zu Hause sterben, aber sie durfte das nicht. Es war einfach grausam, sie gegen ihren Willen am Leben zu halten.

5 Indem er Sterbehilfe verbietet, beeinträchtigt der Staat unsere persönlichen Rechte. Die einzige Alternative ist Selbstmord.

---

5 A whole-class debate about whether euthanasia should be legalized.

6 Students write 250–300 words, expressing their opinion on either:

a Medical advances have brought only advantages OR
b Is a longer life always a better life?

This could be done for homework.

🔊 **Extra!** Students listen to the piece on alternative
AB7 medicine and do activities 2, 3 and 4 on *Arbeitsblatt* 7.

Sucht

Materials
◆ Student's Book pages 30–31
◆ Cassette 1 side 1 CD 1
◆ *Arbeitsblätter* 8 and 9

1a Students discuss the photos in pairs.

1b Still in their pairs, students go on to answer questions a–d, discussing the possible link between thin models and eating disorders.

2a Students read the text and match the appropriate heading (a–e) to each paragraph (1–5).

Answers:
1 *d* **2** *e* **3** *b* **4** *c* **5** *a*

2b To test reading comprehension, students select the appropriate sentence (1, 2 or 3) for a–f.

Answers:
a *1* **b** *3* **c** *1* **d** *2* **e** *2* **f** *1*

2c Students answer the questions which summarize the main points of the article.

Answers:
a *Magersucht, Bulimie*
b *Models sind Vorbilder für junge Mädchen; ganze Industrien – Nahrungsmittel, Pharma- und Kosmetikfirmen, Fitness- und Freizeitstudios widmen sich der Sucht nach Schlankheit*
c *Ecstasy kann bestimmte Zonen im Gehirn nachhaltig schädigen.*
d *Depressionen und Verfolgungswahn*

AB8 **Extra!** Students read a text about heroin control and do the activities on *Arbeitsblatt* 8.

AB9 **Extra!** Students take the parts described on *Arbeitsblatt* 9 and do a role-play on approaches to drugs.

🔊 **3a** Students listen to the first part of the report about eating disorders and drug-taking and answer questions a–f.

Answers:
a *Erstens sind beide oft Suchtzustände. Die Auslöser für diese und andere Probleme sind oft identisch.*
b *Jugendliche wollen vor allem einer Gruppe angehören, sie wollen sich anpassen und nicht irgendwie auffallen.*
c *dem weiblichen Schönheitsideal entsprechen*
d *Models dienen als Vorbilder für viele Mädchen und sie werden immer dünner.*
e *Vor 30 Jahren lag das Gewicht von Fotomodellen nur um 8% unter dem allgemeinen Durchschnittsgewicht. Heute sind es 23%.*
f *Es gibt immer mehr Zeitschriften für junge Mädchen und sie werden ständig mit diesen Bildern konfrontiert.*
g *schon mit zehn oder elf Jahren*

---

p 31, activity 3a

Teil 1

Mod.: Herzlich willkommen, liebe Zuhörer und Zuhörerinnen. Heute ist unser Thema Sucht. Drogenkonsum und Essstörungen sind zwei Probleme, die vor allem Jugendliche betreffen. Doktor Ilse Scheufele von der Jugendklinik in Tübingen ist heute ins Studio gekommen, um diese Probleme mit uns zu besprechen. Herzlich willkommen, Frau Doktor Scheufele.

I. S.: Guten Tag.

Mod.: Frau Doktor Scheufele, Drogenkonsum und Essstörungen werden normalerweise als zwei ganz getrennte Probleme betrachtet. Welche Gemeinsamkeiten gibt es Ihrer Meinung nach?

I. S.: Erstens sind beide oft Suchtzustände. Ich glaube, die Auslöser für diese und andere Probleme sind oft identisch. Gruppendruck spielt oft eine große Rolle, die Identitätsbildung kommt auch dazu. Jugendliche wollen vor allem einer Gruppe angehören, sie wollen sich anpassen und nicht irgendwie auffallen. Bei manchen bedeutet das abzunehmen, um dem weiblichen Schönheitsideal zu entsprechen, andere wenden sich Drogen zu, weil sie „in" sind.

Mod.: Wie erklären Sie den Anstieg an jungen Mädchen, die an Essstörungen leiden?

I. S.: Ich glaube, die Modeindustrie hat da viel auf dem Gewissen. Models dienen als Vorbilder für viele Mädchen und sie werden immer dünner. Vor 30 Jahren lag das Gewicht von Fotomodellen nur um 8% unter dem allgemeinen Durchschnittsgewicht. Heute sind es 23%. Das heißt, die Idealfigur, wie man sie in Zeitschriften und so weiter sieht, ist immer dünner geworden. Schönheitsideale wie Marilyn Monroe würden heute fast als zu dick gelten. Die Macht der Medien ist in den letzten Jahren auch stark gestiegen. Es gibt immer mehr Zeitschriften für junge Mädchen und sie werden ständig mit diesen Bildern konfrontiert. Das heißt, sie kommen viel schneller auf den Gedanken, dass sie durch das Essen ihr Leben kontrollieren können. Sie beginnen auch viel jünger, Diäten zu machen. Ich habe Mädchen behandelt, die schon mit zehn oder elf Jahren begonnen hatten, eine Diät zu machen.

🔊 **3b** Students listen to the second part of the report and then fill in the gaps a–h in the text on the page. The text summarizes the listening text and the completed text therefore conveys the same meaning using different phrases. The words in the box on the page contain distractors and infinitive forms of verbs; students must select the appropriate words and put the verbs in the correct form.

Answers:
a *unzufrieden* **b** *Aussehen* **c** *schlank* **d** *Verbindung*
e *Ausdruck* **f** *ähnlich* **g** *schwierige* **h** *erfordert*

---

p 31, activity 3b

Teil 2

Mod.: Aber Drogenkonsum hat nichts mit einem Schönheitsideal gemeinsam.

I. S.: Nein, aber es gibt auch Modedrogen wie Ecstasy. Wer dabei sein will, muss eine Pille schlucken, wer schön sein will, muss schlank sein.

Mod.: Aber harte Drogen wie Heroin waren nie in Mode?

I. S.: Nicht auf dieselbe Art und Weise, das stimmt, aber wir kommen dann wieder auf das Thema Sucht zurück. Wer an Sucht leidet, ob Magersucht, Essbrechsucht oder Drogensucht, ist mit sich selbst nicht zufrieden. Bei Essstörungen gibt man seiner physischen Erscheinung schuld, da man dem Ideal nicht entspricht. Man glaubt, man wird geliebt, wenn man schlank ist. Alle Bilder in den Medien verstärken diesen Gedanken. Oft ist das eigentliche Problem etwas anders. Essstörungen sind oft ein Schrei nach Hilfe. Drogensüchtige versuchen ihre Probleme mit Drogen zu verdrängen, Essgestörte glauben, ihre Probleme werden weggehen, wenn sie ihr Idealgewicht erreicht haben.

Mod.: Wie sind diese Probleme zu lösen?

I. S.: Es ist bei jedem Fall anders. Zuerst ist es wichtig zu erkennen, dass diese Menschen wirklich krank sind. Sie können nicht einfach von heute auf morgen aufhören. Der Entzug ist sehr schwierig für sie. In den meisten Fällen ist eine Therapie nötig und das kann schon länger dauern.

M: Frau Doktor Scheufele, danke für das Gespräch.

---

4 Students get into pairs and discuss questions a–e, which cover the themes of eating disorders and drug-taking, the role of the media and the fashion industry and what can be done to try to resolve these problems.

Prüfungstraining

Grammar and skills
- Revision of perfect, imperfect and pluperfect tenses
- Summarizing a listening passage in German

Materials
- Student's Book pages 32–33
- Cassette 1 side 1 CD 1
- Grammar Workbook pages 50–56

Grammatik

A Students make lists of verbs in the perfect, imperfect and pluperfect in the first half of the text.

Answers:

Perfect: ist entkommen

Imperfect: begann, stieg um, waren, wurden geteilt, begannen, ließ sich testen, bekam, war, empfahl

Pluperfect: hatte gewusst, geschlafen hatte, hatte erfahren, passiert war

B Students supply the verb in the appropriate tense.

Answers:

a *hatten geplant* **b** *erklärte* **c** *bin* **d** *schockiert hat*
e *war* **f** *hatte* **g** *war* **h** *war gekommen* **i** *gehörte*
j *habe genommen* **k** *habe gehabt* **l** *bin* **m** *bin gewesen*
n *war* **o** *war* **p** *ist* **q** *dauert* **r** *sind* **s** *bessert sich*
t *ist* **u** *erfinden* **v** *verlängern* **w** *hindern*
x *ist zurückgegangen*

1 Students decide whether statements a–h are true, false or not mentioned in the text.

Answers:

a *R* **b** *R* **c** *F (Wenn er Glück hat, hat er 15 Jahre vor sich.)* **d** *F (Er ist HIV-Infizierter but it doesn't say about Aids)*
e *R* **f** *nicht im Text* **g** *nicht im Text* **h** *R*

Tipp

🔊 **1** An exercise to test skills in summarizing in German. Students must listen to the text and then pick out the five sentences which best summarize it. This is difficult since all sentences are correct, but some summarize better than others.

Answers: f, d, i, g, b

---

p 33, activities 1, 2 and 3

Teil 1
Im Westen wird gegen Aids gekämpft und Aidspatienten werden behandelt. Die Sterblichkeitsrate sinkt. In Schwarzafrika jedoch nimmt die Krankheit epidemieartig zu. Afrika südlich der Sahara stellt nur 10% der Weltbevölkerung dar, aber 70% der HIV-Infizierten.
Besonders alarmierend: der Anteil an Frauen und Kindern steigt ständig. Bei Mädchen zwischen 15 und 19 Jahren ist eine Infektion sogar bis zu sechsmal so häufig wie bei den Jungen. Fachleute erklären diese Entwicklung damit, dass die Ansteckungsgefahr von Mann zu Frau höher ist als umgekehrt. Und junge Mädchen haben – häufig aus wirtschaftlichen Gründen – sexuellen Kontakt mit älteren Männern, die sich bereits bei Prostituierten infiziert haben.

In Afrika bedeuten aidskranke Mütter infizierte Babys. Rund 500 000 davon sind im vergangenen Jahr in Afrika auf die Welt gekommen. Während in Deutschland die Übertragung von Mutter auf Kind durch Medikamente und Kaiserschnitt auf einzelne Fälle gesenkt wurde, erben 75% aller Neugeborenen in der Dritten Welt das Virus von der Mutter. Für Aids-Medikamente fehlt das Geld. Selbst die scheinbar einfache Formel „Flasche statt Brust" geht in Ländern nicht auf, wo es oft kein sauberes Wasser gibt.
Teil 2
„Vorbeugung ist und bleibt der Schlüssel zur Eindämmung der Aids-Epidemie", sagt Dr. Lieve Fransen, Direktorin des europäischen Aids-Programmes. „Offenheit ist eine der wichtigsten Waffen gegen die Ausbreitung der Krankheit." In den Entwicklungsländern wird Aids immerhin oft tabuisiert. In Kenia erklärten der Präsident und die Kirchen Kondome für tabu. In Lusaka warf ein Pastor ein HIV-infiziertes Mädchen aus dem Kirchenchor. Viele infizierte Frauen werden von ihren Männern aus dem Haus geworfen, auch wenn der Mann die Ursache der Infektion ist.
Was Offenheit bewirken kann ist aber nicht nur in den westlichen Ländern zu sehen. Thailand, Senegal und Uganda gelten als herausragende Beispiele für Anti-Aids-Kampagnen. In diesen Ländern hat sich die Regierung mit Vehemenz hinter Kondomkampagnen, die Behandlung von Geschlechtskrankheiten und Aufklärung gestellt. In allen drei Ländern ist die Infektionsrate gesunken.

🔊 **2** Students re-listen to the first half of the text and pick out which of the sentences a–g are about the key points. Again, this is difficult since all the sentences are true but not all are key points.

Answers:

b, c, d, g

🔊 **3** Students re-listen to the second half of the text and choose the better summary from each pair of sentences.

Answers:

a2, because it includes the fact that discussing the subject can lead to a reduction in the incidence of the illness
b1, because it explains exactly what was done (promote use of condoms and explain how the illness is spread)

4 Students summarize the passage in German, using the bullet points as cues for what should be included. This could be done for homework.

Zur Auswahl

Skill focus
◆ Pronunciation practice
◆ Revision of unit

Materials
◆ Student's Book page 34
◆ Solo cassette side 1

S ▢ **1** Students listen to these sentences on the topic and repeat them.

> **p 34, activity 1**
>
> **a** Psychische Krankheiten haben auch physische Folgen.
> **b** Ungesunde Nahrung erhöht das Infarktsrisiko.
> **c** Der Fall des gelähmten Spaniers eröffnete neu die Euthanasie-Debatte.
> **d** Der Staat beeinträchtigt unsere persönliche Rechte.

2 Students select the word to match each description. All the words have been used in this unit.

Answers:

a *Euthanasie / Sterbehilfe*   **b** *Magersucht / Bulimie*
c *Ecstasy*   **d** *infiziert werden / sich infizieren*   **e** *Vorbild*

S ▢ **3** Students listen to the report about vegetarianism and summarize it in German, including all bullet points given.

> **p 34, activity 3**
>
> Astrid und Christina sind Vegetarierinnen. Die beiden Schülerinnen aus Koblenz haben sich vor vier Jahren für eine fleischlose Nahrung entschieden. Jetzt wird zu Hause nur noch vegetarisch gekocht. Die Eltern machen auch mit. An ihrer Schule gibt es jetzt ungefähr einen Vegetarier pro Klasse – hauptsächlich Mädchen. Die meisten geben als Grund an, dass sie das Schlachten von Tieren einfach grausam finden. Auch wenn sich viele über das Töten von Tieren aufregen, ziehen nur wenige die Konsequenzen, die meisten Deutschen machen sich keine Gedanken, wenn sie mal wieder zum Hamburger greifen. Immerhin sind Vegetarier eine wachsende Minderheit. Rinderwahn, Massentierhaltung und Tiertransportierung haben einer immer größeren Anzahl von Deutschen den Appetit auf Fleisch verdorben. Medizinische Gründe werden auch angegeben – viele Tiere werden mit Antibiotika gefüttert, die der Mensch mit dem Fleisch aufnimmt. Dadurch, so wird behauptet, werden Antibiotika bei Menschen immer unwirksamer.
> Die Ausbreitung von vegetarischen Restaurants oder fleischlose Gerichte in der Kantine haben das Leben eines Vegetariers auch erheblich erleichtert. Vegetarier

> zu sein ist inzwischen akzeptabel. Veganer haben es schwerer. Der totale Verzicht auf alle Tierprodukte fordert nicht nur Durchhaltevermögen, sondern auch einen sorgfaltig durchdachten Diätplan. Wer sich ohne Eier oder Milchprodukte ernähren will, muss bewusst versuchen, die dadurch fehlenden Vitamine und Eiweißstoffe zu ersetzen, um eine ausgewogene Ernährung zu bekommen.

4 Students choose one of the subjects a–d (stress, eating disorders, Aids, euthanasia) to give a talk on.

5 Students write 250 words on one of the following topics:

a How can we fight Aids in the First as well as the Third World?
b What are the causes of stress and how can stress be avoided?
c Would you like to live to be 100? Give your reasons.
d 'Eating disorders are a direct consequence of unrealistic ideals of beauty in the media. Models should look more like average people.'

This could be done for homework.

6 Students translate sentences a–e into German. They should look back through unit 3 if they need help with vocabulary.

Answers:

a *Immer mehr Deutsche leiden an psychischen Krankheiten.*
b *Dieser Anstieg ist auf den Leistungsdruck am Arbeitsplatz zurückzuführen.*
c *Neue Technik / Technologie hat es ermöglicht, viele Krankheiten zu heilen.*
d *In den Niederlanden darf unheilbar Kranken geholfen werden, zu sterben.*
e *Ecstasy wird regelmäßig von vielen Jugendlichen genommen, aber es kann Teile des Gehirns schädigen.*

7 Students design a leaflet about addiction, including: reasons for addiction, symptoms, how addiction can be fought.

Answers for Copymasters

Arbeitsblatt 7

1 a *F (Erst in den vergangenen Jahren hat sich die Musik als Heilmethode entwickelt.)*   **b** *R*   **c** *R*   **d** *F (Vor allem bei seelischen Erkrankungen hat die Musiktherapie einen sehr hohen Stellenwert.)*   **e** *F (Musik kann positive Gefühle hervorrufen.)*   **f** *R*   **g** *R*   **h** *F (Die Musiktherapie sollte als zusätzliche Behandlung betrachtet werden.)*

A7, activity 1

Dass Klänge, Rhythmen und Melodien heilsam sein können ist seit mehr als 2000 Jahren bekannt, aber erst in den vergangenen Jahren hat sich die Musik als eine alternative und unkonventionelle Heilmethode entwickelt. Die Musik kann bei einer Reihe von Erkrankungen als Behandlungsmethode eingesetzt werden.

Nach dem US-Musikforscher Arthur W. Harvey kann die Musik auf verschiedenen Ebenen wirken. Sie fordert die Hirntätigkeit, ruft eine emotionale Reaktion hervor, kann das Bewusstsein verändern und auch biophysische Reaktionen wie Änderungen des Pulsschlags und des Blutdrucks auslösen.

Vor allem bei seelischen Erkrankungen wie Depressionen oder Stresszuständen hat die Musiktherapie einen sehr hohen Stellenwert. Musik kann positive Gefühle hervorrufen, emotionale Sicherheit vermitteln, Stress und Frustration abbauen. Je nachdem welche Wirkung angestrebt wird, kann ruhige Musik wie Kirchenmusik oder tänzerisch-rhythmische Musik eingesetzt werden. Die richtige Musik für eine Therapie ist von Mensch zu Mensch anders – es gibt also keine musikalische Apotheke mit einem entsprechenden Heilmittel für jede Krankheit.

Trotz aller Erfolge sollte die Musiktherapie keineswegs als alternative, sondern als zusätzliche Behandlung betrachtet werden.

2

A7, activity 2

Int.: Eines ist bereits klar: Über mangelnde Nachfrage braucht man sich an der St-Hedwig-Klinik in Berlin-Mitte keine Sorgen zu machen. Anfang 2001 wurde dort ein Zentrum für chinesische Medizin eingerichtet und schon vor der Eröffnung erkundigten sich Patienten, ob man sich mit den alternativen Heilmethoden behandeln lassen könne. Zwanzig Betten sind für die stationäre Behandlung vorgesehen, die sowohl von deutschen als auch von chinesischen Medizinern durchgeführt wird.

Künftig können Patienten in der Klinik in vielen Fällen selbst entscheiden, welche Therapieform sie bevorzugen. Hauptteil der Arbeit ist die Phytotherapie beziehungsweise die chinesische Pharmakotherapie: Die traditionellen Heilmittel, die größtenteils aus Pflanzenteilen, aber auch aus tierischen Substanzen wie Skorpionen und Schlangenteilen bestehen, sollen importiert, erforscht und schließlich in der Praxis angewendet werden.

Ein weiterer Anwendungsbereich der chinesischen Medizin erstreckt sich auf die

Schmerztherapie. Akupunktur soll den Anteil von Medikamenten in der Behandlung senken. Drittes Feld ist die Suchttherapie, bei der vor allem Ohr-Akupunktur Erfolge entspricht.

Beate Hübner, Mitgründerin des Projekts:

B.H.: Das Projekt soll den Patienten eine seriöse Behandlungsmethode anbieten. Eines unserer Ziele ist es, die Vorurteile und Mythen abzubauen.

Int.: Ein Fortschritt ist, dass die Krankenkassen sich bereit erklärt haben, solche Heilmethoden zu finanzieren, so lange sie keine zusätzlichen Kosten verursachen.

Viola Matzke, Pressesprecherin der Barmer Krankenkasse in Berlin:

V. M.: Eine moderne Krankenkasse kann und will sich solchen Therapieverfahren nicht verschliessen.

Arbeitsblatt 8

3 **a** die kontrollierte Abgabe von Heroin **b** Süchtige, die sonst vom Staat nicht erreicht werden **c** die Ziele des Programms sind Drogenkriminalität einzuschränken, die Ausbreitung des HIV-Virus einzudämmen und die Mitglieder des Programms dazuzubringen, eine Entzugsbehandlung zu machen. **d** die Süchtigen bekommen ihre Drogen, ohne sie bezahlen sie müssen / staatliches Geld wird für Heroin ausgegeben **e** er sieht Drogensucht als eine Krankheit / dies ist eine Behandlungsmethode (2 marks) **f** sie hat multiple Sklerose / und sitzt im Rollstuhl **g** Haschisch kann die Schmerzen lindern **h** sie ist nicht schuld an ihrer Krankheit, / aber sie muss leiden, / weil multiple Sklerose kein sozialer Brennpunkt ist (3 marks)

4 Karin Friedrichs brings a completely different point of view to the debate. She has suffered from multiple sclerosis for 10 years. She has been in a wheelchair for two years. Hashish is one of the best methods of relieving the terrible pain of the illness. But hashish is illegal. In her opinion: 'If people are prepared to give heroin to drug addicts then it must be possible to legalize the controlled distribution of hashish to multiple sclerosis sufferers. Firstly, hashish is a very mild drug compared with heroin. Secondly, from a moral point of few, it must be recognized that compared with drug addicts I am in no way to blame for my illness. But the drug problem is a key social issue — multiple sclerosis isn't. That's why I find it unfair that I must either suffer or commit a crime.'

5 **a** Heroin wird an Drogenabhängige / Drogensüchtige in Hamburg verteilt. **b** Das Programm könnte ein Weg sein, die Ausbreitung des HIV-Virus einzudämmen. **c** Albrecht Roth sagte, er wolle Jugendliche aus der Drogenszene ziehen.

Arbeitsblatt 9

No answers – speaking activities

Wiederholung Einheit 1–3

1   Students read the article about young people and Aids. To test reading comprehension, they choose the appropriate ending for each sentence a–d.

Answers:
a *3* **b** *1* **c** *2* **d** *3* (4 marks)

2a   Students try to pick out the German expressions on their first listening of the text about women in the German army.

Answers:
a *Pflichten haben* **b** *Militärdienst leisten* **c** *Kasernen*
d *freiwillig* **e** *eine positive Einstellung* **f** *Staatsbürger*
g *die Geschlechter trennen* **h** *Gleichberechtigung*

---

p 35, activity 2

Int.:   In einem Rechtsstaat wie der Bundesrepublik zu leben bedeutet nicht nur, dass der einzelne Bürger in den Genuss gewisser Rechte kommt, sondern auch, dass er Pflichten hat. Das bedeutet, er muss sich den Gesetzen unterstellen, muss seine Steuern bezahlen, soll sich am politischen Leben beteiligen oder zumindest wählen. Für 18-jährige junge Männer hat das die ganze Zeit auch bedeutet: den Militärdienst zu leisten und somit zum Schutz ihres Landes beizutragen.
Das hat sich nun seit Beginn des Jahres 2001 geändert, denn seit diesem Datum werden auch Frauen in die Bundeswehr aufgenommen und können so ihrem Staat dienen. Am 2. Januar 2001 rückten zum ersten Mal 244 Frauen in die Kasernen der Bundeswehr ein. Es ist nicht zu leugnen, dass die Gegenwart von Frauen eine starke Auswirkung auf die männlichen Soldaten hat. Hierzu einige Reaktionen aus der Elb-Havel Kaserne, aufgenommen am Abend der Ankunft von fünfzehn Rekrutinnen. Hauptmann Heyden:

Hptm. H.:   Ich hoffe, die Integration von Frauen wird sich reibungslos vollziehen. Im besten Falle werden sich die jungen Frauen und die jungen Männer gegenseitig motivieren und das wäre für die Ausbildung ja nur gut. Man muss dabei auch bedenken, dass die Frauen ja freiwillig kommen und deshalb von vornherein schon eine durchaus positive Einstellung dem Militärdienst gegenüber zutage legen. Allerdings haben wir unsere Männer auf die Ankunft der Rekrutinnen doch schon vorbereiten müssen, z.B. mussten wir ihnen sagen, dass Zugang zu den Frauenstuben nur erlaubt ist, wenn nach dem Anklopfen ein deutliches „Ja, bitte" ertönt. Wer erotisch gefärbte oder derbe Redewendungen von sich gibt, macht sich eines Dienstvergehens schuldig und wird bestraft. Doch im Grunde kann sich der allgemeine Umgangston durch die Anwesenheit von Frauen doch nur verbessern.

Int.:   Maja Janowski, eine der neuen Rekrutinnen:

M. J.:   Also mir ist es wichtig, in nichts den Männern nachzustehen. Wir sind alle Staatsbürger und sollen alle unseren Dienst für unser Land ableisten. Also, uns ist schon gesagt worden, dass Uniformzwang herrscht, dass wir, wie die Männer, morgens um halb sechs geweckt werden. Schmuck und Make-up sind verboten und falls wir eine Beziehung zu einem anderen Soldaten aufnehmen, dürfen wir das nicht öffentlich zur Schau stellen. Aber ich finde alle diese Regeln vernünftig. Frauen sollen nicht anders als die Männer auch behandelt werden. Wir werden ihnen zeigen, wie tüchtig und zäh wir wirklich sind. Es passt einfach nicht zu unserer Zeit, die Geschlechter zu trennen und zu sagen: das ist ein Job für einen Mann und das hier ist einer für eine Frau. Ich bin für die totale Gleichberechtigung und freue mich schon auf mein neues Dasein als Soldatin.

2b   After listening to the text again, students select the appropriate word from the list to fill each gap in the summary given. They need to insert the appropriate form of each word. The list contains distractors.

Answers:
a *wählen* **b** *Militärdienst* **c** *Armee* **d** *Soldatinnen*
e *244* **f** *Frau* **g** *Regeln* **h** *Schimpfwörter*
i *Ausbildung* **j** *Gleichberechtigung*
(10 marks)

3   Students read the text about addiction to surfing the Internet and do a true/false activity to test reading comprehension.

Answers:
a *F (Suchtkranke leiden auch unter dem übertriebenen Gebrauch des Internets.)* **b** *nicht angegeben* **c** *R* **d** *F (Sie vernachlässigen Ehepartner und Familie, sodass es häufig zu Trennungen kommt.)* **e** *F (Man kann nicht unbedingt dem Computer die ganze Schuld geben.)* **f** *R* **g** *R* **h** *F (Die Internetsucht ist ein psychisches Problem.)*
(8 marks)

4a Students read through the list of problems.

4b In pairs students discuss the problems and order them according to how important they consider them to be. They must give reasons for their choices.

4c Students choose one subject and explain to the other students what they would do about it if they were in a position to change things.

5 Students write about 50 words on each of: alcohol, drugs, unemployment, Aids.

They then write another 50 words, giving their opinion about which of the above represents the worst problems for young people today. (10 marks)

Kontrollen Units 1–3

Arbeitsblatt 28
The activities on this copymaster follow the style of the AQA Unit 4 assessment 'Contemporary Issues'.

Part A

🔊 **1 a** ii **b** i **c** ii **d** i
    (Mark scheme: 4 marks)

A28, activity 1

Ein Bündnis gegen die deutsche Volksdroge
Nach jahrelanger, unerbittlicher Feindseligkeit haben sich endlich unter dem Vorsitz der Bundesgesundheitsministerin und deren Drogenbeauftragter Vertreter von 26 Verbänden, Interessengruppen einerseits und Bundes- und Länderbehörden andererseits an einen Tisch gesetzt, um dem Missbrauch von Alkohol gemeinsam den Kampf anzusagen.

Bei diesem Projekt wollen auch der deutsche Sportbund und die Werbewirtschaft mitmachen. Die Bundesministerin war darüber besonders erfreut. Jetzt gebe es endlich eine gesellschaftliche Allianz gegen den Alkoholmissbrauch und seine Risiken.

Die Zahlen sind nicht zu bestreiten: Nach Angaben des Bundesministeriums sind in Deutschland 1,6 Millionen Menschen akut alkoholabhängig. 42 000 sterben jährlich direkt oder indirekt an den Folgen ihrer Sucht. Bei 60% aller Straftaten im Straßenverkehr spielt Alkohol eine Rolle. 92 000 Menschen werden jährlich wegen Alkoholabhängigkeit oder Alkoholpsychose arbeitsunfähig. Zudem greift das Problem immer mehr auf Jugendliche über.

🔊 **2** *False: a, c, f, g*
    (Mark scheme: 4 marks)

A28, activity 2

In der Silvesternacht wird ein Projekt zu Ende gehen, das drei Jahre lang den Obdachlosen in Hamburg jeden Abend zu warmen Getränken, Lebensmitteln und guten Worten verholfen hat. Annemarie Knapp muss Abschied nehmen von einer Arbeit, die ihr sehr ans Herz gewachsen ist. Sie selbst startete die Aktion, für die die ganze Zeit die Stadt einen Zuschuss gezahlt hat. Doch mit den allgemeinen Kürzungen im Haushalt sind die Gelder für solche Projekte einfach gestrichen worden. Dabei wäre eine solche Betreuung von hohem menschlichen Wert. Es gehe hier nicht unbedingt um die warme Suppe, erklärte Annemarie Knapp, sondern um das Gespräch, die Zuwendung und den Respekt, den sie diesen Menschen entgegenbrächten.
Annemarie Knapp spricht aus Erfahrung. Auch sie war nach einer gescheiterten Ehe eine Zeitlang obdachlos. Sie setzt jetzt ihre ganze Hoffnung auf einen Sponsor, dessen Mittel ihr helfen könnten, das Projekt fortzusetzen.

🔊 **3 a** iii **b** iii **c** iii **d** i **e** ii
    (Mark scheme: 5 marks)

A28, activity 3

Gestern Abend gab es bei der Sitzung des Stadtrats heftige Proteste von Seiten der anwesenden Bürger. Zur Debatte standen die Pläne zum Bau eines Einkaufsparks auf einer Wiese in unmittelbarer Stadtnähe, die die Bauherren Real und Co der Baukommission vorlegten. Die Bauherren betonten, dass bei dem Einkaufspark Geschäfte nur an Branchen vermietet würden, die in der Stadt selbst nicht vertreten seien. Gleichzeitig entständen durch den Bau 350 neue Arbeitsplätze, die den Einwohnern zugute kämen.

Die Vertreter des Gewerbevereins wandten ein, dass diese Art der Vermietung keinesfalls garantiert werden könne und dass allein die Anwesenheit eines neuen Großmarktes und eines Kaufhauses zur Schließung mehrerer Geschäfte in der Innenstadt führen würde. Der Verlust der seit langem in der Innenstadt existierenden Unternehmen, seit Generationen in denselben Händen, könne in keiner Weise für die Schaffung von schlecht bezahlten Arbeitsplätzen in einem Großunternehmen außerhalb der Stadt kompensieren.

---

4 a *Sie werden geplant, um den Welt-Aids-Tag am ersten Dezember zu begehen / zu feiern.* (1)
   b *Der Berliner Senat zahlt immer weniger Zuschüsse.* (1)
   Das Projekt hat einen Sponsor verloren, der jährlich €200 000 bezahlt hat. (1) *Die Menschen spenden nicht mehr so viel, weil die Therapie sich verbessert hat.* (1)

c *Sie berät die Aidskranken, wenn sie wieder in den Beruf zurückwollen / in Bezug auf finanzielle Angelegenheiten.*
(1 mark for 1 out of 2)
(Mark scheme: 5 marks for answering the questions correctly. 5 marks for quality of language. See the assessment criteria tables for Unit 4 provided in the AQA specification for how to allocate marks for grammatical accuracy.)

A28, activity 4

Zahlreiche Aktionen sind zum Welt-Aids-Tag am ersten Dezember von der Berliner Aids-Hilfe geplant, darunter ein großer Schweigemarsch, ein Konzert und ein Gottesdienst. Aids ist immer noch ein Problem in Berlin und jährlich infizieren sich 450 Berliner mit dem HIV-Virus, während 160 Menschen in demselben Zeitraum tatsächlich an Aids erkranken.

Enttäuscht berichtete die Geschäftsführerin der Berliner Aids-Hilfe Resi Jäger von einem ständigen Rückgang der Einnahmen der Organisation. In den letzten paar Jahren habe der Berliner Senat ständig seine Zuschüsse gekürzt, dazu hätten sie einen Großsponsor und dessen jährliche Unterstützung von 200 000 Euro verloren. Die Öffentlichkeit meint, die Therapie für Aids habe sich verbessert, und somit sind die Menschen spendenmüde geworden.

Doch das Geld sei weiterhin dringend nötig. Damit würden vor allem Mitarbeiter bezahlt, die den Aidskranken vor allem psychische Unterstützung gewähren. Viele Erkrankte wollen heute wieder in den Beruf und brauchen deshalb tatkräftige Hilfe, andere benötigen Beratung wegen ihrer schlechten finanziellen Lage.

Part B

5 a *Urlaubserholung geht verloren / Stress ist wieder da* (2)

 b *Er sollte Menschen die Arbeit abnehmen / komplizierte, eintönige Arbeiten vereinfachen / Fehler ausschalten* (2 for 2 out of 3)

 c *Die Menschen verbringen jährlich 3 Wochen damit, neue Programme zu lernen* (1) *und Probleme mit dem Computer zu beseitigen* (1).

 d *Ein Mann machte seinen Computer kaputt (1). Er war so gestresst, weil der Computer nicht richtig funktionierte.* (1)

 e *Sie ist typisch für viele Angestellte* (1), *die wütend werden, wenn der Computer Probleme aufzeigt* (1).

(Mark scheme: 10 marks)

A28, activity 5

Wer kennt es nicht: kaum vom Urlaub wieder ins Büro zurückgekehrt und schon erwarten einen über 1000 E-Mail-Nachrichten. Bis man sich da durchgearbeitet hat, ist meist die ganze Urlaubserholung verloren gegangen und der Stress hat einen wieder eingeholt.

Eigentlich war der Computer ja erfunden worden, um den Menschen die Arbeit abzunehmen, um lange, komplizierte und eintönige Arbeiten zu vereinfachen und Fehler, die dem Menschen oft bei diesen Aufgaben unwillkürlich unterlaufen, auszuschalten.

Doch eine Studie hat herausgefunden, dass Angestellte im Durchschnitt drei Wochen mehr pro Jahr arbeiten müssen, um sich in neue Softwareprogramme einzuarbeiten und auch um Pannen zu beheben, die der Computer verursacht hat. Also Zeiteinsparung? Von wegen!

„Bad Day" heißt der im letzten Jahr am meisten verschickte Videoclip. Der Computer von Mr. X streikt. Laut fluchend versetzt Mr. X ihm einen Schlag und haut auf die Tastatur ein, doch das Ding funktioniert immer noch nicht. Schließlich stößt er ihn auf den Boden und erst als das Ding da krachend landet, entspannt Mr. X sich wieder.

Sicher, der Clip war inszeniert und beruht nicht auf Tatsachen. Doch er ist und bleibt ein Symbol für die Computer-Raserei, die Wut, die die Angestellten packt, wenn das Ding mal wieder nicht funktioniert. Allzu viele Angestellte rasten aus und legen sogar Hand an die Maschine.

Die Leichtigkeit des Umgangs mit E-Mail führt oft dazu, die Nachricht an eine ganze Kette von Empfängern zu verschicken, ob sie was mit ihnen zu tun hat oder nicht. Der durchschnittliche Arbeiter in einem solchen Büro muss an einem einzigen Tag 200 E-Mails bewältigen, wobei die meisten ihn nicht wirklich betreffen. Doch allein die Tatsache, sie lesen und löschen zu müssen, führt zu einer Infoflut, die den Druck verstärkt und schließlich krank machen kann. Genauso die nervigen Anrufe nach dem Verschicken eines Fax oder einer elektronischen Botschaft. Nach maximal zehn Minuten wird telefonisch nachgehakt, ob man denn die wertvolle Kommunikation erhalten habe.

Der Stress, den das papierlose Büro seinen Mitarbeitern verursacht, ist nicht zu unterschätzen. Die meisten Dokumente können nur noch elektronisch bearbeitet werden. Alles ist vom Netzwerk aus kontrollierbar: Wer wie lange an einem Dokument gearbeitet hat, wer wann seinen Computer aus- oder eingeschaltet hat, an wen man E-Mails geschickt hat. Wer sich im Büro bespitzelt fühlt, wird kaum entspannt und gelassen an seinem Computer sitzen. Doch werden in der Zukunft Manager auf so wertvolle und messbare Information verzichten, wenn es um Gehaltserhöhungen und Beförderungen geht?

> In Deutschland ist es im Moment noch undenkbar, dass die Betriebsleitung die privaten E-Mails seiner Angestellten liest, doch in den USA kontrollieren schon über 40% der Arbeitgeber die elektronische Post. In Großbritannien hat das Schicken von privaten Botschaften höchst persönlicher Natur schon dazu geführt, dass Arbeitnehmer entlassen wurden.
> *Die Welt*, January 27, 2001

f

- ◆ *E-Mails werden an viele Empfänger gleichzeitig geschickt, ob sie relevant sind oder nicht.* (1)
- ◆ *Der durchschnittliche Büroarbeiter muss pro Tag mit 200 E-mails fertig werden.* (1)
- ◆ *Die unnötige Infoflut kann ihn krank machen.* (1)
- ◆ *Oft wird telefonisch nachgefragt, ob eine E-Mail oder ein Fax angekommen ist.* (1)
- ◆ *Dokumente werden nur am Computer bearbeitet, und man kann kontrollieren:* (1)
- ◆ *Wer hat wie lange gearbeitet.* (1)
- ◆ *Wer war wann am Computer.* (1)
- ◆ *An wen sind E-Mails geschickt worden.* (1)
- ◆ *Solche Informationen sind wichtig bei Entscheidungen um Gehaltserhöhungen.* (1)
- ◆ *oder Beförderungen* (1)
- ◆ *In den USA lesen sie 40% der Arbeitgeber.* (1)
- ◆ *In Großbritannien sind Angestellte schon wegen privater E-Mails entlassen worden.* (1)

(Mark scheme: 12 marks for summarizing points correctly. 10 marks for quality of language. See the assessment criteria tables for Unit 4 provided in the AQA specification for how to allocate marks for grammatical accuracy.)

g 1 *muss* **2** *hergestellt* **3** *langweilige* **4** *Arbeitswelt* **5** *Dokumente* (Mark scheme: 5 marks)

Arbeitsblatt 29

The activities on this copymaster follow the style of the AQA Unit 4 assessment 'Contemporary Issues'.

1b

9,1%	*Anteil der Bevölkerung, der unter der Armutsgrenze lebt*
10,7%	*arme Bundesbürger im Osten*
€428	*die Armutsgrenze in Ostdeutschland*
€519	*die Armutsgrenze in Westdeutschland*
14%	*die Anzahl der in Armut lebenden Kinder*
8,7%	*arme Bundesbürger im Westen*

(Mark scheme: 6)

1c a *Fast überall im Ausland glaubt man, Deutschland sei wohlhabend.* (1)

b *Nein, im Westen ist er niedriger als im Osten.* (1)
c *Menschen, die weniger als 50% des Durchschnittseinkommens zur Verfügung haben.* (1)
d *Weil sie für sehr niedrige Löhne arbeiten* (1) *oder nur befristete Jobs innehaben.* (1)
e *Sie könnte einen Mindestlohn einführen.* (1)
f *Man müsste sie informieren, zu welchen Leistungen sie berechtigt sind* (1) *und sie müssten diese in Anspruch nehmen.* (1)
g *Weil fast die Hälfte von ihnen in Familien leben, die weniger als 75% des Durchschnittseinkommens zur Verfügung haben.* (1)
h *Weil sie Kinder haben und Kinder Geld kosten* (1) *und weil sie vielleicht nicht voll arbeiten können.* (1)

(Mark scheme: 11 marks)

2b a NA **b** F *(sie hat eine süße kleine Nase)* **c** R
d F *(Fettabsaugen, allerdings zu einem Preis)* **e** R
(Mark scheme: 5 marks)

2c a ii **b** i **c** ii **d** iii **e** i **f** ii
(Mark scheme: 6 marks)

2d *Suggested translation:*

And yet doctors warn / against premature interventions. / Any cosmetic operation regardless of age / carries great risks / such as infections, haemorrhages, scars and risks from the anaesthetic. / And yet with young people there is in addition / an increase in the size of the scars through growth / and a possible hardening of the tissue. / Sometimes for example the breasts grow so much / that any implants have to be taken out again.

(Mark scheme: 10 marks)

3 a *Familien mit Kindern sind* (1) *am meisten von Armut betroffen* (1) *mit mehr als einem Zehntel aller Kinder* (1), *die unterhalb der Armutsgrenze leben.* (1)
b *Wenn die Regierung einen Mindestlohn festlegte* (1), *dann würde das das allgemeine Einkommensniveau* (1) *der Bevölkerung verbessern.* (1)
c *Eine Schönheitsoperation ist heutzutage* (1) *ein beliebtes Geschenk für Jugendliche in Deutschland.* (1)
d *Dafür muss man tief* (1) *in die Tasche greifen* (1), *weil die Krankenkassen nur* (1) *in extremen Fällen bezahlen.* (1)
(Mark scheme: 13 marks)

Arbeitsblatt 30

The activities on this copymaster follow the style of the AQA Unit 6 assessment 'Yesterday, today and tomorrow'.

See the assessment criteria tables for Unit 6 provided in the AQA specification for how to allocate marks to the activity on this copymaster.

Mobilität heute Einheit 4

Unit objectives

By the end of this unit students will be able to:

- Discuss the advantages and disadvantages of car travel, train travel and other methods of travel
- Understand why traffic jams and accidents happen and how they can be avoided
- Work out how the environment can be protected by specific transport policies
- Learn about and discuss creative alternatives to transport problems

Grammar

- Revision of the passive
- The impersonal passive
- Avoiding the use of the passive

Skills

- Developing reading comprehension skills and answering questions in German

page 37

1   As an introduction to the topic of transport, students match each photo to the appropriate caption.

Answers:
1 *a* **2** *d* **3** *c* **4** *e* **5** *b*

2a For each of the modes of transport listed, pairs of students write down advantages and disadvantages of using that type of transport.

2b Each student tells their partner what means of transport they normally use, how often they travel and they describe the last time that they used this type of transport.

Blechlawinen

Materials
- Student's Book pages 38–39
- Cassette 1 side 2 CD 1

1a Students read about the development of the car in Germany and select the appropriate paragraph (1–6) for each heading (a–f).

Answers:
a *5* **b** *2* **c** *6* **d** *1* **e** *4* **f** *3*

1b Students put sentences a–h in the correct chronological order.

Answers:
f, e, g, h, a, b, d, c

1c Students write a 150-word summary about why the car became so popular and whether it is now losing popularity.

2a Frau Eberhardt describes the cars she has bought. To test comprehension, students do this true/false activity.

Answers:
a *F (Sie wohnt immer noch in Ostberlin.)* **b** *R*   **c** *F (Eine kleine Familie passte rein.)*   **d** *F (Der Trabant war unheimlich teuer.)*   **e** *R* **f** *R* **g** *R* **h** *F (Die Umtauschrate war günstig und die Ostdeutschen konnten sich nach der Wende Autos leisten).* **i** *F (Frau Eberhardt fährt jetzt einen Audi.)*

---

p 39, activity 2a

Also, ich bin im Jahre 1969 geboren und wohne zeit meines Lebens hier in Ostberlin. In der DDR waren Autos nicht besonders wichtig. Die öffentlichen Verkehrsmittel funktionierten gut genug und hier in Berlin gab es neben der U-Bahn und der S-Bahn auch jede Menge Busse und für jede Fahrt musste man nicht mehr als 20 Pfennig bezahlen, wir konnten aber leicht überall hinkommen, also das war kein Thema! Aber Sie wissen ja, wenn man jung ist, hat man natürlich den Traum vom eigenen Fahrzeug.

Bei uns in der DDR war der Trabant das beliebteste Auto, ich würde meinen, vielleicht so beliebt wie im Westen der VW vielleicht. Für uns alle bedeutete es eben ein Stück Freiheit, die einzige Freiheit, die wir vielleicht hatten. Der Trabi war klein, praktisch, wendig und eine kleine Familie passte schon rein! Im Rückblick kann man aber sagen, dass er unheimlich viel Krach gemacht hat und auch total die Luft verpestet hat. Man war ja im Osten überhaupt nicht so weit in Bezug auf Umweltschutz.

Das Problem mit dem Trabi war, dass er doch für unsere Verhältnisse unheimlich teuer war; tja, und dann kamen noch die Lieferzeiten dazu. Es war schon keine Seltenheit, zehn Jahre lang auf seinen Trabi warten zu müssen.

Am 20. August 1987, meinem 18. Geburtstag, hab ich mich dann wie alle, die ein bisschen Geld für die Anzahlung gespart hatten, für einen Trabi angemeldet. Und zwei Jahre später fiel dann die Mauer. Da war es aus mit den Trabis. Sie konnten einfach nicht mit den Automarken aus dem Westen konkurrieren. Ich musste dann noch bis zur Währungsunion am 1. Juli 1990 warten und dann konnte ich mir tatsächlich von meinem gesparten Geld schon einen gebrauchten VW Polo leisten! Helmuth Kohl hat da schon ein wenig mitgeholfen, denn er bot uns eine günstige Umtauschrate für die ersten 6000 gesparten Ostmark an.

Ich war ganz stolz auf meinen Polo, der doch am Anfang alle Trabis auf der Straße stehen ließ. In der Zwischenzeit hab ich natürlich mein Auto schon mehrmals für ein besseres oder schnelleres gewechselt. Und im Moment fahre ich einen Audi. Wenn ich noch in der DDR lebte, würde ich im Moment vielleicht gerade meinen Trabant geliefert bekommen.

2b The gapped text on the page is a summary of the interview. Students listen to the interview again and then select the appropriate word from the box to fill each gap. There are no distractors.

Answers:

a *zwanzig* **b** *nicht* **c** *Traum* **d** *beliebt*
e *umweltfreundlich* **f** *teuer* **g** *Lieferzeiten* **h** *achtzehn*
i *anzumelden* **j** *zehn* **k** *gespart* **l** *Wende*
m *Währungsunion* **n** *Polo* **o** *mehrmals*

3a Students should download advertising information about cars from the websites of German car companies listed.

3b In pairs, students compare the cars on offer. They should consider:

◆ Who is the advertising aimed at?
◆ What attempts are made to assist purchasers with finance?
◆ Which car would you choose if you were (a) a student (b) in work and just married?
◆ Would you choose not to buy a German car?

4 Students write 250 words on their dream car and how they would use it. This could be done for homework.

Staus und Unfälle

Grammar focus
◆ Revision of the passive

Materials
◆ Student's Book pages 40–41
◆ Cassette 1 side 2 CD 1
◆ *Arbeitsblatt* 10
◆ Grammar Workbook page 64

1a Students get into pairs and ask each other questions a–f, which concern their own family's experience of driving.

1b Each pair of students summarizes their findings and presents them to the whole class. This can work well, especially by enabling weaker students to gain confidence through presenting with another student.

2 Go through the table showing car ownership with students. If possible, put the table on an acetate. In discussing the table findings, include the following:

◆ What difference is there between car ownership in the old and new *Bundesländer*? What could explain this difference?
◆ Compare the figures for Germany for 1979 and 1999.
◆ Why are there no figures for the new *Bundesländer* in 1979?
◆ Find figures for car ownership in your own country and compare them with the figures for Germany.

3 After reading the text about traffic jams in the summer holidays, students answer questions a–h.

Answers:

a *zwischen Ende Juni und Anfang September* (2 marks)
b *Es gibt viele Staus.* (1 mark)
c *Ein Stau, der länger als 50 Kilometer ist.* (1 mark)
d *Sie bezeichnen sie als normales „Stop-and-go".* (1 mark)
e *Weil Familien mit Kindern dann in Urlaub fahren oder vom Urlaub zurückkommen.* (2 marks)
f *Sie hat das große Verkehrschaos der Nachbarländer vermieden, aber das Problem nicht ganz gelöst.* (2 marks)
g *Zahlreiche Baustellen und vermeidbare Unfälle, hervorgerufen durch Raserei auf den Autobahnen oder Fehler beim Überholen.* (4 marks)

Grammatik
Remind students about the use and formation of the passive.

A Ask students to pick out all passive forms from the text on page 40 and to translate them.

Answers:

werden ... registriert = are registered
wurden .. gemeldet = were reported
wurden ... verzeichnet = were recorded
werden ... nicht mehr erfasst = are not registered / noted / recorded any more
werden als ... abgewertet = are trivialized as
Fehler ... gemacht werden können = mistakes ... can be made / can happen
wurde ... gemessen = was measured

4a Go through the vocabulary listed a–j with students before listening to the report. *Schülerlotsen* are pupils trained to help others across the road. Students put a–j in the order that they appear in the report.

Answers:

e, a, g, c, i, h, j, f, d, b

---

p 41, activity 4a

Nachdem sich in der letzten Woche zwei schwere Verkehrsunfälle ereigneten, rief der Bürgermeister von Schifferstadt am gestrigen Nachmittag den Stadtrat zu einer Sondersitzung zusammen. Man beriet vor allem über Maßnahmen zur Sicherheit der Autofahrer und Fußgänger.

In der letzten Woche war ein BMW-Fahrer bei einem Überholmanöver im frühen Morgengrauen auf dem Weg von Schifferstadt nach Limburgerhof von der Fahrbahn abgekommen. Der 47-jährige Mannheimer war in einer leichten Rechtskurve zu weit nach links ausgeschert und hatte die Kontrolle über sein Fahrzeug verloren. Er kam von der Fahrbahn ab und prallte mit Wucht gegen einen Baum. Der Fahrer des überholten Pkws alarmierte mit seinem Mobiltelefon sofort die Polizei und den Rettungsdienst. Bei deren Eintreffen an der Unfallstelle war der BMW-Fahrer jedoch bereits seinen Verletzungen erlegen. Die Ermittlungen der Polizei ergaben, dass das überholende Auto die dort vorgeschriebene Geschwindigkeitsbegrenzung von 100 Stundenkilometern um 15 Kilometer überschritten hatte. Wie das Polizeipräsidium weiterhin mitteilte, stellte dies den ersten tödlich verlaufenden Unfall des Jahres dar. Im vergangenen Jahr registrierte die Polizei auf derselben Strecke fünf Unfälle, von denen allerdings nur einer tödlich verlief. Der Stadtrat schlug gestern eine permanente Geschwindigkeitsbegrenzung auf 80 Stundenkilometer für die betroffene Strecke vor, sowie den Einsatz von Radarkontrollen. Die Vorschläge sollen dem Regierungspräsidium in Mainz sowie auch der zuständigen Straßenbehörde unterbreitet werden.

Ein weiteres Unglück, das sich zwei Tage danach am Stadtrand abspielte, kam auch zur Diskussion. Hier hatte ein Lieferwagen zwei junge Mädchen erfasst, als sie auf ihrem Schulweg die Straße zu überqueren versuchten. Beide Mädchen mussten ins Speyerer Krankenhaus eingeliefert werden, doch sind sie außer Lebensgefahr. Der Ortsvorsteher forderte die Ausdehnung der in der Innenstadt gültigen Geschwindigkeitsbegrenzung von 20 km/h auf die äußeren Bereiche. Er empfahl die Errichtung weiterer Warnschilder sowie Ampeln und die Einstellung von Schülerlotsen. Außerdem sei es eine gute Idee, zu Schulbeginn und Schulschluss den Verkehr auf Ausweichstrecken umzuleiten, sowie auch in den Schulen gezielten Verkehrsunterricht zu betreiben. Auch diese Vorschläge werden an die Straßenbehörde weitergeleitet.

 4b Students find the appropriate word to fill each gap in the summary of the listening report shown on page 41. The missing words are not shown on the page.

Answers:

a *Geschwindigkeitsüberschreitung* **b** *Kontrolle* **c** *verloren*
d *Geschwindigkeitsbegrenzung* **e** *Schuld* **f** *Schulweg*
g *20 km/h* **h** *Schülerlotsen* **i** *Warnschildern*
j *Verkehrsunterricht*

4c Now students describe both accidents in their own words in German.

5 In pairs, students discuss the pros and cons of introducing speed restrictions on motorways. One student argues the case for introduction and the other argues against.

6 Students imagine they are working at a German school where they witness an accident outside the school. They compose a letter to the *Bürgermeister* describing what happened and asking for traffic calming measures.

 Extra! Students listen to the report on traffic congestion and do activity 1 on *Arbeitsblatt* 10.

Die Eisenbahn

Materials
◆ Student's Book pages 42–43
◆ Cassette 1 side 2 CD 1
◆ *Arbeitsblatt* 11

1a Read the text about the consequences of the rise in car travel with students. They then search for synonyms for the phrases a–g.

Answers:

a *die Verkehrsdichte* **b** *der Blechschaden* **c** *umkommen*
d *die Auswirkung* **e** *der (Drei-Wege-)Katalysator*
f *kraftstoffsparend* **g** *es auf 200 Sachen bringen*

1b To test reading comprehension students answer questions a–e.

Answers:

a *Ein Auto bietet Schutz vor Wind und Wetter / man kann Gepäck / und Passagiere mitnehmen. (3 marks)*

b *Die Verkehrsdichte hat sich von 13 auf 70 Wagen pro Kilometer Straße erhöht / mehr Unfälle ereignen sich / mehr Menschen sterben an den Folgen von Unfällen oder werden behindert. (3 marks)*

c *Die Autos verursachen 12% des CO_2-Ausstoßes / verursachen hauptsächlich den Treibhauseffekt. (2 marks)*

d *Diese Katalysatoren filtern 95% der schädlichen Gase aus, aber können nichts gegen das CO_2 unternehmen. (2 marks)*

e *Indem man mehr öffentliche Verkehrsmittel benutzt /
Kraftstoff sparende neue Autos baut / elektronische Leitsysteme
einsetzt.* (3 marks)

2   Students translate the last three paragraphs.

Suggested translation

*Another possiblity would be to reduce the amount of petrol that
is used by designing energy-saving cars. Originally it was
planned that by the year 2000 every new car would use on
average 5 litres of petrol for every 100 kilometres travelled.
However, the demand for fast cars capable of reaching 200
kilometres an hour on the motorway has meant that this goal is
only really achievable for a family's second car which is used as a
local runabout. It is hard to imagine that slow luxury cars will
ever be in demand in Germany.*

*Electronic guiding systems, which can indicate the best route or
suggest appropriate driving methods, have not yet been
introduced. They could however offer a way forward.*

*Whatever the politicians and the car industry come up with,
something must be done on a global scale if we are not to destroy
our planet voluntarily by our own irresponsible and selfish
behaviour.*

3a   With the whole class brainstorm as many words as
possible that are related to *Eisenbahn*.

3b   Play the interview with the retired railway worker.
Students then put the sentences a–g in the order that they
appear in the interview.

Answer:
d, b, g, f, e, a, c

---

p. 43, activity 3

Int.:   Herr Walters, Sie haben doch genug Erfahrung
mit der deutschen Bahn, da Sie fast vierzig
Jahre bei der deutschen Bundesbahn gearbeitet
haben und jetzt endgültig in den Ruhestand
getreten sind. Wie beurteilen Sie die
Zukunftschancen der Bahn AG?

Hr. W.:   Zunächst muss ich einmal feststellen, dass sich
doch die Zeiten gewaltig geändert haben. Als
ich 1955 bei der Bundesbahn anfing, hatten
wir praktisch ein Monopol. Viele Leute hatten
damals noch kein Geld für einen eigenen
Wagen, also waren sie eigentlich total von der
Bahn abhängig. Fast jede Ortschaft war durch
eine Lokalbahn mit dem Eisenbahnnetz
verbunden. Ja, das waren noch Zeiten!

Int.:   Und wieso änderte sich das dann?

Hr. W.:   Ja, das hing zunächst mal mit dem
wirtschaftlichen Aufschwung zusammen. Immer
mehr Leute begannen, sich Autos zu leisten,
die sie dann natürlich auch fahren wollten.

Die Lokalbähnchen wurden unrentabel und
nahmen auch Platz auf der Straße ein, also
wurden sie stillgelegt und durch Busse ersetzt.
Das Auto wurde immer beliebter; die Leute
schätzten ihre individuelle Freiheit, ihre
Bequemlichkeit, es wurden mehr und mehr
Schnellstraßen und Umgehungsstraßen gebaut
und es ist ja bekannt, dass der Straßenbau den
Einsatz von Pkws fördert.

Int.:   Und damit eine Abkehr vom Schienenverkehr
hervorruft?

Hr. W.:   Ja, es ist erstaunlich, wie fest die Menschen an
ihr Auto gebunden scheinen. Sie nehmen ohne
weiteres Riesenstaus in Kauf, auf den
Autobahnen zum Beispiel oder sie schimpfen
zwar, wenn sie stundenlang in den Großstädten
nach einem Parkplatz suchen müssen, doch ist
es ihnen immer noch lieber als sich den
öffentlichen Verkehrsmitteln anzuvertrauen.

Int.:   Ist es vielleicht doch nicht so bequem, mit der
Bahn zu reisen oder spielen die Kosten da auch
eine Rolle?

Hr. W.:   Die Bahn AG hat in den letzten Jahren sich
wirklich angestrengt, attraktive Angebote
herauszubringen und die Kunden weg von den
Blechlawinen wieder in die Züge zu bringen. Ich
weise vor allem hier auf die BahnCard hin, die
für alle Benutzer doch erhebliche
Vergünstigungen bringt. Außerdem gibt es für
jedes Alter und für jeden Geldbeutel
Sondertarife, z.B. das Wochenendticket oder
Interrailtickets für junge Menschen bis zu 26
Jahren – ja, ich würde sagen, dass vielleicht so
viele neue Programme zur Verfügung stehen,
dass man sich bald nicht mehr auskennt und
sich ständig neu informieren muss, um auf dem
Laufenden zu bleiben.

Int.:   Nun, wenigstens scheint sich doch etwas zu
tun. Warum bestehen doch immer noch so viele
Menschen darauf, das Auto zu benutzen?

Hr. W.:   Das hängt zum Teil mit unserem Zeitalter
zusammen. Die Menschen heutzutage wollen
vor allem selbst bestimmen, wann sie irgendwo
hinfahren – sie wollen sich nicht nach
komplizierten Fahrplänen richten. Dazu kommt
noch, dass viele Nebenstrecken wegen
Unrentabilität entweder stillgelegt, oder aber
einen sehr eingeschränkten Verkehr haben. Mein
Enkelsohn zum Beispiel studiert in Mannheim
und wenn er uns mal am Abend zum Essen
besuchen will, dann muss er kurz nach 9 Uhr
schon wieder weg, denn hier von Adelsheim
aus kriegt er sonst keinen Anschluss mehr nach
Heidelberg, wo er in einen IC Zug umsteigen
kann. Die fahren natürlich die ganze Nacht auf
den großen Strecken. Da nimmt er halt lieber
seinen alten VW, dann können wir wenigstens
ein bisschen gemütlich zusammensitzen.

Int.: Abgesehen von der Investition in Nebenstrecken, was könnte die Bahn AG noch unternehmen, um im 21. Jahrhundert konkurrenzfähig zu werden?

Hr. W.: Seit Jahren setzt die Bahn AG darauf, bei den ohnehin schon schnellen Strecken noch ein paar Minuten zu gewinnen, in der irrigen Annahme, mit dem Flugzeug konkurrieren zu müssen. Und diese zum Teil von der Regierung befohlenen Prestigeprojekte kosten eine Menge Geld! Die wirkliche Konkurrenz ist aber mit Sicherheit das Auto und hier geht es um eine Gesamtplanung, um eine Einbindung von Nahverkehrs- in Großstrecken, sodass es reizvoll wird für alle, sich von den kleinsten Wohnsiedlungen in die Großstädte und zu Konferenzzentren beispielsweise in anderen Teilen Deutschlands transportieren zu lassen. Ohne die langen Wartezeiten beim Umsteigen wäre die Bahn sicher viel beliebter.

Int.: Und wie ist es mit dem Güterverkehr? Wäre es nicht sinnvoll, die Autobahnen zu entlasten?

Hr. W.: Mit dem Güterverkehr ist es so eine traurige Geschichte. Die Güterwagen bewegen sich sogar langsamer als zu Kaisers Zeiten durch das Land und müssen immer wieder bremsen, um die schnellen Personenzüge vorbeizulassen. Man müsste Güterverkehr und Personenverkehr entmischen und eigene Gleise für Güterzüge bauen, denn seit 1990 ist der Marktanteil der Bahn am Warentransport um über die Hälfte gesunken. Das ergibt überhaupt keinen Sinn, besonders wenn man Umweltfaktoren in die Rechnung mit einbezieht.

Int.: Vielen Dank, Herr Walters, für das sehr aufschlussreiche Gespräch.

3c Students listen to the interview again and make notes on the following points listed. These notes will be useful for doing activity 4.

♦ What the Bundesbahn was like in 1955
♦ The spread of cars
♦ Drawbacks of road travel
♦ Discounts on rail travel
♦ Why people prefer cars
♦ How to make rail more attractive
♦ What to do about freight

4 Students write an essay about the future of the railways in the twenty-first century. They should use their notes from activity 3c and include the following points:

♦ Why is the railway important?
♦ What is *Deutsche Bahn* doing to attract customers?
♦ What is the situation with railways where you live?
♦ Any suggestions to solve problems?

The first part of the essay should be a summary of the listening text about German railways. The second part should describe the situation in the student's own country. Finally the student should suggest ways of solving the rail network's problems.

5 A role-play: one student plays the part of a student who is to be given a car by his or her parents. Although he or she is excited at the prospect of having a car, the other student tries to convince them that travelling by train is safer and more environmentally friendly.

AB11 Students do the activities on *Arbeitsblatt* 11.

Prüfungstraining

Grammar and skills

♦ The impersonal passive with dative object
♦ Alternatives to the passive
♦ Understanding reading passages and answering questions in German

Materials

♦ Student's Book pages 44–45
♦ Cassette 1 side 2 CD 1
♦ *Arbeitsblätter* 10 and 12
♦ Grammar Workbook page 84

Tipp

Work through all the points with students. Remind students that as well as looking for illustrations to give a clue to the content of a text, they should consider what type of text it is. Is it a newspaper report, a reader's letter, a diary extract? Sometimes a sub-heading, a caption or a photo gives an important pointer.

1 Students should go through all the points in the *Tipp* section in order to answer questions a–h.

Answers:

a *Die Fahrpläne wurden aufeinander abgestimmt (1) und durch ein einheitliches System für alle Verkehrsmittel waren die Tarife besser zu verstehen.(1)*

b *Die Bevölkerung könnte jetzt die öffentlichen Verkehrsmittel benutzen (1) und würde nicht mehr mit den Abgasen der Autos die Luft verschmutzen.(1)*

c *Das Gebiet ist in verschiedene Zonen aufgeteilt (1) und man bezahlt für die Anzahl der Zonen, durch die man fährt. (1)*

d *Nein, alle öffentlichen Verkehrsmittel in dem Gebiet sind mit eingeschlossen. (1)*

e *Nein, der VRN hat auch für Personen, die nur in der Freizeit reisen, interessante Angebote. (1)*

f *Informationen werden über Telefon,(1) CD-ROMs (1) und das Internet (1) abgegeben. Schüler werden in Schulen direkt informiert (1) und Autofahrern in Staus werden Broschüren und kostenlose Fahrkarten gegeben. (1)*

g *Weil die Autofahrer so an die Umweltverschmutzung erinnert werden (1) und weil sie im Stau frustriert vielleicht nach Alternativen suchen.*

h *1999 haben 4,1% mehr Personen diese Verkehrsmittel benutzt als im Vorjahr. (1) Das ist die zweitbeste Steigerungsrate in ganz Deutschland einer Münchener Statistik nach. (1) 1999 ist man insgesamt 223 Millionen mal mit diesen Verkehrsmitteln gefahren. (1) (Any 2)*

Tell students that they should be careful about lifting chunks of text out of the text for their answers. In question h, for example, students will probably have picked out *um knapp 95% gesteigert* as well as *Gesamtfahrgastaufkommen 4,1% über dem des Vorjahres* and possibly *zweiten Platz*. In their answer, they would have to rephrase the second point, using their own words and saying, for example: *1999 benutzten 4,1% mehr Fahrgäste als im Vorjahr die Verkehrsmittel des VRN.*

[ȯd] **Extra!** Play the interview with Frau Engesser. Students
AB10 should do activity 2 on *Arbeitsblatt 10*.

Grammatik
Work through the example sentences of the passive with students.

A   Students practise putting sentences into the passive.

Answers:

a *Den Schülern wurde gesagt, welche Fahrkarten für sie in Frage kämen.*

b *Den Azubis wurde von dem VRN-Team erklärt, wie sie von ihrem Betrieb Zuschüsse bekommen könnten.*

c *Den Arbeitnehmern wurde gezeigt, wie viel billiger ein Job-Ticket sei als ein Parkplatz in der Stadt.*

d *Der alten Frau wurde von Verwandten geholfen, sich um die „Karte ab 60" zu bewerben.*

e *Ihnen wurde auch eine Probekarte geschenkt.*

AB12 **Extra!** *Arbeitsblatt 12* has more practice on the passive.

Zur Auswahl

Skill focus
◆ Pronunciation practice
◆ Revision of the unit

Materials
◆ Student's Book page 46
◆ Solo cassette side 1

1a   Students look at the bullet points (which all relate to the theme of transport) and put them into their own list of priorities. This could be done for homework.

1b   Students discuss their lists and justify their reasons for prioritizing some things above others. This could be done as a whole-class discussion.

S[ȯd] 2   Students listen to and repeat each sentence.

---

p 46, activity 2

a Die Mineralölkonzerne sind nicht an einer Erforschung alternativer Energiequellen interessiert.
b Die Abwesenheit von Geschwindigkeitsbegrenzungen auf deutschen Autobahnen führt zu einem erhöhten Unfallrisiko.
c Die Umweltbelastung durch CO_2-Emissionen nimmt unzumutbare Ausmaße an.
d Durch ständig neue Sonderangebote versuchen die örtlichen Verkehrsbetriebe neue Kundschaft anzulocken.

---

3   Students translate the English sentences into German.

Answers:

a *CO_2-Emissionen sind hauptsächlich für den Treibhauseffekt verantwortlich.*

b *Die Regierung sollte die öffentlichen Verkehrsmittel durch höhere Steuern für private Autobenutzer unterstützen.*

c *Viele Seitenstrecken mussten stillgelegt werden, weil die Leute lieber mit dem Auto fuhren.*

d *Unfälle könnten durch die Einführung von vernünftigen Geschwindigkeitsbegrenzungen auf Autobahnen vermieden werden.*

S[ȯd] 4a   Students listen to the report about cars in the future and then list the words a–g in the order in which they appear on the cassette.

Answers: *c, b, e, d, a, f, g*

---

p 46, activity 4

Schon vor fünfzig Jahren experimentierte man mit der Holzvergasertechnologie, doch ist man in der Zwischenzeit mit Alternativen nur langsam vorangekommen.

Erst die große Krise von 1973 hat wieder daran erinnert, dass die Abhängigkeit vom Mineralöl uns letzten Endes mehr schadet als nützt und dass die fossilen Energiequellen doch irgendwie bald erschöpft sein werden. Und trotz aller Bemühungen verbrauchen die Autos heute noch mehr Benzin als damals, teilweise wegen des größeren Verkehrsaufkommens, andererseits aber auch, weil der Verbraucher nicht auf große, rasante und Benzin schluckende Wagen verzichten will.

Seitdem haben Firmen mit mehr oder weniger großem Erfolg an der Herstellung von Ökobenzin gearbeitet. In Sachsen erforscht eine kleine High-Tech-Firma die Umwandlung von Biomasse in Brennstoff. Biomasse besteht aus Holz- oder Pflanzenresten und somit wäre die Spritproduktion ziemlich umweltfreundlich, obwohl wiederum Kohlendioxid entsteht. In anderen Betrieben wird mit Wind- oder Sonnenstrom und Wasserstoff Brennstoff erzeugt. Der Wasserstoff wird von den Pflanzen wieder aufgenommen und somit ist der Wiederverwertungskreis komplett.

Im Moment sind diese Versuche nur ein Experiment. In fünf Jahren jedoch soll die Großproduktion laufen. Der Liter Ökobenzin soll 65 Cent kosten und wird von der Regierung subventioniert werden.

Gleichzeitig wird an Elektromotoren, Leichtbauwerkstoffen, Batterien und weiteren alternativen Brennstoffen gearbeitet.

Bundesumweltminister Jürgen Trittin meinte, die Regierung Kohl habe in dieser Richtung einiges versäumt, was die neue rot-grüne Koalition nachholen werde. Immerhin werden in den nächsten paar Jahren 153 Millionen Euro zur Erforschung alternativer Energien ausgegeben und außerdem sei es ein für alle Mal klargestellt, dass die Mineralölkonzerne und die fossile Energiewirtschaft nicht das letzte Wort haben werden.

S 🔲 **4b** Students listen to the text again and choose which word best fills each gap.

Answers:
a *1* **b** *2* **c** *2* **d** *1* **e** *3* **f** *3* **g** *3*

5 Students write an essay of 250 words on one of two topics: either the transport of the future, outlining what transport they personally would use, or the responsible use of cars, demonstrating how individuals and the government can contribute to balance environmental and economic issues with the need for mobility.

Answers for Copymasters

Arbeitsblatt 10
1 a *3* **b** *2* **c** *3* **d** *3* **e** *2* **f** *1* **g** *3* **h** *1*

A10, activity 1

Der Weg in den Urlaub wurde für viele Reisende an diesem Tag zur Geduldsprobe. Schwitzen im Stau, das war die Devise auf den Autobahnen in Richtung Süden. In Österreich kam es zu Behinderungen auf den Ausweichrouten für den gesperrten Tauerntunnel. Auch auf der Brenner Autobahn, kurz vor der italienischen Grenze kam der Verkehr nur noch zähflüssig voran. Der Brenner ist die wichtigste Alternative für den

gesperrten Tunnel. Eine andere führt direkt über den Tauer, 1800m hoch. Diese Strecke ist länger, beschwerlicher und für Fahrzeuge mit Anhänger nicht gerade ungefährlich. Bereits um 6 Uhr morgens hatten sich am Pass lange Schlangen gebildet, jeder wollte der Erste sein, also kamen alle gemeinsam. Nur Camper und Busse durften gar nicht erst hoch. Am Vortag war es zu mehreren Hindernissen gekommen. Umgestürzte Wohnwagen, deren Fahrer ihre Künste überschätzt und zu schnell die Kurven genommen hatten, und überhitzte Motoren bei Reisebussen aus Polen hatten mehrere Stunden lang den Pass blockiert und zur Frustration der Urlauber beigetragen. Heute beugte die Verkehrspolizei vor, indem sie Pkws mit Anhänger und Busse auf andere Routen verwies.

Doch wer zum Wörthersee, einem beliebten Ausflugsziel, möchte, hat wenig andere Möglichkeiten. Nun doch, über Graz, beispielsweise, die andere große Ausweichstrecke, heute der Favorit, 16 km Stau am Vormittag, an Baustellen.

Baustellen auf den wichtigsten Transitrouten durch Österreich, ausgerechnet zum Ferienbeginn, das will im Nachhinein selbst der Verkehrsminister nicht mehr verstehen. Einziger Trost im Stau: Man kann nicht schnell fahren. Hunderte von Radarpistolen waren nämlich heute entsichert.

Immerhin – der befürchtete Superstau blieb aus, aber die Automobilclubs geben noch keine Entwarnung.

Besonders betroffen waren in Deutschland folgende Routen: die A5 zwischen Karlsruhe und Basel, die A8 München – Salzburg und die A9 München – Nürnberg.

Die A9 bei München, Spitzenreiter bei den Staus in Deutschland, 40 km lang ging es hier für die Reisenden praktisch nur im Schritttempo voran. Zu langsam, um bei klirrender Hitze Abkühlung durch den Fahrtwind zu bekommen.

Nicht besser erging es den Urlaubern auf der A5, Karlsruhe – Basel. Beim Autobahnkreuz Walldorf wegen Baustellen und Unfällen kilometerlang Stop-and-Go. Das hohe Verkehrsaufkommen, der ADAC hatte es vorhergesagt. Ferien beginnen in Rheinland-Pfalz, Hessen und dem Saarland, sowie in einigen Nachbarstaaten.

Doch: das befürchtete ganz große Chaos blieb aus. Insgesamt verteilte sich die Reisewelle recht gut. Und viele verbrachten den ersten Urlaubstag fern vom südlichen Feriendomizil ganz einfach auf dem Rastplatz. Für Abkühlung wurde gesorgt, für Mensch und Maschine!

🔲 **2 a** *R* **b** *F (muss sich monatlich mit €18 pro Mitarbeiter beteiligen)* **c** *NA* **d** *F (darf ganztägig an Wochenenden bis zu fünf weitere Personen mitnehmen)* **e** *F (Bahnen und Busse haben Vorfahrt)* **f** *F (Ende 1999 nutzten über 24 000 Mitarbeiter ein solches Angebot)* **g** *R* **h** *NA* **i** *F (verbilligtem Eintritt)* **j** *NA* **k** *F (Die Park-and-ride Parkplätze sind kostenlos.)* **l** *R*

A10, activity 2

Int.: Also, Frau Engesser, Sie sind hier beim Verkehrsverbund Rhein-Neckar in Mannheim tätig und haben sich freundlicherweise bereit erklärt, uns einige Auskünfte über die Funktion und die Angebote des VRN zu geben. Darf ich Sie fragen: Was ist denn nun so die Hauptaufgabe eines solchen Verkehrsverbunds?

Fr. E.: Unsere Hauptaufgabe besteht sicherlich darin, einen aufeinander abgestimmten, übersichtlichen und preislich attraktiven Service für alle anzubieten. Wir wollen in erster Linie den Berufsverkehr entlasten und auch Schülern, Studenten und Azubis dazu verhelfen, Schule, Universität und Ausbildungsplatz schnell, sicher und billig zu erreichen.

Int.: Wie bringen Sie so etwas fertig?

Fr. E.: Wir machen Angebote für verschiedene Zielgruppen, die für ein ganzes Jahr sowie für das ganze Verbundgebiet gelten und zu einem äußerst attraktiven Preis angeboten werden. Hier ist das Job-Ticket zu nennen, das 1996 eingeführt wurde. Es funktioniert so, dass der Arbeitgeber an den VRN einen Grundbetrag für alle Mitarbeiter zahlt, unabhängig davon, ob der einzelne Mitarbeiter dann auch tatsächlich das Job-Ticket kauft oder nicht. Zur Zeit sind das mindestens €7 pro Mitarbeiter und pro Monat. Für den Arbeitnehmer bedeutet das dann wiederum, dass er monatlich nur €18 beziehungsweise auf das ganze Jahr gerechnet nur €204 für die Nutzung des öffentlichen Nahverkehrs aufbringen muss. Natürlich kann das Job-Ticket auch in der Freizeit genützt werden: Werktags ab 19.00 und ganztägig an Wochenenden und Feiertagen darf der Inhaber einer solchen Karte sogar bis zu fünf andere Personen mitnehmen.

Int.: Das klingt schon verlockend. Aber ist es in Wirklichkeit so, dass sich der deutsche Arbeitnehmer, der doch pünktlich im Betrieb und abends wieder möglichst schnell zu Hause sein möchte, tatsächlich den öffentlichen Verkehrsmitteln anvertrauen wird?

Fr. E.: In puncto Pünktlichkeit ist von Seiten der Verkehrsunternehmen in der Vergangenheit viel getan worden. Die Straßenbahnen zum Beispiel fahren größtenteils auf eigenen Gleiskörpern, also räumlich getrennt von der Straße. Sowohl Bahnen wie auch Busse haben grundsätzlich Vorfahrt, die zum Beispiel durch eine entsprechende Ampelschaltung gesichert ist. Natürlich gibt es Menschen, die nicht auf den eigenen Wagen verzichten wollen, doch meine ich, dass der Trend zur Benutzung der öffentlichen Verkehrsmittel doch weiter anhält.

Int.: Können Sie das irgendwie mit Zahlen belegen?

Fr. E.: Aber selbstverständlich! Ende 1999 nutzten aufgrund von Job-Ticket-Vereinbarungen über 24 000 Mitarbeiter von 330 Firmen bzw. Behörden die preisgünstige Jahresnetzkarte. Das ist doch schon eine ganz erstaunliche Zahl von Stammkunden!

Int.: Haben Sie neben den Berufspendlern auch andere regelmäßige Fahrgäste?

Fr. E.: Und ob! Weitaus die größte Gruppe sind Schüler und Azubis. Über 120 000 von ihnen erwarben im selben Zeitraum das verbundweit gültige Junior Ticket MAXX. Für diese Zielgruppe kostet die Karte maximal €26 im Jahr, sie können aber damit auf allen Verkehrsmitteln der VRN ein ganzes Jahr unbeschränkt herumfahren, das bedeutet von der französischen Grenze bis nach Bayern! Ich sage maximal €261, denn oft gewährt die Schule oder der Ausbildungsplatz noch einen Zuschuss, was das Ticket natürlich noch preisgünstiger macht.

Int.: Was ist mit den Personen, die nicht mit Ihnen zur Arbeit fahren wollen und auch keine Schule oder Ausbildungsplatz besuchen? Versuchen Sie auch solche Zielgruppen zu erreichen?

Fr. E.: Aber sicher! Wir machen eine Vielfalt von Angeboten für die Freizeit, oft kombiniert mit verbilligtem Eintritt zu Touristenattraktionen wie zum Beispiel den Technikmuseen in Speyer und Sinsheim, dem Schwetzinger Schloss, dem Dürkheimer Wurstmarkt, den verschiedenen Weihnachtsmärkten. Überhaupt bringen wir regelmäßig Informationsbroschüren heraus, die die Öffentlichkeit informieren, und natürlich kann unser ganzes Material auch übers Internet abgerufen werden

Int.: Welche von Ihren angebotenen Leistungen waren in der letzten Zeit besonders beliebt?

Fr. E.: Nun, gerade ist mal wieder die Weihnachtszeit und damit die Haupteinkaufszeit vorbei und ich muss schon sagen, dass viele Leute sich doch auf uns verlassen haben, um in die City zu kommen. Viele haben von den kostenlosen Park-and-ride Parkplätzen am Stadtrand Gebrauch gemacht, die an den verkaufsoffenen Samstagen vor Weihnachten fast bis zur Kapazität gefüllt waren. Danach sind sie problemlos in die Fahrzeuge des VRN umgestiegen. Außerdem standen ihnen dann im Stadtkern mehrere Gepäckbusse zur Verfügung, wo sie bis zum Ende ihres Shoppingtrips dann sperrige oder schwere Güter gratis deponieren konnten. Das hat das Einkaufen doch wesentlich bequemer gemacht und hat uns viel Kundschaft gebracht.

Int.: Vielen Dank Frau Engesser, für Ihre aufschlussreichen Informationen.

Arbeitsblatt 11

1a a doppelt so viele Bürger wie
 b der Nahverkehr blüht
 c die Fahrpläne sind miteinander verzahnt
 d der Warentransport läuft über die Schienen
 e die Folge von Volksabstimmungen
 f mit einer Alpenpauschale belegt
 g zum Ausbau des Schienenverkehrs eingesetzt
 h die Hoffnungen haben sich noch nicht erfüllt

1b Positive Schritte, die die Schweizer Bahngesellschaft
 unternommen hat:

◆ jeder Ort hat seinen eigenen Bahnhof behalten
◆ Fahrpläne von Kurz- und Langstrecken sind aufeinander abgestimmt
◆ dadurch sind die Wartezeiten beim Umsteigen sehr kurz
◆ im Gesetz verankerter Güterverkehr; fast 40% auf Schienen
◆ viele Investitionen in den Schienenverkehr
◆ Transit- und Alpenpauschale für Lkws macht die Bahn attraktiv
◆ Gebühren zur Straßenbenutzung werden ziemlich hoch gehalten

2 a etwa nur halb so oft mit der Bahn fahren
 b die Nord-Süd und die Ost-West-Ausdehnung des Landes relativ klein ist
 c die Wartezeiten beim Umsteigen äußerst kurz gehalten
 d in der Schweiz immer noch 40%
 e jahrelange Debatten und Volksabstimmungen zu einer Änderung des Gesetzes geführt hatten
 f sie neben einer Gebühr für die Straßenbenutzung auch noch eine Alpentransitpauschale entrichten müssen

Arbeitsblatt 12

1 a Die erste Dampflokomotive wurde in Deutschland im Jahre 1835 gebaut.
 b Die Eisenbahnen wurden in den Jahren der wirtschaftlichen Expansion von den Politikern vernachlässigt.
 c Vor allem der Ausbau von Schnellstraßen und Autobahnen wurde von ihnen begünstigt.
 d 1998 wurde die neue Zugverbindung zwischen Heathrow und Paddington von Tony Blair eingeweiht.
 e Der Güterverkehr wird von der Bahn AG wieder auf die Schienen zurückverlegt.
 f Subventionen werden der Bahn AG von der Bundesregierung weiterhin gezahlt.

2 a Die Einführung einer einheitlichen Preisstruktur für die öffentlichen Verkehrsmittel wurde im Allgemeinen begrüßt.
 b Studenten wurden leicht dazu überredet, MAXX Karten zu kaufen.
 c Es ist bewiesen worden, dass der Wochenendverkehr auf den Eisenbahnen seit 1994 zugenommen hat.
 d Viel wird zugunsten des Park-and-ride-Systems gesagt.
 e 1999 wurden die öffentlichen Verkehrsmittel im Bereich des VRN insgesamt 223 Millionen Mal benutzt.

3 a Ein Tempolimit auf den Autobahnen sollte eingeführt werden.
 b Die Autowracks müssen von den Bundesbürgern richtig entsorgt werden.
 c Die Geschwindigkeitsbegrenzugnen dürfen in der Nähe von Schulen nicht überschritten werden.
 d Die Anzahl der Unfälle könnte durch Tempolimits begrenzt werden.
 e Höhere Strafen für Verkehrssünder sollten eingeführt werden.

4 a Dem Kunden wurde von dem Autohändler empfohlen, sich einen Katalysator einbauen zu lassen.
 b Uns wurde von der Werkstatt ein Auto geliehen, bis unser Wagen repariert ist.
 c 1973 wurde den Autofahrern verboten, am Sonntag ihre Fahrzeuge zu benutzen.
 d Nur den Sicherheitsdiensten wurde erlaubt zu fahren.
 e Als wir uns unsere Monatskarten kauften, wurden uns auch Fahrpläne mitgegeben.
 f Mir wurde von meiner Mutter angeboten, am Abend ihr Auto zu benutzen.

5 a Ihnen wurde eine Studentenermäßigung angeboten.
 b Den Schülern werden am Anfang jedes Schuljahres Fahrpläne und Bewerbungsformulare gegeben.
 c Den Bundesstaaten wurde befohlen, den Pendelverkehr um 5% zu senken.
 d Der Öffentlichkeit wurde etwas über die Gefahr der Autoabgase für die Umwelt berichtet.
 e Den Schülern wurde nicht erlaubt, mit dem Auto zur Schule zu fahren wegen Mangel an Parkplätzen.
 f Ihnen wurde geraten, die Fahrradwege zu benutzen, um sicher zur Schule zu kommen.

6 a Man erforscht Alternativen …
 b Es ist nicht zu leugnen …
 c Ein Anstieg … ist zu beobachten.
 d Man hat in vielen … Mitfahrzentralen eingerichtet.
 e Man erlaubte Fahrzeugen …

Vorsprung durch Technik Einheit 5

Unit objectives

By the end of this unit students will be able to:

◆ Discuss the use of genetic engineering
◆ Discuss the role of technology in the workplace
◆ Discuss the pros and cons of cloning
◆ Consider alternative sources of energy

Grammar

◆ Revision of tenses

Skills

◆ Making notes in German from an English text

page 47

1a Go through the vocabulary in the sentences on the page and then ask students to list which ideas they think are realistic and which are not.

1b Broaden this into a whole-class discussion about what the future may hold.

Gentechnik

Materials

◆ Student's Book pages 48–49
◆ Cassette 2 side 1 CD 2

1 Look at the poster with students and discuss GM foods and if students know any foods which are genetically modified and the reasons for genetic modification.

2a Read through the text with students and then find synonyms for the German words listed.

Answers:

a *faulen* **b** *bestreiten* **c** *prüfen* **d** *herstellen*
e *vorteilhaft* **f** *skeptisch*

2b A true/false activity to test reading comprehension.

Answers:

a *R* **b** *R* **c** *F (Die Hauptangst der Deutschen ist, dass man sich mit der Gentechnik zu sehr in die Natur einmischt.)* **d** *R*
e *F (Die Gentechnik könnte den Welthunger stillen.)* **f** *F (Sie ist skeptisch.)* **g** *R*

2c Ask students to make a list of the pros and cons of GM foods.

Answers:

Vorteile: Obst und Gemüse faulen nicht so schnell. Es wird vielleicht möglich sein, Krankheiten mit genmanipulierten Produkten zu heilen. Man wird vielleicht den Welthunger stillen können, indem man hitzeresistente Getreidesorten entwickelt.
Nachteile: Es kann gefährlich sein, sich in die Natur einzumischen (z. B. BSE). Die Folgen sind unsicher — neue Allergien sind eine Möglichkeit.

🔲 **3a** Two young people give their views on GM foods. Students pick the sentence which best sums up Dieter's and Natalie's views.

Answers:

Dieter: b Natalie: e

---

p 49, activity 3

D.: Ich habe keine Probleme damit, dass gentechnisch veränderte Lebensmittel entwickelt werden. Durch sie wird es möglich, Lebensmittel in trockneren Gegenden der Erde anzubauen. Außerdem könnte man Kühe so verändern, dass sie mehr Milch liefern, und wichtige Nährstoffe wie Vitamine und Ballaststoffe in größeren Mengen in Nahrungsmittel einführen. Angesichts der 830 Millionen unterernährten Menschen in den Entwicklungsländern, wäre es eine Schande, Gentechnik abzulehnen. Der Mensch ist immer skeptisch, wenn es um etwas Neues geht. Wenn wir alle jede neue Technik abgelehnt hätten, gäbe es heutzutage weder Autos noch Computer noch Handys!

N.: Ich bin aktives Mitglied bei Greenpeace und arbeite im Moment an einer Flugblattkampagne gegen gentechnisch veränderte Lebensmittel. In meinen Augen stellen diese Lebensmittel ernsthafte Risiken dar. Es besteht die Gefahr, dass diese Produkte Allergien auslösen könnten, da sie Eiweißstoffe beinhalten, die für den Menschen neu und ungewohnt sind. Was besonders kritisch ist, ist der Einsatz bestimmter antibiotischer Stoffe in Lebensmitteln. Das könnte zu Antibiotika-Resistenzen unter den Menschen führen und gefährliche Folgen haben. Ich glaube nicht, dass Gentechnik den Welthunger stillen könnte. Die meisten Entwicklungsländer und ihre Kleinbauern können sich die teure Technik überhaupt nicht leisten. Ich bin aber froh, dass jetzt härtere Regeln bestehen, um die Verbraucher zu schützen. EU-Regeln verlangen, dass alle Produkte, die auch nur die kleinste Menge an genmanipulierten Stoffen enthalten, gekennzeichnet werden müssen. Jetzt kann man gezielter einkaufen und diese Produkte vermeiden – man muss nur die Verpackung lesen.

3b Students listen to the texts again and pick out the appropriate word from the box on the page to fill each gap. The box contains distractors and students have to modify the words as necessary.

Answers:

a *positive* **b** *Entwicklungsländern* **c** *Nährstoffe* **d** *Milch* **e** *Umweltorganisation* **f** *Handzettel* **g** *Allergien* **h** *wirken* **i** *skeptisch* **j** *Verpackung*

4 A whole-class debate about the pros and cons of GM foods.

5 Students write 250 words about whether GM foods are the foodstuffs of the future. This could be done for homework.

Klonen

Materials
◆ Student's Book pages 50–51
◆ Cassette 2 side 1 CD 2

1 Use the cartoon to introduce the topic of cloning. Ask students (a) who the people in the cartoon are; (b) how they can choose the eye colour of their baby and (c) what they think of cloning.

2a Read the text with students and then create a spidergram with words on the topic of cloning.

2b A true/false activity to test reading comprehension.

Answers:

a *R* **b** *F (Ron James will Schweineorgane in der Transplantationsmedizin verwenden.)* **c** *R* **d** *R* **e** *F (Für die Mehrheit ist das eine abschreckende Perspektive.)* **f** *R* **g** *F (Geklonte Blutzellen könnten den Mangel an Blutspenden beseitigen.)* **h** *R* **i** *R* **j** *R*

2c Students translate the indicated paragraph.

Suggested answer:

For most people it is a horrifying prospect, which is why there is a worldwide ban on the cloning of human beings. On the question of cloning embryonic stem cells, though, opinion is divided. Many scientists see in it new revolutionary opportunities in the fight against disease. So in the future medical scientists could make a healthy pancreas grow from the body cell of a diabetic. Cloned blood cells could eliminate the shortage of blood donations. American researchers have already experimented with embryos aged a few days old, the products of artificial fertilization in Israel, which were released for research purposes by their parents. In Germany experiments of this kind are still forbidden.

2d Students practise much of the new vocabulary by translating sentences a–f.

Answers:

a *Ron James hat gesagt, die Verwendung von Schweineorganen in der Transplantation sei bald möglich.* **b** *Wissenschaftler können Organe gentechnisch verändern.* **c** *Das Klonen von Schweinen hat die Tür zu künftigen Experimenten geöffnet.* **d** *Die Mehrheit möchte Forscher daran hindern, mit Embryonen zu experimentieren.* **e** *Der Mangel an Blutspenden könnte durch geklonte Blutzellen beseitigt werden.* **f** *Einige Ehepaare sehen das Klonen als eine Chance, ein Kind zu bekommen.*

 3 After listening to the report about gene technology, students answer the questions a–g in German.

Answers

a *Erbkrankheiten / schon bei oder vor der Geburt / zu heilen (3 marks)* **b** *Wissenschaftler entdeckten das Gen mit der betreffenden Mutation (1 mark)* **c** *Menschliche Krankheiten werden im Labor imitiert, / damit gezielter nach neuen Wirkstoffen gesucht werden kann (2 marks)* **d** *inwiefern ein Mensch die Veranlagung / für bestimmte Krankheiten in sich trägt. (2 marks)* **e** *bei der Fortpflanzung (1 mark)* **f** *sie wählte einen Embryo aus, / der die beste Chance hatte, passendes Knochenmark / für ihren krebskranken Sohn zu liefern. (3 marks)* **g** *Ein medizinischer Fortschritt / oder ein unethischer Eingriff in die Natur (2 marks)*

---

p 51, activity 3

Nirgendwo ist die Frage der Gentechnik umstrittener als in der Frage der Manipulation von menschlichen Organen. Durch diese Manipulation, so schätzen Wissenschaftler, wird es in der Zukunft möglich sein, Erbkrankheiten schon bei oder vor der Geburt zu heilen. Vor einigen Jahren entdeckten Wissenschaftler das Gen mit der Mutation für zystische Fibrose. Man wartet noch auf einen Durchbruch, aber es ist keineswegs unrealistisch, dass diese Krankheit in der Zukunft heilbar sein wird. Die Gentherapie bietet auch Hoffnung für eine Reihe von Krankheiten wie Krebs und Aids. Im Bereich der Medizin bietet die Genforschung also viele Möglichkeiten. Menschliche Krankheiten werden im Labor imitiert, damit gezielter nach neuen Wirkstoffen gesucht werden kann. Auch kann abgeschätzt werden, inwiefern ein Mensch die Veranlagung für bestimmte Krankheiten in sich trägt. Wo soll das aber alles enden? Wollen wir gesundheitlich perfekte Menschen erzeugen? Wo liegen die ethischen Grenzen? Vor allem bei der Fortpflanzung ist das Thema umstritten. In Amerika ließ sich eine Frau künstlich befruchten, wählte dann den Embryo aus, der die beste Chance hatte, passendes Knochenmark für ihren krebskranken Sohn zu liefern. Ein medizinischer Fortschritt oder ein unethischer Eingriff in die Natur, der die Einzigartigkeit des menschlichen Lebens in Frage stellt?

4 Students make notes on their own views on cloning in preparation for speaking to the whole class. They then have just one minute to express their views.

5 A whole-class debate about gene technology. Four roles (A–D) are given. Allocate each of these to one or more students, depending on the number of students in the class. The roles are as follows:

A: scientist researching gene technology
B: member of a group campaigning against cloning
C: a hereditary disease runs in your family, making you anxious about having children
D: MD of a company which wants to produce cloned organs.

6 Students write a letter of about 250 words to an imaginary newspaper, setting out their views on cloning. This could be done for homework.

Die Technikrevolution

Grammar focus
◆ Revision of imperfect subjunctive

Materials
◆ Student's Book pages 52–53
◆ Cassette 2 side 1 CD 2
◆ *Arbeitsblatt* 13
◆ Grammar Workbook page 59

1 A whole-class discussion about how the world will look in 20, 50 and 100 years' time. Incorporate the ideas from activity 1a on page 47.

2a The reading text deals with how technology is expected to change our lives. Students choose the appropriate sentence (1, 2 or 3) to end each sentence a–e.

Answers: **a** *2* **b** *1* **c** *2* **d** *3* **e** *3* **f** *2*

2b Ask students to list all the technical innovations mentioned in the text, along with any advantages and disadvantages they bring.

Answers:

Technische Fortschritte: Brillen mit Internet-Zugang; Kreditkarte, auf der der vollständige Code des Inhabers gespeichert ist; Heimshopping; ein Internet der nächsten Generation; Videokonferenzen und Bildtelefone; elektronische Spracheingabe; automatische Übersetzungssysteme; Bauroboter

Vorteile: Heimshopping — man muss nicht in den Supermarkt gehen; elektronische Spracheingabe — einfache Schreibarbeiten werden entfallen; Videokonferenzen und Bildtelefone — Mitarbeiter werden nicht jeden Tag ins Büro fahren müssen

Nachteile: die Arbeitslosenquote wird sich erhöhen; Bauroboter werden Menschen ersetzen

Grammatik
A section to remind students that the imperfect subjunctive can often be used instead of the conditional to describe what would happen.

A Students practise forming the imperfect subjunctive from infinitives.

Answers:

a *wäre, könnte* **b** *gingen* **c** *käme* **d** *müsste, hätten*

B Students now translate the sentences from A.

Answers:

a *If the Internet were/was faster, you could transmit moving pictures better.*
b *Because of teleworking fewer people would go into the office.*
c *Because of the introduction of construction robots there would certainly be higher unemployment.*
d *So society would have to ensure that these people had the opportunity to get new jobs.*

C Students make up three sentences using the imperfect passive.

3 Students work in pairs to discuss which of the new technologies are worth having.

4 After listening to the text about robots, students answer questions a–g.

Answers:

a *Sie sind keine menschlichen Sportler, sondern Roboter.* (1 mark)
b *Kameras, Ultraschallsensoren und auf dem Rücken ein Laptop* (3 marks)
c *Sie erkennen ihre Umgebung, können Hindernisse umfahren und Elfmeter schießen.* (3 marks)
d *während des Spiels lernen* (1 mark)
e *zum Reinigen in Büros oder dafür, dass sie im Krankenhaus das Essen auffahren* (2 marks)
f *Sie können selbstständig Aufgaben erledigen.* (2 marks)
g *Er führt Besucher durchs Deutsche Museum Bonn.* (1 mark)

	p 53, activity 4
Int.:	„Tor! Schon zum zweiten Mal in die linke Ecke", kommentierte der Besucher, der gebannt das Geschehen auf dem Spielfeld verfolgte. Hier ist aber kein normales Fußballspiel. Denn die Kicker sind keine menschlichen Sportler, sondern Roboter. Doktorand Steffen Gutmann erklärte:
S. G.:	Sie haben Kameras, Ultraschallsensoren und auf dem Rücken ein Laptop. Mit all diesen Geräten

> erkennen sie ihre Umgebung, können Hindernisse umfahren und Elfmeter schießen. Nur während des Spiels lernen, das können die „Robocups" noch nicht. Lernen müssen sie offline. Wenn sie ausgeschaltet sind, werden Informationen eingegeben.
>
> Int.: Neben dem Vergnügen – wozu sind solche Roboter gut? Man könnte sie zum Reinigen in Büros einsetzen oder dafür, dass sie im Krankenhaus das Essen auffahren. Entscheidend ist, dass Roboter inzwischen so weit entwickelt sind, dass sie selbstständig Aufgaben erledigen können. Beispiele von solchen Robotern waren an der Veranstaltung „Science fiction meets reality" zu sehen. Der größte Roboter, Rhino, kann Besucher durchs Deutsche Museum Bonn führen und das demnächst auch per Internet.

5   Ask students to list jobs in which people could be replaced with robots. Students' answers to activities 2b and 4 should help them.

6   Students work in pairs to answer the questions about the cartoon:

◆ Does it show a realistic scene?

◆ Would you like to work with a robot?

◆ Will robots really replace people?

7   Students imagine that the MD of the company where they work wants to replace some members of staff with robots. They write him or her a letter giving their opinion about this. This could be done for homework.

AB13   **Extra!**   The report is about the role of robots in landing on the planet Mars. Students listen and do activity 1 on *Arbeitsblatt* 13.

Prüfungstraining

Grammar and skills

◆ Answering questions in German on an English passage

◆ Revise verb tenses

Materials

◆ Student's Book pages 54–55

◆ Cassette 2 side 1 CD 2

◆ *Arbeitsblätter* 14 and 15

◆ Grammar Workbook pages 48–65

1a   Brainstorm the different types of energy production that students can list.

1b   A whole-class discussion about the advantages of renewable energy sources.

 2   After listening to the report about Gelsenkirchen, students write a summary in German. They must include the following points:

◆ the history of Gelsenkirchen with regard to energy sources

◆ what is renewable energy and why do we need it?

◆ the sun as an energy source

◆ projects in Gelsenkirchen

◆ the solar village

◆ plans for the future

---

p 54, activity 2

„Solarstadt Gelsenkirchen" heißt die Überschrift auf der Webseite – und diesen Titel hat die Stadt im Nordrhein-Westfalen wohl verdient. Mit Energie hatte die Stadt schon immer zu tun. Dreizehn Zechenräder drehten sich einst innerhalb der Stadt: aus umweltschädlichen fossilen Brennstoffen wurde Energie gewonnen. Aber die Zukunft Gelsenkirchens lag woanders – in Energie von der Sonne. Diese Umstellung auf Solarstrom ist eine Entwicklung, die nicht nur saubere Energie, sondern auch Arbeitsplätze für die Stadt schaffen sollte.

Um den Energiebedarf der Welt zu decken, müssen alternative Methoden der Energiegewinnung weiterentwickelt werden. Fossile Brennstoffe werden im Laufe dieses Jahrhunderts erschöpft sein. Erneuerbare Energien sind Wasserkraft, Biomasse, Windkraft und Sonnenlicht. Die Sonne steht an der Spitze mit einem Ressourcenpotenzial, das weit über das fossile Potenzial hinausgeht. Die Sonne liefert dem Erdball 15 000-mal mehr Energie im Jahr als der Jahresverbrauch an atomarer und fossiler Energie. Sie liefert allein Italien sechsmal mehr Energie als der Jahresweltverbrauch. In Gelsenkirchen liegt die Sonnenenergie der Stadtplanung am Herzen. In Schulen werden Projekte zum Thema Sonnenenergie durchgeführt. Internationale Tagungen finden statt. Gelsenkirchen ist die Solarstadt Deutschlands, denn sie ist sowohl der Sitz einer riesigen Solarfabrik mit 700 Arbeitnehmern als auch einer Siedlung mit 77 Reihenhäusern. Jedes Solarhaus erhält einen dachintegrierten Solarkollektor. Die Warmwasserversorgung wird zu über 60% und die Stromversorgung zu über 50% durch Sonnenenergie gedeckt. Die Haustechnik ist ebenfalls auf Energiesparen ausgelegt: Waschmaschinen und Geschirrspüler werden an die solare Warmwasserbereitung angeschlossen. Der CO_2-Ausstoß von jedem Haus beträgt weniger als die Hälfte des Durchschnitts.

Der Landesbauminister Michael Vesper darf sich schon über den Erfolg dieser Stadt freuen. Fünfzig Solarsiedlungen sollen in den kommenden Jahren in Nordrhein-Westfalen entstehen, mit dem Ziel, „die verschiedenen Lösungen zum Energieproblem für jeden sichtbar zu machen".

AB14 *Arbeitsblatt 14 contains the same text split into segments for students to arrange in the right order. The complete text is also there and serves both as an answer to this activity and for reference for the Grammatik exercises.*

Grammatik
Four activities to help with revision of tenses.

AB14 **A** Students pick out examples of the five different tenses used in the first two paragraphs of *Arbeitsblatt* 14 (this is a transcript of the listening text).

Answers:
Present: *heißt, ist, müssen weiterentwickelt werden (passive), sind, steht, hinausgeht, liefert.*
Perfect: *hat verdient,*
Imperfect: *hatte, drehten sich, lag*
Future: *werden erschöpft sein*
Conditional: *schaffen sollte*

AB14 **B** Students re-write two paragraphs of the text on *Arbeitsblatt* 14, changing the tenses.

Answers:
„Solarstadt Gelsenkirchen" hieß die Überschrift auf der Webseite – und diesen Titel hatte die Stadt in Nordrhein-Westfalen wohl verdient. Mit Energie hatte die Stadt schon immer zu tun gehabt. Dreizehn Zechenräder hatten sich einst innerhalb der Stadt gedreht: aus umweltschädlichen fossilen Brennstoffen war Energie gewonnen worden. Aber die Zukunft Gelsenkirchens hatte woanders gelegen – in Energie von der Sonne. Diese Umstellung auf Solarstrom war eine Entwicklung, die nicht nur saubere Energie, sondern auch Arbeitsplätze für die Stadt hatte schaffen sollen.

Um den Energiebedarf der Welt zu decken, mussten alternative Methoden der Energiegewinnung weiterentwickelt werden. Fossile Brennstoffe würden im Laufe des Jahrhunderts erschöpft sein.

AB14 **C** Students re-write the third paragraph in the imperfect tense.

Answers:
In Gelsenkirchen lag die Sonnenenergie der Stadtplanung am Herzen. In Schulen wurden Projekte zum Thema Sonnenenergie durchgeführt. Internationale Tagungen fanden statt. Gelsenkirchen war die Solarstadt Deutschlands, denn sie war sowohl der Sitz einer riesigen Solarfabrik mit 700 Arbeitnehmern als auch einer Siedlung mit 77 Reihenhäusern. Jedes Solarhaus erhielt einen dachintegrierten Solarkollektor. Die Warmwasserversorgung wurde zu über 60% und die Stromversorgung zu über 50% durch Sonnenenergie gedeckt. Die Haustechnik war ebenfalls auf Energiesparen ausgelegt: Waschmaschinen und Geschirrspüler wurden an die solare Warmwasserbereitung angeschlossen. Der CO_2-Ausstoß von jedem Haus betrug weniger als die Hälfte des Durchschnitts.

D Students replace the infinitives with the appropriate tense of the verb.

Answers:
a *begann / hat ... begonnen, sich ... zu interessieren*
b *schafften* **c** *wird ... geben* **d** *ist ... entstanden / entstand*
e *haben ... gelernt / lernten*

Extra! A website is given so that students can research Gelsenkirchen more. They then write a newspaper article entitled *Solarstadt Gelsenkirchen.*

Tipp
Students have to discuss an English text in German in their oral exam. This section provides practice and shows them how to go about preparing for the discussion with the examiner.

1 Students first write one sentence in German to sum up the text on page 54. They then write a list of bullet points in German. Helpful phrases are provided on the page.

2 Students write up each bullet point as a sentence.

3 In pairs students brainstorm the sort of questions they might be asked.

4 Students list their own knowledge and ideas which they could introduce into the conversation.

5 Students role-play the conversation that might take place in the oral exam (based on the text on page 54). If possible, students should also practise with the school's language assistant.

AB15 **Extra!** Students prepare answers on the questions on the text on *Arbeitsblatt* 15.

Zur Auswahl
Skill focus
◆ Pronunciation practice
◆ Revision of unit

Materials
◆ Student's Book page 56
◆ Solo cassette side 2
◆ *Arbeitsblatt* 14

S 🔘 **1** Students listen to the text about wind farms and answer the questions.

Answers:
a *vor einem Jahr* (1 mark)
b *die Windräder verschandeln die Landschaft. Auch stört der Lärm.* (2 marks)

c *Im ersten Jahr haben sie zehnmal so viel Strom erzeugt, wie die 3000 Haushalte in Westerau in einem Jahr verbrauchen.* (1 mark)

d *Rundherum werden weitere Windkraftanlagen geplant.* (2 marks)

e *Mehrere Anwohner haben Widerspruch gegen diese Pläne eingelegt.* (1 mark)

f *Er hat gerade seine Wohnung mit 20% Verlust verkauft, weil niemand gern einen Blick auf Windräder hat.* (1 mark)

---

p 56, activity 1

Westerau: Für die Einwohner dieser kleinen Gemeinde hat eine neue Methode der Energiegewinnung die Lebensqualität drastisch vermindert. Sechs 70 Meter hohe Windanlagen wurden vor einem Jahr am Rande des Dorfes gebaut. Seitdem beklagen sich manche Einwohner darüber, dass die Windräder die Landschaft verschandeln. Auch stört der Lärm. Das Zischen der Räder sei, meinte eine Dorfbewohnerin, ständig zu hören. Vom Standpunkt der Energiegewinnung aus, sind die Räder ein Erfolg gewesen. Im ersten Jahr haben sie zehnmal so viel Strom erzeugt, wie die 3000 Haushalte in Westerau in einem Jahr verbrauchen. Rundherum werden weitere Windkraftanlagen geplant. Mehrere Anwohner haben jedoch Widerspruch gegen diese Pläne eingelegt. Besonders betroffen ist Kaufmann Holger Veith, dessen Haus in direkter Nähe der Anlagen steht. Er hat keine Lust, weitere Anlagen direkt vor den Augen zu haben. Auch finanzielle Folgen erschweren das Leben der Westerauer – Udo Wiche hat gerade seine Wohnung mit 20% Verlust verkauft, weil niemand gern einen Blick auf Windräder hat.

---

2 Students discuss questions in German on the English text about the Tasmanian tiger.

3 Students write a 200-word report about either (a) cloning (b) GM foods or (c) renewable energy sources.

4 Students listen to these sentences on the topic and repeat them.

---

p 56, activity 4

a Gentechnische veränderte Lebensmittel müssen gekennzeichnet werden.

b Einzelgänger könnten aus Körperzellen Menschen klonen.

c Die Fortpflanzung wird dadurch planbar.

d Die neue Technik erhöht die Arbeitslosenquote.

---

5 Students translate sentences a–f, practising some of the vocabulary from the unit.

Answers:

a *Lebensmittel können durch Gentechnik verändert werden.*

b *Alle genmanipulierten Lebensmittel müssen gekennzeichnet werden.*

c *Die Vorteile von Gentechnik sind umstritten.*

d *Technische Fortschritte werden den Arbeitsplatz revolutionieren.*

e *Es ist möglich, dass Roboter Menschen ersetzen werden.*

f *Alternative Methoden der Energiegewinnung müssen entwickelt werden, um den Energiebedarf der Welt zu decken.*

6 In pairs students do a role-play. Student A is the boss of a firm who wants to replace some employees with robots or automated equipment. Student B is an employee who must try to convince the boss not to lay them off.

AB14 **Extra** Students complete the crossword on *Arbeitsblatt* 14 using vocabulary from the unit.

Answers for Copymasters

Arbeitsblatt 13

1 a *2* **b** *2* **c** *1* **d** *3* **e** *2* **f** *2* **g** *3* **h** *3*

A13, activity 1

Int.: Vor der ersten Raumfahrt von Menschen wurden Tiere vorausgeschickt, um die Überlebenschancen zu überprüfen. Vor einer Landung auf dem Mars wird der rote Planet auch gründlich untersucht worden sein – allerdings diesmal von Robotern. Nach einigen misslungenen Versuchen wird die USA wieder probieren, einen Roboter auf dem Mars zu landen, der in der Lage ist, sämtliche Informationen über unseren Nachbarn im Solarsystem zu sammeln. Hauptziel aller Missionen – danach zu suchen, ob es früher eine Atmosphäre auf dem Mars gegeben hat, die Leben ermöglicht.

Heutzutage ist kein Leben auf dem Mars möglich. Der Planet hat eine sehr giftige Atmosphäre und riesige Wüsten, mit Temperaturen, die im Winter weit unter minus 1000 Grad Celcius fallen. Doch gibt es einige Beweise dafür, dass das Mars-Klima früher wesentlich freundlicher war und Flüsse und Ozeane die Umwelt prägten. Wenn es einmal Ozeane gegeben haben sollte, dann ist es schon möglich, dass sich dort Leben entwickelt haben könnte. So ist die Suche nach Wasser unter der Oberfläche ein der Hauptaufgaben der Mission.

Der Roboter, der für diese Aufgabe eingesetzt wird, wird mit einem zwei Meter langen künstlichen Arm den Boden aufkratzen.

Am Handgelenk des Arms sitzt eine Mikroskopkamera. Die Kamera kann die kleinsten Sandkörner noch erkennen, was für die chemische Analyse wichtig ist. Die Bodenproben werden auch erhitzt, um zu sehen ob Feuchtigkeit oder Gase austreten.

    Die USA hat 275 Millionen Dollar in das neue Programm investiert. Nach Abflug dauert die Reise ein halbes Jahr, dann die kritische Phase – der Roboter ohne Schaden auf dem Planeten zu landen. Ist es das Geld und die Mühe wert? Wissentschaftler Heinrich Richter meint ja.

H. R.: Seit Jahrhunderten fragt sich der Mensch, ob das Leben auf der Erde das einzige ist. Jetzt sind wir fast in der Lage, diese Frage endgültig zu beantworten.

2   1   ZWECK
    2 MANIPULIEREN
    3   SOLARENERGIE
    4   FORSCHUNG
    5   ROBOTER
    6   KLONEN
    7   FORTSCHRITT
    8   ENTDECKEN
    9 GENTECHNIK
  10   INNOVATION
  11   RAUMFAHRT
  12   SCHÄTZEN

Arbeitsblatt 14
The correct order of the text is on the top half of the sheet, or see tapescript for p. 54, activity 2.

Arbeitsblatt 15
No answers – speaking activities

Rassismus Einheit 6

Unit objectives

By the end of this unit students will be able to:

◆ Learn about the history of Jews in Germany
◆ Investigate racism in Europe
◆ Discuss the far right in Germany
◆ Discuss measures to counteract xenophobia

Grammar

◆ Indirect speech
◆ Impersonal passive
◆ Avoiding the use of the passive

Skills

◆ Translate into German

page 57

1a Students match the captions to the photos.

Answers:
1 *d* 2 *e* 3 *b* 4 *a* 5 *d*

1b Each pair of students chooses one of the photos and discusses (a) what time it shows (b) who is shown in the photo and (c) what is happening and why.

Ein altes Problem?

Materials

◆ Student's Book pages 58–59
◆ Cassette 2 side 1 CD 2
◆ *Arbeitsblatt* 16

1 A whole-class brainstorming exercise to see what students already know about antisemitism during the Second World War.

2a After listening to the text about the fate of Jews in Germany during the Second World War, students match the sentences a–j to the appropriate year(s) from the box below. There are no distractors in the box.

Answers:
a *1935* b *1938* c *1939–1942* d *1942* e *1933*
f *bis 1945* g *1939* h *1942* i *ab 1942* j *1933*

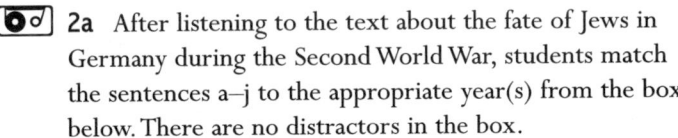

p 58, activity 2a
1933 wurde Adolf Hitler deutscher Reichskanzler und begann eine systematische Verfolgung des europäischen Judentums. Hitler gab den Juden die

Schuld an den Problemen in Deutschland seit dem Ersten Weltkrieg und war davon besessen, die Juden zu vernichten. Zuerst wurden den Juden Einschränkungen auferlegt. Ab 1933 durfte kein Jude mehr Beamter sein und die Nazis ermutigten die Deutschen dazu, die Geschäfte von Juden zu meiden. Schilder mit Sprüchen wie „Kauf nicht beim Juden" wurden ausgehängt und die Häuser und Geschäfte von Juden wurden beschmiert. 1935 traten die Nürnberger Gesetze in Kraft. Den Juden wurde die deutsche Staatsbürgerschaft aberkannt und Ehen zwischen Juden und Nichtjuden wurden verboten. 1938 fand der bisher schlimmste Angriff statt – die Kristallnacht. An diesem einzigen Abend vom 9. November wurden die Häuser, Geschäfte und Synagogen der deutschen Juden angegriffen. Viele davon wurden niedergebrannt und fast hundert Juden kamen ums Leben. Mit dem Ausbruch des Zweiten Weltkrieges im Jahre 1939 konnte Hitler diese Maßnahmen auf die von ihm eroberten Länder erweitern. Dieselben Einschränkungen wurden den Juden in Holland, Belgien, Polen, Frankreich und in den anderen von Hitler eroberten Ländern auferlegt. Und das Leben wurde schwieriger. Ab 1942 mussten alle Juden einen gelben Stern tragen, damit sie identifiziert werden konnten. Die Juden durften auch nur in bestimmten Wohnbezirken oder Ghettos wohnen, wo die Lebensbedingungen eingeengt und unhygienisch waren. Der Antisemitismus nahm auch mit dem Beginn des Krieges einen weiteren Wandel. Jetzt wollte Hitler die Juden nicht nur benachteiligen, sondern vernichten. In den eroberten Ländern wohnte eine viel größere Anzahl an Juden als in Deutschland. Um Lebensraum für das deutsche Volk zu schaffen, wollte Hitler diese Juden aus dem Weg räumen. 1942 fand in einem Haus in Wannsee in Berlin eine Konferenz statt, die die Endlösung koordinieren sollte – die totale Vernichtung der Juden in Europa, die in Konzentrationslagern sterben sollten. Ab 1942 wurden immer mehr Juden in diese Lager deportiert. Die Lager hatten zwei Zwecke. Manche waren Arbeitslager: die Juden arbeiteten dort in Fabriken, bis sie vor Hunger oder Erschöpfung starben oder erschossen wurden. Andere waren Vernichtungslager. Die Juden wurden in die Lager transportiert und wurden sofort vergast. Die Namen sind bekannt: Auschwitz, Treblinka, Bergen-Belsen unter anderen. In diesen Lagern wurden bis Ende des Krieges über sechs Millionen Juden ermordet.

2b A true/false activity on the same listening text to check listening comprehension.

Answers:

a F *(Hitler behauptete, die Juden seien an den Problemen in Deutschland seit dem Ersten Weltkrieg schuld.)* **b** F *(Ab 1933 durfte kein Jude Beamter sein.)* **c** F *(1935 traten die Nürnberger Gesetze in Kraft.)* **d** R **e** F *(Während der Kristallnacht wurden fast hundert Juden ermordet.)* **f** R **g** F *(In den eroberten Ländern gab es mehr Juden als in Deutschland.)* **h** R **i** F *Manche Konzentrationslager waren Arbeitslager.*

3a Go through the text *Ich sah den Todesengel* and then ask students to put sentences a–g in the order in which they appear in the text.

Answers:

d, a, g, c, b, e, f

3b Students answer questions in German on the same passage.

Answers:

a *Ein Jude, der im Ghetto lebt*
b *Wenn einen ein SS-Mann einmal gesehen hatte, dann war es mit einem aus*
c *um die Juden zu töten*
d *Er spricht über deutsche Flugzeuge mit dem SS-Mann, um sich zu befreien.*
e *Er erwartete, einen Schuss zu hören.*
f *Er wollte seine Familie und seine Nachbarn warnen.*

3c Read the second passage about prisoners of war and ask students to answer the questions on it.

Answers:

a *Die Häftlinge wurden nach Häftlingskategorien und Nationalitäten in verschiedene Gruppen eingeteilt.*
b *Sie standen in der innerhalb des Lagers geltenden Häftlingshierarchie – entsprechend der rassistischen Ideologie der Nazis – am unteren Ende.*
c *Arbeit konnte sowohl Vernichtung als auch eine Möglichkeit des Überlebens bedeuten.*
d *Sie mussten Erd- und Mauerarbeiten ausführen und in der Küche des Lagers oder in der SS-Küche dienen.*
e *Er hat keine Zähne mehr und sein rechter Sehnerv ist bis zu 90% tot.*
f *Er musste viereinhalb Stunden nackt im Schnee liegen.*

4 Students imagine they are living in Germany during the Nazi period and write a letter to relatives abroad, describing their lives.

5 Students prepare a talk about Jews in Germany from 1933 to 1945. A website is given to help with their research. They could prepare their talk for homework.

AB16 **Extra!** Students read the interview on *Arbeitsblatt* 16 about how life was for foreigners in Germany after the war and do the activities.

Ein europäisches Problem?

Materials
◆ Student's Book pages 60–61
◆ Cassette 2 side 1 CD 2

1 In pairs, students discuss:

a Is racism a problem in your own country?
b Do you know of any examples of racist attacks?
c What makes some people racist?
d Which ethnic minority groups live in your country?
e Do you know the names of any extreme right political parties?

2a After reading the text about the rise of far-right parties, students pick out the words and the phrases defined in a–e.

Answers:

a *eine Hetzjagd* **b** *empört* **c** *seine Sprüche kamen gut an* **d** *ein Ausnahmefall* **e** *auf Eis legen*

2b To test reading comprehension, students choose the best end for each sentence a–h.

Answers:

a *3* **b** *1* **c** *3* **d** *2* **e** *3* **f** *3* **g** *1* **h** *3*

2c Students translate the last paragraph of the text. This could be done for homework.

Suggested translation:

Is the success of the rightwingers in Austria an exceptional case, though? Fourteen EU states have put bilateral contact with Austria on ice, although they themselves have to combat the rising power of rightwing parties. In Belgium the extreme right party Vlaams Blok is a significant political force with seats in parliament. In France the National Front made the leap into the European Parliament in 1999. In the other countries similar tendencies can be seen. Austria should perhaps rather serve as a warning to the other EU states.

3 Students listen to the young people talking about far-right parties in their own countries and they fill in the grid.

Answers:

Anneke: Belgien, Vlaams Blok, fast 10% der Sitze im Parlament, Drittel der Stimmen 2000 (in bestimmten Teilen Belgiens), wenig Macht; entsetzlich, versteht gar nicht; ja, nichts in der Demokratie zu suchen

Jean-Paul: Frankreich; Front National, Le Pen, 15% bei Wahlen, 1 Sitz im Parlament, 1 Sitz im Europäischen Parlament; beunruhigend, tiefgründiger Rassismus bei Minderheit; nein, undemokratisch, würde solche Parteien in den Untergrund treiben

Carl: Norwegen; Fortschrittspartei, 28,4% sind bereit zu wählen, 25/165 Sitze im Parlament; unterstützen nicht nur wegen Rassismus, sondern auch anderer Initiativen, gefährlich; nein, dann müssen sie gesetzlich handeln

Silke: Deutschland; NPD und DVU, Sitze in Landesparlamenten (Sachsen-Anhalt, Brandenburg), keinen Sitz im Bundestag, NPD extremer; entsetzlich, gerade in Deutschland, neue Bundesländer, schwierig wegen Vergangenheit; ja, gegen das Grundgesetz

---

p 61, activity 3

Int.:	Anneke, woher kommen Sie?
Anneke:	Aus Belgien.
Int:	Und wie stark sind rechtsextreme Parteien in Belgien?
Anneke:	Die größte rechtsextreme Partei heißt der Vlaams Blok und sie besitzt zur Zeit fast 10 Prozent der Sitze im belgischen Parlament. Bei den Wahlen im Jahr 2000 hat die Partei in bestimmten Teilen Belgiens fast ein Drittel der Stimmen erhalten. Allerdings hat die Partei wenig Macht, weil die anderen Parteien gegen sie zusammenhalten.
Int.:	Und wie finden Sie diese Entwicklung?
Anneke:	Ich finde es entsetzlich. Ich verstehe gar nicht, wie die Leute eine solche Partei wählen können.
Int.:	Sollte man solche Parteien verbieten?
Anneke:	Ja, auf jeden Fall. Solche Parteien haben in der Demokratie nichts zu suchen.
Int.:	Jean-Paul, wie ist die Situation in Frankreich?
Jean-Paul:	Die rechte Partei in Frankreich heißt die Front National und wird von Jean-Marie Le Pen geführt. Er ist schon lange in der politischen Szene und die Partei bekommt bei Wahlen oft um die 15% herum. Sie hat im Moment einen Sitz sowohl im französischen als auch im europäischen Parlament.
Int.:	Und wie betrachten Sie den Erfolg der Partei?
Jean-Paul:	Ich finde ihn beunruhigend. Er zeugt von einem tiefgründigen Rassismus in Frankreich, obwohl das natürlich nur bei einer Minderheit der Fall ist.
Int.:	Sollte man die Front National verbieten?
Jean-Paul:	Nein, das wäre undemokratisch. Ich glaube an die Meinungsfreiheit. Es hilft auch nicht, solche Parteien in den Untergrund zu treiben – sie werden dadurch nur noch stärker und extremer.

Int.:	Also Carl, wie ist es bei Ihnen?
Carl:	In Norwegen heißt die rechtspopulistische Partei die Fortschrittspartei und sie hat ziemlich viele Anhänger. Bei einer jüngeren Umfrage erklärten sich 28,4% der Norweger bereit, diese Partei zu wählen. Im Moment hat die Fortschrittspartei 25 von den 165 Sitzen im Parlament.
Int.:	Und wie betrachten Sie diese Statistik?
Carl:	Das bedeutet nicht unbedingt, dass ein Viertel der Bevölkerung rassistisch ist. Sie unterstützen diese Partei oft wegen anderer Initiativen wie eine Senkung des Benzinpreises. Das macht die Partei aber sehr gefährlich.
Int.:	Würden Sie solche Parteien verbieten?
Carl:	Nein, es ist besser wenn solche Parteien anerkannt werden – das bedeutet, dass sie sich an die Gesetze halten müssen, wenn sie an dem politischen Prozess teilnehmen wollen. Auch treibt es die anderen Parteien dazu, etwas gegen sie zu unternehmen.
Int.:	Und zuletzt Silke – wie ist die Situation in Deutschland?
Silke:	Die größte rechtsextreme Partei heißt NPD, aber es gibt auch andere – die DVU zum Beispiel hat Sitze in den Landesparlamenten in Sachsen-Anhalt und Brandenburg bekommen. Keine rechtspopulistische Partei hat aber einen Sitz im Bundestag.
Int.:	Gibt es einen Unterschied zwischen den beiden rechtsextremen Parteien?
Silke:	Ja, die NPD ist viel extremer. Die DVU will einen Zuwanderungsstopp, aber ist gegen Gewalt.
Int.:	Und wie reagieren Sie auf diese Parteien?
Silke:	Ich finde es entsetzlich, dass solche Parteien gerade in Deutschland an Popularität gewinnen, allerdings sind die meisten Anhänger in den neuen Bundesländern, die ganz ganz viele Probleme haben. Immerhin ist Rechtsextremismus ein schwieriges Thema in Deutschland wegen unserer Vergangenheit.
Int.:	Würden Sie solche Parteien verbieten?
Silke:	Ja. Parteien wie die NPD verstoßen gegen das Grundgesetz. Dort steht es ganz klar, dass niemand wegen seiner Rasse benachteiligt werden darf. Ich finde, solche Parteien sind verfassungswidrig und sollten verboten werden.

4 A whole-class discussion about whether far-right parties should be banned. Encourage students to use ideas from the text, their answers from activity 3 and the *Hilfe* section.

5 Students write a leaflet on either (a) There is no place for right-wing extremists in a democracy or (b) Are the right-wing parties becoming influential again in Europe? They should use the *Hilfe* expressions and look for useful information on the Internet.

Geil auf Gewalt

Materials
◆ Student's Book pages 62–63
◆ Cassette 2 side 1 CD 2
◆ *Arbeitsblatt* 17

1 A whole-class activity to brainstorm what students already know about racism in Germany. Include the following points:

◆ What groups of foreigners live in Germany?
◆ Why have these people come to Germany?
◆ What prejudices are there against these people?

2a After students have the read the text about the rise of the right-wing, they choose the appropriate heading for each paragraph of the text.

Answers:

a *3* **b** *5* **c** *1* **d** *4* **e** *2*

2b Students now pick out the German words which match the definitions given.

Answers:

a *jagten* **b** *eingeschränkt* **c** *tabu* **d** *notgedrungen*
e *ersetzen* **f** *identifizierbar*

2c A true/false activity to test reading comprehension.

Answers:

a *F (Er hatte eine Stichwunde am Auge und ein gebrochenes Handgelenk.)* **b** *R* **c** *nicht im Text* **d** *R* **e** *R* **f** *F (Sie ist nicht eingebettet in eine rechtsextreme Alltagskultur.)* **g** *nicht im Text* **h** *R* **i** *F (Fast zwei Drittel der DVU-Wähler haben eine feste Tätigkeit.)* **j** *nicht im Text* **k** *F (Er zeigt Verständnis für Brandanschläge gegen Asylantenheime.)* **l** *R*

2d Students summarize the text in German in about 100 words.

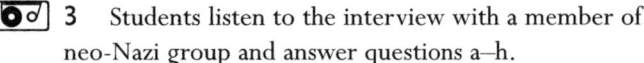

3 Students listen to the interview with a member of a neo-Nazi group and answer questions a–h.

Answers:

a *durch seinen Bruder* (1 mark) **b** *Sie nehmen die Jobs, oder sie leben vom Sozialgeld.* (2 marks) **c** *Er glaubt, 15% der Bevölkerung seien Ausländer; es sind nur 1,8%.* (2 marks)

d *Er hat Ausländer aus den Kneipen und Nachtlokalen in der Stadt rausgeworfen. Keiner darf mehr rein.* (3 marks) **e** *Weil sie was mit einem Türken hatte.* (1 mark) **f** *Sie hat die Beziehung abgebrochen, weil es sonst für ihren Freund schlecht ausgesehen hätte.* (2 marks) **g** *Er würde einen Angriff auf ein Asylantenheim machen.* (1 mark) **h** *Probleme mit der Polizei, könnte seine Lehrstelle verlieren.* (2 marks)

---

p 63, activity 3

Int.: Heiko, Sie gehören einer rechtsextremen Gruppe an. Wie sind Sie zu dieser Clique gekommen?

Heiko: Mein Bruder war dabei und hat mich mitgenommen. Aber ich hatte ihn schon darum gebeten, weil ich derselben Meinung bin.

Int.: Können Sie Ihre Meinung zum Thema Ausländer genau erklären?

Heiko: Deutschland gehört den Deutschen. Die anderen haben hier nichts zu suchen.

Int.: Wie schaden Ihnen die Ausländer?

Heiko: Sie nehmen uns die Arbeit weg. Die Deutschen sitzen auf der Straße und sie haben Jobs. Oder sie leben auf unsere Kosten, vom Sozialgeld oder so.

Int.: Wissen Sie, wie viele Ausländer in Deutschland leben?

Heiko: Weiß nicht genau. Ich glaube, 15% der Bevölkerung.

Int.: Es sind 1,8%.

Heiko: Ist mir egal. Das sind immer noch zu viele.

Int.: Welche Aktionen gegen Ausländer haben Sie schon unternommen?

Heiko: Wir haben die aus den Kneipen und Nachtlokalen in der Stadt rausgeworfen. Keiner darf mehr rein, sonst hat er mit uns zu rechnen.

Int.: Ist es dabei zu Gewalttaten gekommen?

Heiko: Na, es gab am Anfang ein paar kleine Schlägereien, aber nichts Ernstes. Sie wehren sich nicht mehr. Sie wissen, dass es sich nicht lohnt.

Int.: Sonst noch etwas?

Heiko: Mit der Freundin meiner Schwester habe ich gesprochen. Sie hatte was mit einem Türken. Das geht ja nicht – ein deutsches Mädel mit so einem.

Int.: Hat sie die Beziehung abgebrochen?

Heiko: Ja, sie wusste, dass es für den Typen sonst schlecht aussehen würde.

Int.: Glauben Sie, dass Sie das Recht haben, sich in das Leben anderer Menschen einzumischen?

Heiko: In so einem Fall ja. Das war nicht korrekt.

Int.: Wären Sie bereit, schwerere Gewalttaten auszuüben, einen Angriff auf ein Asylantenheim zum Beispiel?

Heiko: Wenn es nicht anders ginge, ja. Ich hoffe, es würde nicht dazu kommen. Die Leute würden kein Asylantenheim in der Stadt tolerieren. Und ich möchte nicht unbedingt Probleme mit der Polizei, denn dadurch könnte ich meine Lehrstelle verlieren.

4 Students compose a letter to Heiko to try to convince him that his ideas are not right. Students' answers to activity 3 will help them with their letter.

5 In pairs students discuss:

a How do you explain the rise of the far-right in the former East Germany?

b What are the dangers of racism?

c How do you react to the fact that far-right parties are gaining in popularity?

d How should violent racists be punished?

e What can the government do to help?

AB17 **Extra!** Students prepare to discuss the topic using a stimulus text in English.

Prüfungstraining

Grammar and skills
◆ Using indirect speech
◆ Translating into German

Materials
◆ Student's Book pages 64–65
◆ Grammar Workbook page 69

1 The text includes many examples of indirect speech. This first activity tests reading comprehension; students match the appropriate sentence halves.

Answers:
a *4* **b** *1* **c** *7* **d** *6* **e** *2* **f** *9* **g** *3* **h** *10*
i *8* **j** *5* **k** *11*

Grammatik
This section deals with reported speech in the subjunctive.

A Students pick out all the examples of the subjunctive from the text on page 64.

Answers:
lebe, sei, passiere, hätten reagiert. gebe, seien, tolerieren, wolle sich engagieren, hätten gehabt, sitze, anschneide, käme, behaupteten, seien, wegnähmen, habe sich verfestigt, sei, erzählten, seien, sei zu sehen, habe konfrontiert, hätten gehabt, seien, sei.

B Students now list the phrases from the text which introduce indirect speech.

Answers:
laut Markus; Jugendliche haben gesagt; Markus berichtet; Markus meint; Die Jugendlichen behaupteten; Jugendliche erzählten ihm; Er sagt

C Students select the subjunctives which have changed tense to show that they are in the subjunctive.

Answers:
die Schulen hätten im Großen und Ganzen positiv auf das Forum reagiert; hätten sie aber keine Möglichkeiten gehabt, positiv zu wirken; käme man; Die Jugendlichen behaupteten; die ihnen die Arbeitsplätze wegnähmen, Jugendliche erzählten ihm, sie hätten Kontakt zu Menschen gehabt.

D Students practise forming their own subjunctive sentences.

Answers:
a *Er sagte, das Forum wolle Rockkonzerte veranstalten.*
b *Er sagte, er habe das Forum vor drei Jahren gegründet.*
c *Er sagte, drei Schulen hätten bis jetzt an dem Projekt teilgenommen.*
d *Er sagte, das Forum unterscheide sich von anderen Initiativen.*

Tipp
A section to help students prepare for the translation into German which forms part of the exam.

1 Students look in the text for vocabulary they could use to translate the sentence provided.

Answer:
Das Oranienburger Forum – sich spezialisieren auf – diskutieren – Rassismus – mit Schülern

2 Students need to spot the different way that the German language translates sentences a–c in order to point out the possible mistakes they could make in translation.

Answers:
a *Tense* **b** *Passive* **c** *Preposition; Word order in relative clause*

3 Students practise the tips they have learnt by translating the passage into German.

Suggested answer:
Das Oranienburger Forum gegen Rassismus spezialisiert sich auf Initiativen gegen Rechtsradikalismus in Schulen. Das Forum konfrontiert Schüler mit dem Problem von Rassismus, indem man Asylbewerber in die Schulen bringt und Vorurteile diskutiert. Videos werden auch gezeigt. Ein Ziel des Forums ist es, Gleichgültigkeit abzubauen und Schüler zu unterstützen, die sich aktiv engagieren wollen. Markus Kemper, Mitbegründer, glaubt, das Projekt sei erfolgreich gewesen. Größere Initiativen wie zum Beispiel Rockkonzerte werden jetzt durch finanzielle Hilfe vom Landkreis ermöglicht.

Zur Auswahl

Skill focus
- ◆ Pronunciation
- ◆ Revision of the unit

Materials
- ◆ Student's Book page 66
- ◆ Solo cassette side 2
- ◆ *Arbeitsblatt 18*

S🔘 **1** Students listen to these sentences on the topic and repeat them.

---

p 66, activity 1

a Niemand darf wegen seiner religiösen Anschauungen benachteiligt werden.

b Ehen zwischen Juden und Nichtjuden wurden verboten.

c Ich finde den Erfolg der österreichischen Rechten beunruhigend.

d Es ist entsetzlich, wie die Häftlinge misshandelt und ausgebeutet wurden.

---

2 Students translate sentences a–d, which require new vocabulary from the unit.

Answers:

a *Viele Österreicher waren entsetzt, dass die FPÖ so viel Erfolg bei den Wahlen hatte.*

b *Die Macht der Rechtsparteien steigt in mehreren europäischen Ländern.*

c *In Ostdeutschland ist es keine Ausnahme mehr, rechtsextreme Meinungen zu halten.*

d *Unterschiedliche Erklärungen für diese Tendenz sind vorgeschlagen worden.*

3 Students produce a leaflet for an anti-racist campaign. A useful website is given for their research.

S🔘 **4** Students listen to the report about an anti-racist demonstration and answer the questions in German.

Answers:

a *Eine Gedenkveranstaltung vor der neuen Synagoge in Berlin und weitere Manifestationen in ganz Deutschland* (2 marks)

b *an die Verfolgung von Juden durch das NS-Regime in der Pogromnacht von 1938* (2 marks, less for 1)

c *legte einen Kranz nieder* (1 mark)

d *Ausländer, Behinderte und Obdachlose werden von jungen Deutschen gejagt* (4 marks)

e *Sie lehnen es ab* (1 mark)

f *ein Marsch zum Brandenburger Tor* (1 mark)

g *Solidarität mit Ausländern und Empörung über die Gewalttaten der Neonazis zu demonstrieren.* (2 marks)

---

p 66, activity 4

Eine Gedenkveranstaltung vor der neuen Synagoge in Berlin und weitere Manifestationen in ganz Deutschland bildeten gestern den Auftakt für die Großdemonstration „Für Menschlichkeit und Toleranz" in der Hauptstadt. Der Vorsitzende der jüdischen Gemeinde zu Berlin erinnerte an die Verfolgung von Juden durch das NS-Regime in der Pogromnacht von 1938. Der Bundespräsident legte an der Synagoge einen Kranz nieder und bat um Toleranz und Verständnis. Der Bundespräsident sagte, Barbarei und Gewalt würden in Deutschland nicht toleriert, und nannte es eine Schande, dass Ausländer, Behinderte und Obdachlose von jungen Deutschen gejagt würden. Klar war jedoch, dass die meisten Deutschen Extremismus und Fremdenfeindlichkeit ablehnen. Dies zeigte sich an einem Marsch zum Brandenburger Tor, der sich an die Gedenkveranstaltung anschloss. Mehr als 100 000 Menschen hatten sich versammelt, um ihre Solidärität mit Ausländern und ihre Empörung über die Gewalttaten der Neonazis zu demonstrieren.

---

5 In pairs, students discuss the following questions:

a What do you know about racism in Germany during the Second World War?

b Which groups of foreigners came to Germany after the war?

c Which other foreigners live in Germany?

d What do you know about racism in Germany today?

e Why is racism worse in the new *Bundesländer*?

f What do you think are the causes of racism?

g Give examples of projects or events which try to fight racism.

h Which other countries have problems with racism?

i What do you know about far-right parties in Europe?

j In which countries are these parties influential?

[AB18] **Extra!** Students play the game on *Arbeitsblatt 18* using vocabulary from the unit.

Answers for Copymasters

Arbeitsblatt 16

1 a *3* **b** *5* **c** *4* **d** *1* **e** *6* **f** *2*

2 a *R* **b** *F (3 Millionen sind geblieben)* **c** *R* **d** *NA* **e** *R* **f** *R* **g** *NA* **h** *F (Rassistische Deutsche sind eine gefährliche Minderheit)* **i** *R* **j** *F (Rassismus ist immer noch ein empfindliches Thema)*

3 *The policy on asylum became part of the constitution straight after the war. I think people wanted to acknowledge that many Germans, whether they were Jews or not, had had to go into exile during the Nazi period because they were* *persecuted. Among them were prominent people such as the author Thomas Mann. These people sought asylum in various countries such as the USA, Switzerland or Great Britain. After the war Germany also wanted to offer asylum to people who were politically persecuted.*

4 **a** *Nach dem Zweiten Weltkrieg hat Deutschland Ausländer begrüßt.* **b** *Frau Feuerbach meint, das deutsche Asylrecht sei sehr großzügig.* **c** *Politischen Verfolgten wird Asyl in Deutschland gewährt.* **d** *Die Deutschen wollen, dass andere Länder erkennen, dass sie nicht alle rassistisch sind.*

Arbeitsblatt 17
No answers – speaking activities

Arbeitsblatt 18
No answers – speaking activities

Wiederholung Einheit 4–6

1 Students read about new technology. To test reading comprehension, they select the appropriate ending for sentences a–e.

Answers:
a *2* **b** *3* **c** *2* **d** *3* **e** *2* **f** *1* (6 marks)

2 After listening to the report about the new price structure for German rail tickets, students decide whether statements a–j are true, false or not included in the text.

Answers:
a *R* **b** *nicht im Text* **c** *F (Die BahnCard wird billiger.)* **d** *R* **e** *R* **f** *R* **g** *nicht im Text* **h** *nicht im Text* **i** *R* **j** *nicht im Text* (10 marks)

---

p 68, activity 2

Die Bahn bekommt jetzt ein neues Preissystem. Die verwirrende Auswahl an verschiedenen Tarifen fällt weg – Sparpreis, Supersparpreis, Wochenendticket verschwinden. Auf jeder Strecke gibt es künftig nur noch einen Preis. Die BahnCard wird billiger, Kinder bis 12 sollen umsonst fahren. Je weiter man fährt, desto billiger wird es pro Kilometer – die Strecke Frankfurt – Berlin soll rund 75 bis 100 Euro kosten, schätzen Experten. Im Moment kommt es darauf an, wann man fährt. Die Deutsche Bahn hofft, dass sie den Kunden eine bessere Übersicht über die Preise geben wird. Auch hofft sie dabei, überfüllte Züge zu vermeiden. „Im Moment sind alle Züge abends um fünf nach sieben brechend voll, weil alle mit besonderen Abendtickets heimfahren", meint ein Experte. „Dafür ist der Zug um fünf nach sechs fast leer." Vergünstigungen wird es trotzdem geben. Wer eine Woche im Voraus reserviert, kann bis zu 65% des Preises sparen. Hier macht die

---

Bahn vielleicht einen Fehler. Wer so weit im Voraus plant, dem wird vielleicht einfallen, dass Fliegen auch sehr billig ist, wenn man vorher reserviert. Ein Flug von München nach Berlin hin und zurück ist ab 130 Euro zu haben. Hier verliert die Bahn einen Hauptvorteil dem Flugverkehr gegenüber: ihre Flexibilität. Da die Preise für Kurzentschlossene deutlich höher liegen, werden sie vielleicht ihr Auto neu entdecken. Mögliche Folgen: mehr Staus und mehr Umweltschäden.

3a In pairs students look at both pictures and discuss:

a Who the people in the pictures are
b What they are doing
c Whether tolerance or hostility to foreigners is being expressed
d Where and why racism occurs
e Whether Germany as a country is hostile to foreigners

3b Students write a newspaper article to go with the pictures. This could be done for homework. (10 marks)

Kontrollen Einheit 4–6

Arbeitsblatt 31
The activities on this copymaster follow the style of the AQA Unit 4 assessment 'Contemporary Issues'.

1 **a** (i) **b** (ii) **c** (ii) **d** (iii) **e** (ii)
(Mark scheme: 5 marks)

A31, activity 1

Rechtsextreme Jugendliche haben zwei afrikanische Asylbewerber getreten und beschimpft. Die Asylbewerber, die erst zwei Wochen vorher in Deutschland angekommen waren, erlitten leichte Verletzungen. Es ist der Polizei noch nicht gelungen, die Täter, die zwischen 16 und 20 Jahre alt waren, festzunehmen. Der Angriff war der dritte in den letzten Wochen auf Asylbewerber in der Stadt. Die Polizei befürchtet, die Täter gehören einer wachsenden Neonaziorganisation in der Stadt an. Die Afrikaner haben darum gebeten, in ein Asylantenheim woanders geschickt zu werden.

---

2 **a** *weil Benzinpreise steigen (1)*
b *sie haben ein Auto gebaut, / das von Wasserstoff getrieben wird (2)*
c *in zwei Jahren (1)*
d *es wird sehr teuer sein (1)*
e *am Anfang sind sie Luxusartikel, / aber der Preis sinkt bald (2)*
(Mark scheme: 7 marks)

f *versuchen; verursachen; beiden; ersetzt werden; Umwelt;*
willkommen
(Mark scheme: 7 marks)

A31, activity 2

Der Anstieg der Benzinpreise verstärkt das Interesse an
Autos, die alternative Treibstoffe verbrauchen und
zudem umweltfreundlich sind. Sowohl BMW als auch
Daimler investieren in neue Techniken, um das Auto der
Zukunft zu produzieren. Beide Konzerne sehen Wasser
als eine mögliche Energiequelle, die langfristig Benzin
ersetzen könnte.

Wasserstoff in Autos? So unwahrscheinlich es auch
klingen mag, ist es beiden Konzernen gelungen, Autos
zu bauen, die von Wasserstoff angetrieben werden.
Möglicherweise sind diese Autos schon in zwei Jahren
zu kaufen, allerdings zu einem Preis von 100 000
Euro. Wenn die Industrie zusammenarbeitet, wird der
Preis sinken. „Kunden sind bestimmt nicht bereit,
deutlich mehr für ein Auto zu zahlen, auch wenn die
neue Technik umweltfreundlich ist", sagt Ferdinand
Panik, der das Projekt bei Daimler leitet. Aber ein
solches Auto könnte schon für alle bezahlbar werden.
Man muss nur an andere technische Geräte wie Handys
oder Computer denken – am Anfang waren sie
Luxusartikel, inzwischen ist der Preis so weit gesunken,
dass sich fast jeder eins leisten kann. Daimler plant,
dass in 10 Jahren mindestens 5% aller Autos abgasfrei
sind.

Umweltorganisationen haben die Entwicklung
begrüßt. Autos sind die Hauptverursacher von
Luftverschmutzung und die Verminderung von
Autoabgasen würde viel zur Bekämpfung des Problems
beitragen.

Arbeitsblatt 32
The activities on this copymaster follow the style of the
AQA Unit 4 assessment 'Contemporary Issues'.

Part C and D
1 a *R* **b** *NA* **c** *R* **d** *R* **e** *F (Die Schüler entscheiden*
den Ablauf.)
(Mark scheme: 5 marks)

2 a *Die Schüler wollen das Friedrichsgymnasium in eine*
Schule Ohne Rassismus verwandeln.
  b *Sie ist eine der Mitgründerinnen.*
  c *Sie hat eine Aufklärungskampagne geführt.*
  d *mit dem Behördendschungel / und dem ganz normalen*
deutschen Alltag.
(Mark scheme: 5 marks)

3 *The pupils from Frankfurt are in no way working alone, for*
the project is expanding. Pupils from the
Friedrichsgymnasium have met with representatives from the
other Schools Without Racism at a national networking
seminar – in order to get to know each other and exchange
their experiences. And things are continuing internationally.
So far "School Without Racism" has been taken up in Austria,
Poland and Belgium. Even a Croatian school has applied for
the title "School Without Racism".
(Mark scheme: 10 marks)

4 a *Es ist das Ziel des Projekts (1), Rassismus zu bekämpfen*
(1), indem man Vorurteile abbaut.(1)
  b *Die Gründer der Gruppe hoffen (1), so viele Jugendliche*
wie möglich (1) zu erreichen. (1)
  c *Die Schule wurde ... besucht (1) / von dem*
Bundespräsidenten (1).
  d *Das Projekt breitet sich ... aus (1) / international (1).*
(Mark scheme: 10 marks)

Arbeitsblatt 33
The activities on this copymaster follow the style of the
AQA Unit 6 assessment 'Yesterday, today and tomorrow'.

See the assessment criteria tables for Unit 6 provided in
the AQA specification for how to allocate marks to the
activities on this copymaster.

Verbrechen und Rechtswesen Einheit 7

Unit objectives

By the end of this unit students will be able to:

◆ Analyse reasons for youth crime
◆ Examine types of deterrent and rehabilitation
◆ Study ways of reducing youth crime
◆ Discuss who should bear the responsibility
◆ Discuss the values of today's young people

Grammar

◆ Perfect tense of modal verbs, verbs of perception and *lassen*

Skills

◆ Expressing your opinion

page 69

1a Ask students to find the common link between the names listed.

Answers:

All connected with crime

1b Students fit each name to one of the five categories.

Answers:

Autoren: Alfred Hitchcock, P. D. James, Agatha Christie
Fiktive Charaktere: Robin Hood, der Pate, James Bond, Sherlock Holmes, Hercule Poirot, Der Richter und sein Henker
Wirkliche Personen: Alred Hitchcock, die Brüder Kray, P. D. James, Agatha Christie
Detektive: Sherlock Holmes, Hercule Poirot
Verbrecher: Der Pate, Die Brüder Kray

2a Ask students to describe the photo as fully as possible.

2b A whole-class discussion about why some young people destroy other people's property and why some young people turn to crime.

Jugendkriminalität

Materials

◆ Student's Book pages 70–71
◆ Cassette 2 side 1 CD 2
◆ *Arbeitsblatt* 19

1 A whole-class brainstorming session on the possible reasons for young people turning to crime. You could write up the ideas as a spidergram on the board.

2a After reading both articles about different crimes, students pick out the German equivalents of the phrases given.

Answers:

a *Haftstrafe* **b** *Landfriedensbruch* **c** *bestätigen*
d *Staatsanwaltschaft* **e** *Amtsgericht* **f** *Haftbefehl*
g *den Täter stellen* **h** *festnehmen* **i** *erbeuten* **j** *melden*

2b To test reading comprehension, students now answer the questions in German.

Answers:

a *Sie bekommen wahrscheinlich Haftstrafen zwischen sechs Monaten für Körperverletzung und zehn Jahren für Landfriedensbruch. (2 marks)*
b *Die Jugendlichen verletzten zwei Männer mit Schlägen ins Gesicht, beschimpften anschließend drei dunkelhäutige Passanten, schlugen zwei von ihnen, traten sie und bedrohten sie mit Messern. (5 marks)*
c *Sie wurden noch am gleichen Abend verhaftet. (1 mark)*
d *Die beiden gaben an, Stoffe verkaufen zu wollen. Während die eine der Frau im Wohnzimmer Stoffmuster zeigte, durchsuchte die andere einen Schrank in der Küche. Sie fand eine Handtasche mit einem Geldbeutel, der das Geld enthielt. (4 marks)*
e *Sie haben ihn verübt, um an Heroin zu kommen. (1 mark)*

3 To practise some of the new vocabulary, students translate sentences a–d. A reference is given to the notes on translation from the previous unit.

Answers:

a *Die Polizei nahm die gewalttätigen jungen Skinheads noch am gleichen Tag fest.*
b *Die Staatsanwaltschaft bestätigte die Haftstrafen bis zehn Jahre für Landfriedensbruch.*
c *Die zwei Diebinnen wollten Stoffe verkaufen.*
d *Erst am nächsten Tag meldete die alte Frau der Polizei den Verlust.*

4a In order to prepare for activity 4b, students match the German words a–f with their English translations.

Answers:

a *3* **b** *6* **c** *2* **d** *1* **e** *4* **f** *5*

[⊙♂] 4b After listening to the report about youth crime, students select the three sentences which are false.

Answers:

b, d, e

p 71, activity 4b

Sowohl Heranwachsende als auch junge Erwachsene weisen eine relativ hohe Kriminalitätsbelastung auf. Gefährdet sind besonders arbeitslose Jugendliche ohne Zukunftsperspektive und junge Menschen, die sozial am Rande der Gesellschaft stehen und in die Drogenszene abrutschen oder alkoholgefährdet sind. Mit ausländischer Nationalität hat das jedoch nichts zu tun, wie manchmal in der Öffentlichkeit vermutet wird. Die Zahl der deutschen tatverdächtigen Jugendlichen stieg zwischen 1993 und 1997 um fast ein Drittel auf 159 000 Personen, während die Zahl der nichtdeutschen tatverdächtigen Heranwachsenden um rund ein Viertel auf 85 000 zurückging. Zwei Fakten zeigen eindeutig, dass eine ausländische Nationalität keine Ursache für hohe Kriminalität ist. Zum einen ist die Kriminalitätsrate bei deutschen, gesellschaftlich wenig integrierten Heranwachsenden ähnlich hoch wie bei ihren ausländischen Altersgenossen. Zum anderen liegt die Kriminalitätsrate bei den Ausländern, die schon lange in Deutschland leben, unter der der deutschen Bürger.
Zugewanderte Jugendliche, die kriminell werden, gehören meistens der Unterschicht an und haben oft ein geringes Selbstwertgefühl.
Eine aktive Integrationspolitik für Jugendliche am Rande unserer Gesellschaft ist also eine wichtige Vorraussetzung für einen Rückgang der Jugendkriminalität. Junge Heranwachsende brauchen ein Ziel, etwas, das ihr Leben lebenswert macht.

4c Students listen to the report again and write a summary in German. Refer to the *Tipp* section on page 33. Students should make sure that their summaries include the following points:

♦ the situation today
♦ differences between the criminality rates for Germans and non-Germans
♦ similarities between the two groups
♦ reasons for becoming a criminal
♦ measures to fight crime

AB19 **Extra!** Students do activity 1 on *Arbeitsblatt* 19.

5 Each student thinks up relevant questions about youth crime and works out their own answers to them. Then in pairs students interview each other with their own set of questions.

AB19 **Extra!** Students do the role-plays on *Arbeitsblatt* 19.

6 Students write a newspaper article of about 250 words about youth crime. Their article should include:

♦ reasons for youth crime
♦ examples from their own experience or their own town
♦ possible ways to reduce youth crime

Strafe oder Rehabilitation

Materials
♦ Student's Book pages 72–73
♦ Cassette 2 side 1 CD 2

1 Encourage students to think about the advantages and disadvantages of CCTV.

2a After reading the text about the introduction of CCTV in Leipzig, students pick out synonyms from the text.

Answers:

a *einzusetzen* **b** *auf Videokassette aufgezeichnet*
c *überwachten* **d** *erweist sich als erfolgreich* **e** *genehmigen*
f *Einschränkung*

2b To test reading comprehension, students pick the most suitable end for sentences a–d.

Answers: **a** *2* **b** *2* **c** *2* **d** *1*

2c Students use some of the new vocabulary by translating sentences a–d.

Answers:

a *Beweis für den Erfolg der Überwachungskameras ist, dass die Kriminalitätsrate in Leipzig gesunken ist.*
b *Videokameras werden nicht nur in der Innenstadt eingesetzt, sondern auch in Straßenbahnen, die in die Vorstädte fahren.*
c *Es gibt auch eine Hotline, um Bürger zu informieren, wie das Überwachungssystem funktioniert.*
d *Einige Bürger haben das Gefühl, die Überwachung schränke ihre persönliche Freiheit ein.*

3a Students listen to the discussion about fighting crime and then select which speaker gave each of the opinions listed (a–g).

Answers:
a *Heike* **b** *Andrea* **c** *Martin* **d** *Andrea* **e** *Heike*
f *Andrea* **g** *Martin*

p 73, activity 3

M.: Hallo, ich heiße Martin. Was man mit Verbrechern machen sollte? Schwere Frage! Also Gefängnisse brauchen wir, meiner Ansicht nach, auf jeden Fall, als Abschreckung und vor allem als Schutz für die Bevölkerung. Was meinst du, Heike?
H.: Klar brauchen wir Gefängnisse. Aber das genügt nicht. Ich finde, es gibt da viel zu tun. Aber zuerst muss man sich die Frage stellen „Warum werden junge Leute kriminell?" Bestimmt nicht, um sich zu amüsieren! Findest du nicht auch, Andrea?
A.: Genau, meiner Meinung nach müsste es für jeden Jugendlichen einen Arbeitsplatz geben. Man

braucht einfach eine Aufgabe im Leben, einen Sinn. Dann verdient man Geld, kann sich etwas leisten ...

M.: Leider ist das nicht die Realität. Es wird immer Kriminelle geben, Leute, die aus irgendwelchen Gründen auf die schiefe Bahn geraten. Ich finde, dass viele Kriminelle psychische Hilfe, also eine Therapie brauchen. Sonst werden sie wieder rückfällig und begehen weiterhin Verbrechen.

H.: Übrigens, was haltet ihr eigentlich von diesen Überwachungsvideos? Sie sollen ja ziemlich erfolgreich sein.

A.: Als Abschreckung scheinen sie die gewünschte Wirkung zu haben, aber ich persönlich finde es unangenehm, ständig beobachtet zu werden. Wo bleibt da die persönliche Freiheit? In England gibt es ja bereits mehr als eine Million Überwachungskameras. Wissenschaftler der Universität Hull haben herausgefunden, dass ein Londoner bis zu 300-mal am Tag ins Blickfeld einer Kamera läuft.

H.: Aber Andrea, glaubst du nicht, dass manche Leute sich dadurch bestimmt sicherer fühlen? Aber die ideale Lösung ist es für mich nicht. Wenn es überhaupt eine Lösung gibt, dann ist es meiner Ansicht nach eine Kombination aus verschiedenen Methoden.

3b Students listen to the discussion again and answer questions a–f with complete sentences.

Answers to include these points:

a *Abschreckung und Schutz für die Bevölkerung* (2 marks)

b *„Warum werden Junge Leute kriminell?"* (1 mark)

c *Gefängnisse; einen Arbeitsplatz; psychische Hilfe, also eine Therapie; Überwachungskameras* (4 marks)

d *Abschreckung; Leute fühlen sich dadurch sicherer* (2 marks)

e *unangenehm, ständig beobachtet zu werden; nimmt die persönliche Freiheit* (2 marks)

f *open*

Extra! Students play the part of a police officer looking at the video camera output from outside the local station. They should describe what they see and give their opinion about it (150 words).

4a Students do a presentation on fighting crime, using Powerpoint if possible. They should use information from the listening and reading text and include the following points: causes of youth crime; methods of fighting crime; which methods they think are most effective and why.

4b A whole-class discussion on the pros and cons of CCTV.

4c Students write up their arguments about CCTV in about 200 words. Encourage them to use the *Hilfe* section.

Werte und Normen

Materials

◆ Student's Book pages 74–75

◆ Cassette 2 side 1 CD 2

◆ *Arbeitsblatt 20*

1 A whole-class discussion based on the quotes a–h. Students should say if they agree with the statements or not and justify their opinions.

2a As preparation for reading the text below, students first match the words and phrases a–g with their appropriate definitions.

Answers: **a** *3* **b** *5* **c** *7* **d** *2* **e** *1* **f** *6* **g** *4*

2b After reading the text, students find the appropriate word for each gap. They need to use the appropriate form of each word. The text is a simple summary of the reading text.

Answers:

a *braucht* **b** *anleiten* **c** *verantwortlich* **d** *darf* **e** *unsere*

2c Students answer the questions in full sentences.

Answers:

a *Es garantiert die Grundrechte der Bürger und Bürgerinnen.* (1 mark)

b *Familie / Eltern, Schulen / Lehrer, Journalisten / Zeitungsreporter, Politiker und Kirchen sind für die junge Generation verantwortlich.* (5 marks)

c *Sie müssen die Jugendlichen zu verantwortungsbewusstem Handeln in unserer Gesellschaft anleiten.* (3 marks)

d *Diese Aufgaben können erfolgreich erfüllt werden, indem sie der jungen Generation das Wissen um Tradition, Werte und Ideale vermitteln. Jeder Mensch braucht ein Ziel in seinem Leben, einen Sinn für seine Existenz.* (5 marks)

3a After listening to the conversation about youth crime, students have to select those opinions (a–e) that they hear expressed (or not) and say who said them.

Answers:

a *Marianne Probst* **b** *nicht erwähnt* **c** *Marianne Probst* **d** *Franz Schäfer* **e** *Hanne Schäfer*

---

p 75, activity 3

Int.: Frau Schäfer, wie sollte man Ihrer Meinung nach die Kriminalität bekämpfen?

H. S.: Meiner Meinung nach sollte man jeden Verbrecher einschließlich jugendliche viel härter bestrafen. Höhere Geldstrafen zum Beispiel für Verkehrsdelikte wie zu schnelles Fahren und längere Gefängnisstrafen für Verbrechen.

> Abschreckung ist die beste Methode und Null-Toleranz scheint ja doch Erfolg zu haben. Wenn die Polizei und der Staat nicht hart genug sind, nehmen die Verbrecher das Gesetz nicht ernst.
>
> **Int.:** Sehen Sie das auch so, Frau Probst?
>
> **M. P.:** Na, also so einfach sehe ich das nicht. Die Polizei und der Staat spielen zwar eine wichtige Rolle, aber man kann doch jugendliche Kriminelle nicht einfach ins Gefängnis schicken. Zuerst muss man doch die Frage stellen: „Warum hat dieser junge Mensch dieses Verbrechen begangen?" Wenn man jugendliche Kriminelle einfach einsperrt, hilft man langfristig weder der Gesellschaft noch den Delinquenten. Allein kann ein junger Krimineller kaum in die Gesellschaft zurückfinden und dann erhöht sich die Chance rückfällig zu werden. Der Staat müsste mehr Geld für die Rehabilitierung von jugendlichen Straftätern bereitstellen. Findest du nicht auch, Alfred?
>
> **Int.:** Also, Herr Probst, was meinen Sie dazu?
>
> **A. P.:** Ja, da stimm ich dir auf jeden Fall zu, Marianne. Unsere Gesellschaft als Ganzes trägt die Verantwortung. Schließlich sind es die Eltern und die Schulen, die unsere jungen Leute zu verantwortungsbewussten Bürgern erziehen sollen.
>
> **Int.:** Und Ihre Ansicht, Herr Schäfer?
>
> **F. S :** Das stimmt schon, was Alfred sagt, aber manchmal haben die Eltern und Lehrer nur wenig Einfluss auf die Jugendlichen. Viele Jugendliche stehen unter dem Druck von einer Gruppe oder Gleichaltrigen und hören weder auf die Lehrer noch auf die Eltern. Dazu kommt auch der immer größer werdende Einfluss der Medien. Das Fernsehen, das Internet usw. Die Medien könnten meiner Meinung nach viel mehr versuchen, den Jugendlichen positive Rollenmodelle zu geben. In geeigneten Cartoons, zum Beispiel, positive und nicht nur materialistische Werte übermitteln.
>
> **H. S.:** Vielleicht habt ihr Recht. Es ist nicht so einfach, wenn es darum geht, wer letztendlich verantwortlich ist. Auf jeden Fall brauchen die jungen Leute eine Arbeit, die ihnen sinnvoll erscheint und ihrem Leben eine Perspektive gibt.
>
> **Alle:** Da würde ich dir total zustimmen.

3b Students read the arguments a–c and then find the counter-arguments in the reading text.

Answers:

a *Wenn man jugendliche Kriminelle einfach einsperrt, hilft man langfristig weder der Gesellschaft noch den Delinquenten. Allein kann ein junger Krimineller kaum in die Gesellschaft zurückfinden und dann erhöht sich die Chance rückfällig zu werden.*

b *Aber manchmal haben die Eltern und Lehrer nur wenig Einfluss auf die Jugendlichen. Viele Jugendliche stehen unter dem Druck von einer Gruppe oder Gleichaltrigen und hören weder auf die Lehrer noch auf die Eltern.*

c *Die Medien könnten viel mehr versuchen, den Jugendlichen positive Rollenmodelle zu geben.*

4a Students work in pairs to work out answers to the following questions:

a In your opinion what are the most important values in our society today?

b What in your opinion should be the most important values in an ideal society?

4b A whole-class discussion about who is most responsible for the values in society today. Ask students if their views have changed since studying this subject.

5 Students write a letter of about 200 words to their local newspaper, giving their opinions about what society should do to reduce youth crime. They should mention the role of parents, politicians, schools and the media.

Extra! Students read the case study about the role of a reporter on *Arbeitsblatt* 20 and then do the activities and finally answer the questions orally in pairs.

Prüfungstraining

Grammar and skills

◆ Using modal verbs and verbs of perception in the perfect tense
◆ Expressing your opinion

Materials

◆ Student's Book pages 76–77
◆ Cassette 2 side 1 CD 2
◆ *Arbeitsblatt* 21
◆ Grammar Workbook pages 80–81

1 As preparation for the grammar section, students match the vocabulary a–f with their English equivalents. These words are used in the reading texts 1–3 below.

Answers: **a** *5* **b** *1* **c** *4* **d** *2* **e** *3* **f** *6*

Grammatik

A section to help students use modal verbs and verbs of perception in the perfect tense.

A Students pick out the modal verbs from the three texts.

Answers:

1 *müssen, können* **2** *sollen* **3** *können, muss, muss*

B Students translate sentences a–d into English.

Answers:
a *The German judges had to work hard.*
b *The proceedings could last from three to five months.*
c *In March 1997 the German prisons were said to be full.*
d *How long an offender had to stay in prison depended on the crime committed.*

C For each sentence students choose whether the infinitive or past participle form of the verb would be used.

Answers: **a** *dürfen* **b** *gedurft* **c** *können*

D Students match the sentences to their translations.

Answers: **a** *2* **b** *4* **c** *1* **d** *3*

Tipp
A list is given showing different ways of expressing opinions.

2a Students read the text about an assault and discuss in pairs whether the sentence passed was just or not.

2b Students read the second text about a mother's complaint and decide whether the mother or teacher was in the right. They should give reasons for their opinions and use expressions from the *Tipp* section.

2c A whole-class discussion on both cases.

3 Students choose one of the cases and give a written account (150 words) of their opinion. This could be done for homework.

🔊 **Extra!** Students listen to another case and do the
AB21 activities on *Arbeitsblatt* 21. They should use expressions from the *Tipp* section in their answers.

Zur Auswahl

Skill focus
◆ Pronunciation practice
◆ Revision of the unit

Materials
◆ Student's Book page 78
◆ Solo cassette side 2

S🔊 **1** After listening to the report about the assault, students answer questions a–c.

Answers:
a *im Eingangsbereich eines Geschäftshauses* (1 mark)
b *es gelang einem der Opfer noch während des Überfalls mit seinem Handy die Polizei zu alarmieren* (2 marks)
c *ein 33-Jähriger, sein 68 Jahre alter Vater sowie zwei 35 und 57 Jahre alte Bekannte* (4 marks)

---

p 78, activity 1

Bei einem Überfall haben fünf Täter vier Männer schwer verletzt. Wie die Polizei berichtet, waren die Täter am Montagabend im Eingangsbereich eines Geschäftshauses mit Stöcken und Golfschlägern auf die Männer losgegangen. Schusswaffen wurden nicht eingesetzt. Glücklicherweise gelang es einem der Opfer noch während des Überfalls mit seinem Handy die Polizei zu alarmieren. Die Täter ergriffen die Flucht. Ein 33-Jähriger, sein 68 Jahre alter Vater sowie zwei 35 und 57 Jahre alte Bekannte wurden schwer verletzt.

---

2 Students translate sentences a–d, which practise new vocabulary from the unit.

Answers:
a *Überwachungskameras beschränken unsere persönliche Freiheit.*
b *Die Jugendlichen müssen lernen, verantwortungsbewusst zu handeln.*
c *Es ist die Pflicht und Aufgabe unserer Gesellschaft, jedem Jugendlichen einen Arbeitsplatz zu geben.*
d *Jugendliche, die gesellschaftlich nicht integriert sind, sind mehr gefährdet.*

3 In pairs students discuss whether prison is the best way of fighting crime or whether other measures would be more effective.

4 Students write about youth crime, mentioning the following points: reasons for youth crime; methods of fighting crime; the role of society; their own opinion.

5 Students look at the list of crimes (a–g) and choose which of the penalties (1–7) they think is most appropriate for each one.

S🔊 **6a** Students listen to and repeat some of the vocabulary from the unit.

---

p 78, activity 6a

a Kriminalität – Kriminalitätsrate – Alltagskriminalität – kriminell – Kriminalitätsbelastung
b gewalttätige Übergriffe
c mit Haftstrafen drohen – mit Gefängnisstrafen drohen
d einen Haftbefehl erlassen
e ein Verbrechen begehen – Verbrechensbekämpfung
f Überwachungskameras – Kameraeinsatz – öffentliche Bewachung
g verantwortungsbewusstes Handeln

S🔊 **6b** Students listen to the sentences on the same theme and repeat them.

p 78, activity 6b

a Durch den Einsatz von Überwachungskameras wird die Alltagskriminalität reduziert.

b Die Polizei hat einen Haftbefehl erlassen und den Tatverdächtigen mit hohen Gefängnisstrafen gedroht.

c Überwachungskameras werden als Abschreckungsmethode zur Verbrechensbekämpfung eingesetzt.

d Manche Bürger sehen diese Art von öffentlicher Bewachung als eine Einschränkung ihrer persönlichen Freiheit.

Answers for Copymasters

Arbeitsblatt 19

1 b *a* 2 b 3 c 6 d 8 e 4 f 7 g 5 h 9 i 1

Arbeitsblatt 20

1 a *Information zu übermitteln* (1)

b *dass sie die Privatsphäre von Prominenten und Normalbürgern missachten* (2)

c *die Story muss aktuell sein, sie muss besser sein als andere, weil es innerhalb der Medien viel Wettbewerb gibt* (2)

d *die Presse wird das Internet überleben, die Qualitäts- und seriöse Regionalpresse ist glaubwürdig, zu viel Information im Internet, Internet ist unkontrollierbar* (4)

2 a *F (oft vorgeworfen)* b *N* c *R* d *F (Nachfrage besteht nocht)* e *N* f *R*

3 **Suggested translation:** *Will the Internet spell the end of the press? Hardly, since there is still a demand for competent journalists who exercise criticism and scrutiny, select information and thereby inform the public. The most important counterbalance to the information overload on the Internet is the credibility of the press. The quality newspapers/broadsheets and serious regional papers are the best proof of this.*

4 a *Reporter stehen ständig unter Konkurrenzdruck.*

b *Die wichtigste Aufgabe der Reporter ist es, Information zu selektieren, um sie der Öffentlichkeit wahrheitsgetreu zu übermitteln.*

c *Die Qualitätszeitungen sind Beweis für die Glaubwürdigkeit der Presse.*

d *Die große Gefahr des Internets liegt darin, dass es keine Spielregeln / Regeln gibt.*

Arbeitsblatt 21

1 a *2* b *9* c *1* d *4* e *8* f *7* g *5* h *6* i *3*

[▣] **2** *False: b, c, f, h*

A21, activity 2

Wie würden Sie entscheiden? Es ist Freitagabend. Im städtischen Jugendzentrum ist viel los, man hört Gelächter und laute Musik. Die Jugendlichen, die hierher kommen, können ihre eigenen CDs mitbringen und spielen lassen. Da kann es manchmal schon zu Streitereien kommen. Aber die jungen Leute sollen lernen, tolerant zu sein und zu warten, bis sie an der Reihe sind. Dass alles friedlich abläuft, dafür sorgen Paul und Joachim, zwei Sozialarbeiter.

Plötzlich horcht Joachim auf. Es läuft ein Lied der Gruppe „Volkszorn", das rechtsradikale Parolen enthält. Wütend eilt er zur Stereoanlage und drückt die Stopptaste. Mit einem Mal ist es totenstill im Raum. Karl steht auf, nimmt einen Schluck aus seiner Bierflasche und grinst den Sozialarbeiter an. Sein Kumpel mit kahlrasiertem Kopf und schweren Schuhen geht auf Joachim zu. „Mensch, Alter – was soll denn der Stress?" sagt Karl. „Ich dachte hier herrscht Meinungsfreiheit."

Joachim will ihm gerade mit einer Rede über „Grenzen der Meinungsfreiheit, Menschenwürde und Gleichheit vor dem Gesetz" antworten, als Paul, der schon etwas länger hier arbeitet, ihn unterbricht. Paul zeigt auf ein Plakat, das an der Wand hängt. Unter dem Titel „Spielregeln" steht Folgendes: erstens – keine Waffen, zweitens – keine Drogen, drittens – keine politische Propaganda. Dann sagt er zu Karl: „Dagegen habt ihr verstoßen. Das bedeutet: Zwei Wochen Aufräumdienst – ist das klar?" Joachim will protestieren, da zieht Paul ihn ins Büro, wo sie weiter diskutieren. Joachim will Karl und seinen Kumpel bei der Polizei anzeigen, weil rechts– oder linksradikale Parolen nicht geduldet werden dürfen. Paul antwortet: „Die wollen doch nur provozieren. Wenn wir sie anzeigen, kommen sie ins Gefängnis und dann verlieren wir ganz den Kontakt und können unser Ziel, sie zum Andersdenken anzuleiten und sie umzuziehen, vergessen."

Wer hat recht, Joachim oder Paul?

3 a *2* b *1* c *3* d *1* e *2*

Die Zukunft Europas Einheit 8

Unit objectives

By the end of this unit students will be able to:

◆ Research the political institutions of the EU
◆ Discuss the role of the European Parliament
◆ Discuss the possible effects of an expansion of the EU
◆ Discuss possible scenarios for the future of Europe
◆ Weigh up the pros and cons of a common currency

Grammar

◆ Future perfect
◆ Conditional perfect

Skills

◆ Gap-fill activity based on a listening text

Page 79

1 Use the pictures and photos to start off a discussion about current issues relating to the EU: should more countries be admitted and should the UK join the common currency?

2a Students match the flags to the appropriate member country.

Answers:

1 *Österreich* 2 *Finnland* 3 *Dänemark* 4 *Großbritannien*
5 *Belgien* 6 *Frankreich* 8 *Spanien* 9 *Deutschland*

2b Identify the flags of countries who are hoping to join the EU.

Answers:

7 *Ungarn* 10 *Tschechische Republik* 11 *Rumänien*
12 *Bulgarien*

Die Institutionen der EU

Materials

◆ Student's Book pages 80–81
◆ Cassette 2 side 2 CD 2
◆ *Arbeitsblatt 22*

1a Students read the text about European institutions and then match the words (a–i) from the text to their English equivalents.

Answers:

a *8* **b** *7* **c** *1* **d** *5* **e** *9* **f** *2* **g** *3* **h** *6* **i** *4*

1b A true/false activity to test reading comprehension.

Answers:

a *F (Die EU-Kommission erstellt den Haushaltsplan.)* **b** *F (Im Ministerrat sitzt ein Repräsentant auf Ministerebene aus jedem Mitgliedsstaat.)* **c** *F (Die EU-Kommission ist für die Fonds der Forschungs- und Entwicklungsprogramme zuständig.)* **d** *R* **e** *R*

1c Students find from the text the appropriate way to finish off each sentence.

Answers:

a *die Preisstabilität in der Eurozone zu gewährleisten*
b *der EU-Haushaltsplan erstellt und Fonds für Forschungs- und Entwicklungsprogramme verwaltet*
c *alle fünf Jahre direkt von den Bürgern der Mitgliedsstaaten gewählt*
d *die Entscheidungen seiner Richter unmittelbar verbindlich sind*

 2 After listening to an interview with a fictitious MEP, students fill in the gaps of the summary of the interview. The box of words provided contains distractors and students must also give the words the appropriate endings.

Answers:

a *Abgeordneten* **b** *Aufgaben* **c** *erreicht* **d** *unnötiger*
e *gentechnische*

---

p 81, activity 2

Int.: Herr Dr. Hänsch, Sie sind Abgeordneter der SPD im Europaparlament. Wie wird man Abgeordneter bzw. Abgeordnete?

Dr. H.: Alle 626 Parlamentsmitglieder werden direkt von den Bürgern der EU-Mitgliedsländer gewählt. Jeder Mitgliedsstaat hat eine bestimmte Anzahl an Sitzen. Alle fünf Jahre wird ein neues Parlament gewählt und die Parteien der Mitgliedsstaaten stellen einen oder mehrere Kandidaten auf. Deutschland hat 99 Sitze, das heißt 99 Abgeordnete werden die Bundesrepublik im EU-Parlament vertreten. Dreiundzwanzig Parteien haben sich bei der Wahl im Juni 1999 um diese Sitze beworben.

Int.: Können Sie vielleicht etwas über die Aufgaben der Abgeordneten sagen?

Dr. H.: Es ist die Aufgabe der Abgeordneten, eine Brücke zwischen Brüssel und den Ländern, die sie vertreten, zu schlagen. Das ist seit dem 1. Mai 1999 durch den Amsterdamer Vertrag leichter geworden. Nun hat das Parlament mehr Verantwortung und kann in fast allen

---

Bereichen mitentscheiden. Zum Beispiel bei der Benennung des Präsidenten der EU-Kommission, aber auch in den Bereichen Umwelt- und Verbraucherschutz, war das EU-Parlament erfolgreich.

Int.: Können Sie uns einige Beispiele geben?

Dr. H.: Ja, natürlich. Die Vermeidung von Verpackungsmüll zum Beispiel oder die Regelung, dass gentechnisch veränderte Lebensmittel gekennzeichnet werden müssen. Außerdem wurde erreicht, dass Touristen gewisse Garantieansprüche haben, wenn ein Reiseveranstalter Bankrott macht. Diese Erfolge wären ohne ein effektives Europäisches Parlament kaum möglich gewesen.

Int.: Herr Dr. Hänsch, vielen Dank.

AB22 **Extra!** Students do the activities on the EU institutions on *Arbeitsblatt 22*.

3a In pairs students compare the role of the European Parliament with that of the parliament in their own country. They prepare to discuss the proposition that 'The European Parliament should replace the parliaments of the EU member countries'. In order to do this, they need to prepare answers to the following questions:

- How many MPs are there in the British Parliament and how many in the European Parliament?
- Who draws up the budget?
- Who controls the budget?
- Who represents the interests of the population?
- Who has the most power?

3b Now have a whole-class dicussion on the same theme.

4 Students write a summary on 'The role of the European Parliament'. They should cover the following:

- role of the parliament
- pros and cons of a European parliament
- their own opinion.

Europa wird größer

Materials
- Student's Book pages 82–83
- Cassette 2 side 2 CD 2
- *Arbeitsblatt 23*

1 Students use the map to draw up a list of the 15 EU member states and also the 12 countries who have applied to join the EU.

Answers:

Mitgliedsländer: Belgien, Dänemark, Deutschland, Finnland, Frankreich, Griechenland, Großbritannien, Holland, Irland, Italien, Luxembourg, Österreich, Portugal, Schweden, Spanien

Beitrittskandidaten: Bulgarien, Estland, Lettland, Litauen, Malta, Polen, Rumänien, Slowakei, Slowenien, Tschechische Republik, Ungarn, Zypern

2 In pairs students list possible economical, political or social difficulties that might arise if the EU admits all the countries that have applied to join.

3a Students read the texts on page 83 which give two people's opinions about the possible extension of membership of the EU. They then pick out the German equivalents of the words and phrases a–h.

Answers:

a *Erschließung* **b** *anstreben* **c** *überwinden*
d *umweltschädigend* **e** *sich abzeichnen* **f** *angleichen*
g *nachweisen* **h** *sich ergeben durch*

3b After re-reading the texts, students decide whether the sentences a–e are true, false or not mentioned in the texts.

Answers:

a *F (Die Erschließung neuer Märkte hat für die westeuropäischen Länder bereits Investitionsmöglichkeiten geschaffen.)* **b** *F (Die Modernisierung der Industrie und Landwirtschaft ist natürlich ein langfristiger Prozess.)* **c** *R*
d *nicht angegeben* **e** *R*

3c Students answer questions a–c on the texts.

Answers:

a *Man muss die sozialistische Staatswirtschaft abbauen und eine westliche Marktwirtschaft aufbauen. (2 marks)*
b *Man muss die Industrie und die Landwirtschaft modernisieren, ein modernes Verkehrs- und Kommunikationssystem aufbauen, den Dienstleistungssektor entwickeln, die Inflationsrate angleichen und Menschenrechte garantieren. (5 marks)*
c *Seit 1997 hat sich ihr Wirtschaftsergebnis verbessert, und es gibt eine langsam steigende, positive wirtschaftliche Entwicklung. (2 marks)*

4a After listening to the text about EU reform, students find the appropriate word to fill each gap.

Useful vocabulary for this activity:

die Aufnahme versprechen	*to promise membership*
Beschlüsse fassen	*to pass resolutions*
Punkte klären	*to clarify points*
durchsetzen	*to carry through (reforms)*

politisch gelähmt werden   *to be politically paralysed*
ersetzt werden   *to be replaced*
überstimmt werden   *to be outvoted*

Answers:
a *1*   **b** *2*   **c** *1*

---

p 83, activity 4

Moderatorin: Nun zu unserer aktuellen Sendung „Was Sie schon immer über die EU-Reform wissen wollten". Heute wird Professor Hermann Steinfels Ihre Fragen beantworten. Unsere erste Frage, Frau Stoll aus Hinterzarten.

Frau Stoll: Ja, warum ist eine EU-Reform notwendig?

Prof. Steinfels: Ja, guten Tag, Frau Stoll. Nun, die Europäische Union hat zwölf neuen Staaten die Aufnahme versprochen. Wenn es nun darum geht, Beschlüsse zu fassen und Entscheidungen zu treffen, kann das bei 27 Mitgliedern schon problematisch werden. Eine Reform verspricht also wirtschaftliche Vorteile und erhöht die politische Stabilität für ganz Europa. Für einen der Punkte, die zu klären sind, hat man bereits eine Lösung gefunden. Bei der Frage, wie groß die Kommission sein soll, haben die kleinen Staaten durchgesetzt, dass jeder Mitgliedsstaat je einen EU-Kommissar stellen wird. Zur Zeit haben die großen EU-Länder, d.h. Frankreich, Großbritannien, Italien und Deutschland, jeweils zwei Kommissare.

Moderatorin: Die zweite Frage kommt von Herrn Lederer aus Titisee.

Herr Lederer: Grüß Gott, Herr Professor. Also meine Frage: Welche möglichen Gefahren gibt es bei einer Erweiterung der EU?

Prof. Steinfels: Guten Tag, Herr Lederer. Nun, 27 Mitglieder bedeuten 27 nationale Interessen. Eine Gefahr ist also, dass die EU politisch gelähmt werden könnte, wenn die Mitgliedsstaaten sich nicht einigen können. Bisher fasst man Beschlüsse häufig nach dem Prinzip der Einstimmigkeit. Im Rahmen der Reform soll dieses Einstimmigkeitsprinzip in vielen Fällen durch Beschlüsse per Mehrheit ersetzt werden.

Moderatorin: Und nun zu Frau Klein aus Regensburg.

Frau Klein: Ja, guten Tag. Gibt es auch Widerstand gegen diese Reform?

Prof. Steinfels: Ja, guten Tag, Frau Klein. Beschlüsse per Mehrheit bedeuten, dass kein Land sein Veto einlegen kann, das heißt, eine

---

Entscheidung blockieren kann. Die Gefahr wächst also, dass ein kleines Land, zum Beispiel, leichter überstimmt werden kann. Es kann dann auch passieren, dass es einen Konflikt gibt zwischen einem nationalen Parlament und einer Entscheidung des EU-Parlaments.

Moderatorin: Danke, Herr Professor Steinfels. Unser letzter Anrufer heute ist Herr Kronitz aus Köln.

Herr Kronitz: Ja, hallo. Was geschieht wenn nicht alle Staaten das gleiche Tempo einhalten wollen?

Prof. Steinfels: Ja, Herr Kronitz, es soll die Möglichkeit geben, dass in einer Sache übereinstimmende Staaten in bestimmten Fällen enger zusammenarbeiten können, ohne von den anderen blockiert zu werden und ohne die wirtschaftliche Einheit der EU zu gefährden.

4b Students listen to the text again and write a summary in German which includes the following points:

◆ two reasons for reform
◆ two possible dangers of the EU having 27 member states
◆ three arguments against reform
◆ increased cooperation between certain member states

5 Students work in small groups to develop their arguments for or against the expansion of the EU. Each group then presents their arguments to the class.

6 Students imagine they are an MEP representing a small member country of the EU. They write a letter to their government describing their hopes and fears with regard to EU reform.

 Extra! *Arbeitsblatt* 23 includes a listening text about the crisis in the occupied territories in Palestine. Students listen to it and then do the activities on the copymaster.

AB23

Was wird aus Europa?

Grammar focus
◆ Future perfect tense

Materials
◆ Student's Book pages 84–85
◆ Cassette 2 side 2 CD 2
◆ *Arbeitsblatt* 24
◆ Grammar Workbook pages 61 and 81

1 Students think about how Europe might be in 2025. They choose which of the options a, b and c they think is the most likely situation and justify their decision to the class. The translation of options is given in the answers to Grammar question A below.

Grammatik

A section about the use and formation of the future perfect tense.

A Students translate sentences a–c from activity 1 into German.

Answers:

a *Europe will have become the United States of Europe.*

b *The EU will have expanded to 30 members without any closer political union.*

c *The EU institutions will have been weakened and the governments of the member states will have blocked EU expansion.*

B Students practise forming the future perfect tense by modifying sentences a–c.

Answers:

1 *Die Industrie wird viele Arbeiter und Angestellte entlassen haben.*

2 *Alte Menschen und Pensionäre werden mehr unterstützt worden sein.*

3 *Weitgehende Reformen werden zu einem europäischen Wohlfahrtsstaat geführt haben.*

2a To prepare for reading the texts on page 84, students first look up the words listed.

Answers:

a *to set on fire*   **b** *disabled people*   **c** *to take a year out*
d *to be valued*   **e** *welfare state*   **f** *trade unions*

2b To test students' understanding of the three scenarios on page 84, they decide whether the sentences a–i would fit scenario 1, 2 or 3.

Answers:

a *1* **b** *3* **c** *2* **d** *3* **e** *3* **f** *1* **g** *1* **h** *1* **i** *2*

2c Students answer questions based on the three scenarios.

Answers

a *Viele Firmen und Fabriken müssen Arbeiter und Angestellte entlassen. Der Unterschied zwischen Arm und Reich wird größer. (2 marks)*

b *Sie nimmt reiche Europa-Flüchtlinge auf. (1 mark)*

c *Energieverschwendung und umweltschädliche Arbeitsmethoden / Ausstattung / Maschinen werden mit hohen Steuern bestraft. (1 mark)*

d *um etwas für die Gesellschaft zu tun, wie zum Beispiel in einem Altenheim / in einer beschützenden Werkstätte arbeiten (2 marks)*

e *auf einem europäischen Wohlfahrtsstaat mit einem gerechten Sozialsystem, alle tragen die Verantwortung gemeinsam und arbeiten als Partner zusammen, keine nationalistischen und fremdenfeindlichen Ideologien mehr. (3 marks)*

3 Students work in pairs. They each choose first (a) the scenario that they would prefer and then (b) the most unlikely scenario in their opinion. They give their partner reasons for their choice.

4a Students listen to a diary entry of how life in Europe could be in 2025. They then finish off each of the sentences a–d.

Answers:

a *ihre Zustimmung zu verweigern*   **b** *Kommissare Verständigungsprobleme haben*   **c** *Mitgliedsstaat zuerst an sich selbst denkt*   **d** *die Volksrepublik China zu Europa gehört*

---

p 85, activity 4a

Visionen aus Euro-City

Wir schreiben das Jahr 2025. Die vierte Erweiterungsrunde der Europäischen Union ist gescheitert. Die 53 Kommissare der neuen EU-Kommission treffen sich heute in Euro-City, dem ehemaligen Brüssel. Sie werden die äußerst umstrittene Richtlinie über die artgerechte Haltung von Zierfischen in wasserlosen Aquarien diskutieren.

Aserbaidschan, Lettland und Mazedonien wollen ihre Zustimmung verweigern.

Die Tagung der Kommission findet übrigens auf der Südtribüne des Fußballstadions von Euro-City statt, damit die 2453 Dolmetscher und Übersetzer auch Platz haben.

Da der Dolmetscher vom Litauischen ins Kroatische krank ist, werden die Kommissare aus diesen beiden Ländern große Verständigungsprobleme haben.

Wieder einmal treibt die EU auf eine Krise zu. Der Grund: Im Zweifel denkt jeder der Mitgliedsstaaten zuerst an sich. So will die Demokratische Republik Kosovo die geplante Europa-Armee durch ihr Veto im Ministerrat stoppen, obwohl alle übrigen EU-Mitglieder dem Plan zustimmen. Das Einstimmigkeitsprinzip aus den Gründerjahren der EU besteht immer noch und bedeutet, dass ein Kleinstaat wie Kosovo ein Großprojekt wie die Errichtung einer Europa-Armee blockieren kann.

„So kann es nicht mehr weitergehen mit Europa", meint die deutsche Bundeskanzlerin. Sie schlägt vor, dass die Kommission sich auf die Debatte konzentrieren soll, ob die Volksrepublik China nun zu Europa gehört oder nicht. Denn, wenn sie dazugehört, dann muss man sie so schnell wie möglich als neuesten Mitgliedsstaat aufnehmen.

4b After listening to the text again, students fill in the gapped summary. They choose the appropriate word from the box and put it in the appropriate form. The box does contain two distractors (*aufhören, interessieren*).

Answers

a *keinen* **b** *gelang* **c** *Beschluss* **d** *europäischen*
e *gestoppt* **f** *gehört*

5 Students imagine they are entering a European competition. They have to write 150 words on 'My vision for the future of Europe'. This could be done for homework.

AB24 **Extra!** Students do the activities on *Arbeitsblatt* 24.

Prüfungstraining

Grammar and skills
◆ Using the conditional perfect
◆ Tackling gap-fill activities

Materials
◆ Student's Book pages 86–87
◆ Cassette 2 side 2 CD 2
◆ Grammar Workbook pages 61 and 82

Grammatik
This section explains the use and formation of the conditional perfect.

A Students practise forming the conditional perfect by filling in the gaps in the letter.

Answers:

a *gewesen wäre* **b** *hätte abgewogen* **c** *hätte begrüßt*
d *hätte geändert* **e** *hätte begrüßt* **f** *hätte gebracht*

Teachers may like to point out the word order in *hätte prüfen sollen* and *hätte einführen sollen*. This is explained in the Grammar section, p. 140.

Tipp
This section gives students help with how to approach gap-fill activities and it would be useful to work through it before tackling activity 2.

1 After going through the tips given above, students select the appropriate form of each word in brackets.

Answers:

a *englischen* **b** *wenige*

2 Students put the word in brackets in the appropriate form, looking at whether each word is plural or singular and which case it is in.

Answers:
a *Arbeitsplätze* **b** *Mitgliedern*

3 Students select the appropriate form of each verb.

Answers:
a *eingeführt* **b** *verloren*

1a As preparation for the listening text, students match the German words a–i with their English equivalents.

Answers:

a 2 **b** 8 **c** 4 **d** 5 **e** 9 **f** 1 **g** 6 **h** 3 **i** 7

 1b Students listen to the report about the weakness of the euro and then pick out the reasons for weakness (a–f) which appear in the report. The facts about the euro come from a report in a newspaper from 15 February 2001.

Answers:
a, d, f

> **p 87, activity 1b**
>
> Die europäische Einheitswährung fällt erstmals unter 0,83 Dollar. Experten sehen in der Euro-Schwäche eine Vertrauenskrise. Eine EU, die sich auf mindestens 27 Mitglieder erweitern will, muss sich unbedingt dazu bereit erklären, ihre Institutionen zu reformieren und das Abstimmungsverfahren zu ändern. Die globale Wirtschaft hat anscheinend kein Vertrauen in die politische Reformfähigkeit Europas.
> In den USA beklagen sich Firmen über den starken US-Dollar. Ein schwacher Euro ist schlecht für das amerikanische Exportgeschäft. Auto-Konzerne aus Detroit spüren die verstärkte Konkurrenz durch europäische Autohersteller. Wenn sie ihre Autos weiterhin in Europa verkaufen wollen, muss der Dollar schwächer oder der Euro stärker werden oder sie werden ihre Autos nur noch mit teuren Rabatten verkaufen können.
> Wenn die Amerikaner sich also stärker für eine globale Währungsstabilität einsetzten, würden sie langfristig nicht nur sich, sondern auch dem Euro helfen.

 2 After listening to the report again, students select the appropriate word from the box to fit each gap. As before, there are distractors (*verbessern, gehen*).

Answers:
a *handelt* **b** *vergrößern* **c** *traditionellen* **d** *beklagt*
e *Ausfuhr* **f** *Folgen* **g** *Preise* **h** *amerikanischen*

Zur Auswahl

Skill focus
◆ Pronunciation practice
◆ Revision of the unit

Materials
◆ Student's Book page 88
◆ Solo cassette side 2

S 🔲 **1** Students listen to the report about medical research by a European team and then select the appropriate form of one of the words from the box to fill each gap. The box contains five distractors (*klein, beginnen, Forscherteam, neu, herstellen*). Refer them back to the help on gap-fill exercises provided on page 87.

Answers:

a *jahrelang* **b** *entwickelte* **c** *ermöglicht* **d** *gefördert*
e *Wissenschaftlern* **f** *vielen* **g** *eines*

---

p 88, activity 1

Vor zehn Jahren hatte Marc Merger einen Autounfall und war seither querschnittsgelähmt. Heute kann er seine Beine strecken und wieder gehen. Ein Wunder? Nein, es ist das Ergebnis jahrelanger intensiver Zusammenarbeit zwischen Wissenschaftlern in sechs europäischen Ländern. Dank einer neuartigen Technologie, die von einem Forscherteam entwickelt wurde, können Querschnittsgelähmte wieder laufen. Gefördert wurde das Programm von der Europäischen Kommission. „Ohne die Förderung der EU", so der Koordinator der Forschergruppe, „hätte das Projekt von Anfang an keine Früchte tragen können. Nur mit den besten Forschern Europas war es möglich ein solches Projekt durchzuführen." Wenn es auch nicht jedem querschnittsgelähmten Patienten möglich sein wird, von dieser Entwicklung zu profitieren, so wird sie doch vielen die Hoffnung geben, eines Tages den Rollstuhl zu Hause lassen zu können.

---

2 After reading the English text about the single currency, students work in pairs to answer questions a–d. This can then be turned into a whole-class discussion.

Answers:

a *Nach einer Umfrage im April 2000 sind 6 von 10 EU-Bürgern für den Euro.*
b *Die Mitgliedsstaaten brauchen eine Steuer- und eine Rentenreform.*
c *Die Bevölkerung muss der Abschaffung der Währung des Landes zustimmen. Sie muss den Euro wollen.*

3 Students use some of the new vocabulary from this unit by translating sentences a–d.

Answers:

a *Die Europäische Union hat Reformen geplant, so dass mehr Länder der Union beitreten können.*
b *Die öffentliche Meinung wird sich zu Gunsten der Einheitswährung ändern.*
c *Mit Hilfe europäischer Fonds wird die medizinische Forschung gefördert.*
d *Internationale Abkommen können nur entschieden werden, wenn das Europäische Parlament zustimmt.*

4 Students write a letter of about 150 words to their local newspaper, giving their views for or against the single currency.

S 🔲 **5** Students listen to and repeat the sentences on the theme of the EU.

---

p 88, activity 5

a Ohne europäisches Bewusstsein sehen die Chancen für eine erfolgreiche Europäische Union schlecht aus.
b Den Vorsitz im EU-Ministerrat führen die Mitgliedsstaaten in einer bestimmten Reihenfolge.
c Die Erweiterung der EU wird eine Änderung des Abstimmungsverfahrens nötig machen.
d Die europäische Einheitswährung ist im Jahr 2002 in Kraft getreten.

Answers for Copymasters

Arbeitsblatt 22

1 **1** *Straßburg* **2** *Brüssel* **3** *Frankfurt* **2** *Luxemburg*

2 Refer students to page 80 of the Student's Book for help in doing this activity.
   a *der Europäische Rat* **b** *die Europäische Zentralbank*
   c *das Europäische Parlament* **d** *der Europäische Gerichtshof* **e** *die EU-Kommission* **f** *der Ministerrat*

Arbeitsblatt 23

1 **a** *2* **b** *1* **c** *2* **d** *3*

A23, activity 1

Der Zusammenbruch von Wirtschaft, Finanzen und Verwaltung in den autonomen Palästinensergebieten scheint nahe, was eine direkte Bedrohung des Friedens zwischen Israel und den Palästinensern bedeutet. EU-Berichterstatter beschreiben die Lage als düster. Die EU verurteilt den palästinensischen Terror, übt aber auch Kritik an Israel, da der palästinensische Zusammenbruch vor allem durch Israels Wirtschaftsblockade verursacht wird. Unter zuständigen EU-Beamten heißt es, dass die EU eingreifen und den politischen Druck auf Israel erhöhen solle.

Laut den EU-Informationen hat sich die „wirtschaftliche Aktivität" in den Palästinensergebieten halbiert, die Arbeitslosigkeit liegt bei 45 Prozent und knapp ein Drittel der Bevölkerung lebt unterhalb der international anerkannten Armutsgrenze. Außerdem kamen die wichtigsten Infrastrukturprojekte, der Hafen und der Flughafen von Gaza, zum Stillstand.

Die Außenminister der EU treffen sich am 26. Februar, um über die Situation im Nahen Osten zu beraten. Mehr politischen Druck auf Israel auszuüben ist eine Möglichkeit, da die EU Israels wichtigster Handelspartner ist und dem Land für viele Produkte zollfreien Zugang auf die EU- Märkte gewährt. So gingen 1998 30,9 Prozent aller israelischen Exporte in die EU und 48,5 Prozent der israelischen Importe kamen von dort.

Die Welt, February 15, 2001

2 a *Palästinenser üben Terror auf Israel aus. Israels Wirtschaftsblockade bringt den wirtschaftlichen Zusammenbruch für die Palästinenser.* (2)

   b *weniger wirtschaftliche Aktivitäten; hohe Arbeitslosigkeit; ein Drittel der Bevölkerung lebt in Armut; wichtige Infrastrukturprojekte sind zum Stillstand gekommen* (4)

   c *EU ist Israels wichtigster Handelspartner; 30,9 Prozent der israelischen Exporte gehen in die EU; Israel importiert 48,5 Prozent seiner Waren aus der EU* (3)

3 *einwirken; finanziellen; Produktivität; verschlechterte; Hafen; bedeutendster; zahlreiche*

Arbeitsblatt 24

1 a *2* **b** *2* **c** *1* **d** *3*

2 a *zu gemeinsamem Lernen und Handeln und gemeinsamen Projekten* (2 marks)

   b *um aktuelle Probleme gemeinsam zu lösen* (1 mark)

   c *Information kann schnell und unbürokratisch ausgetauscht werden* (2 marks)

Stichwort: Globalisierung Einheit 9

Unit objectives

By the end of this unit students will be able to:

- Collect and study information about the effects of globalization
- Discuss the phenomenon of war and consider the possibilities for a peaceful future
- Consider the role of NATO and discuss its future
- Research and discuss e-commerce in Germany

Grammar

- The conditional without *wenn*
- Word order in complex sentences
- *Da* used with prepositions

Skills

- Preparation for the exam

page 89

1 Use the photos to discuss the following:

a What the photos have to do with globalization

b The photo which, in each student's opinion, represents the biggest challenge for our society.

c Students use the Internet or library to research NATO and e-commerce. They use the notes they make to discuss these themes with the whole class.

Unsere Welt wird kleiner

Materials

- Student's Book pages 90–91
- Cassette 2 side 2 CD 2

1a Students read through the opinions a–f and decide which they agree with.

1b In pairs students now discuss which of the opinions reflect global thinking.

2a As preparation for the listening text, students match the German words a–h with their English equivalents.

Answers:

a *4* b *2* c *5* d *1* e *7* f *6* g *8* h *3*

2b To test listening comprehension, students decide whether statements a–e are true, false or not included in the text.

Answers:

a R b F *(Die Versorgungslücke kann nur mit neuen Technologien geschlossen werden.)* c NA

d F *(Der Lebensstandard des reichen Nordens kann global nicht verallgemeinert werden.)* e R

---

p 90, activity 2b

Vier Kurzberichte über die Herausforderungen für unsere globale Zukunft

Das 20. Jahrhundert endete mit einer ökologischen Krise und diese zu lösen ist wohl die größte Herausforderung des 21. Jahrhunderts. Unsere Umweltprobleme sind global. Große Mengen an wissenschaftlichen Informationen müssen verarbeitet werden. Dies erfordert Kooperation zwischen wissenschaftlichen Institutionen, Wirtschaftsexperten und Politikern. Eine vorausschauende, verantwortungsvolle Politik, die auch unpopulären Fragen und Problemen nicht aus dem Weg geht, ist erforderlich.

Eine dieser Herausforderungen betrifft die Sicherung der Welternährung. Die Weltbevölkerung wächst, die Anbaufläche pro Kopf geht zurück. Ohne genügend Lebensmittel droht eine Versorgungslücke, die, wenn überhaupt, nur mit neuen Technologien geschlossen werden kann. Ist die grüne Gentechnik damit die Antwort auf den Hunger oder zumindest eine Option, die man berücksichtigen sollte?

Eine weitere Herausforderung, die damit verbunden ist, betrifft die Migration. Migrationsmotive wie politische Verfolgung, soziale Diskriminierung und ökologische Verwüstung sind heute kaum noch von einander zu trennen. Damit sind wir bei dem globalen Gegensatz zwischen Arm und Reich. Gegen Ende des 20. Jahrhunderts verfügten die reichsten 20 Prozent der Weltbevölkerung über 86 Prozent der produzierten Güter und Dienstleistungen. Dieser Lebensstandard kann global nicht verallgemeinert werden. Was bleibt also für die Armen? Werden wir im reichen Norden unseren Lebensstil und unser Bewusstsein ändern, so dass es für die armen Länder ein Beispiel wird?

Eine andere Herausforderung ist die Umwandlung unserer „fossilen Weltwirtschaft" in eine solare Weltwirtschaft, die auf erneuerbaren Energien und erneuerbaren Rohstoffen basiert. Wir müssen eine ökologische Ökonomie schaffen, wenn wir unsere Zukunft sichern wollen. Bislang basiert die weltweite Energieversorgung zu rund 90 Prozent auf nicht erneuerbaren Energien. Am 1. April 2000 trat in Deutschland das erneuerbare Energien-Gesetz in Kraft. Danach soll bis zum Jahr 2010 der Stromanteil aus regenerativen Energiequellen verdoppelt werden. Studien gehen davon aus, dass bis 2050 die Hälfte des Weltenergiebedarfs aus erneuerbaren Quellen gedeckt wird.

3a As preparation for the reading the text on page 91, students match each word (a–g) with its definition.

Answers:
a *1* **b** *7* **c** *6* **d** *4* **e** *3* **f** *2* **g** *5*

3b To test reading comprehension, students select the best ending for each sentence a–d.

Answers:
a *2* **b** *1* **c** *3* **d** *3*

4 Students answer questions on the passage using complete sentences.

Answers:
a *Globalisierung macht sich in wirtschaftlichen Entwicklungen, Kultur und Gesellschaft bemerkbar.* (3 marks)
b *Wirtschaftliche Wettbewerbsfähigkeit, ökologische Verantwortung, soziale Gerechtigkeit und rechtsstaatliche Demokratie müssen in Einklang gebracht werden.* (4 marks)
c *four out of: – mehr Verantwortung übernehmen, – mehr Toleranz und Solidarität anderen gegenüber, – Menschenrechte einhalten, – global verantwortlich handeln, – global denken, – die Umwelt schonen, – technische Fortschritte nutzen, um die Ressourcen effizienter zu machen* (4 marks)
d *verantwortungsvollere Lebensstile entwickeln, – auf gewisse materielle Bequemlichkeiten verzichten, – Verkehrsbewusstsein ändern, – global und langfristig denken und handeln* (4 marks)

5 In pairs students choose one of the following aspects of globalization:

◆ an ecological economy
◆ an economy based on fossil fuels
◆ global social justice
◆ Internet culture.

They discuss what effects their chosen aspect could have on their lives, including issues such as prices, social security contributions, taxes, fuel costs and relationships.

6 Students design a leaflet of about 150 words on the theme of 'Our global village'. This could be done for homework. Encourage students to use material from the listening and reading texts.

Krieg und Frieden
Materials
◆ Student's Book pages 92–93
◆ Cassette 2 side 2 CD 2
◆ *Arbeitsblatt 25*

1a As an introduction to this theme, students think of reasons why wars still occur.

1b A whole-class discussion about the effects of war on innocent children (such as the one shown in the photo).

2a After reading the interview with Rupert Neudeck, students choose the appropriate paragraph to go with each sentence a–d.

Answers:
a *2* **b** *4* **c** *1* **d** *3*

2b A true/false activity to test reading comprehension.

Answers:
a *F (Für die Politiker war der Krieg ein gerechter Krieg.)*
b *F (Die UNO sollte skrupellosen politischen Führern drohen und sie in Schranken halten können.)* **c** *R* **d** *F (Wenn man humanitäre Hilfe leistet, erlebt man oft ein Scheitern.)* **e** *R*

2c Students answer the questions on the reading passage.

Answers:
a *Er hat seine Zweifel, ob es überhaupt einen gerechten Krieg gibt, besonders wenn man an die Auswirkungen denkt.* (2 marks)
b *Sie sollten durch einen internationalen Verbund oder eine übergeordnete Organisation in Schranken gehalten werden.* (2 marks)
c *Sie waren Beschützer und Helfer.* (2 marks)
d *harte Arbeit; man darf nicht an seine eigenen Gefühle denken; die Not leidenden Menschen stehen im Mittelpunkt; Hilfe zur Selbsthilfe* (4 marks)

3a As preparation for the listening passage, students look up the German words provided.

Answers:
Einsatz = mission/service; Krisenherd = trouble spot; militärischer Eingriff = military intervention; Verteidigung = defence; bestreiten = dispute; ungezügelt = without restraint; nüchtern = sober/factual; gipfeln = culminate in

🔊 **3b** After listening to the interview with a soldier, students choose the appropriate word to fill each gap.

Answers:
a *3* **b** *3* **c** *3* **d** *1*

---

p 93, activity 3

Int.: Sie sind Josef Bauer und waren als Soldat bei dem militärischen Eingriff der Nato im Kosovo dabei. Glauben Sie, dass solche Einsätze noch öfter auf Sie zukommen werden?

J.B.: Es war das erste Mal seit der Gründung der Bundesrepublik, dass deutsche Soldaten an einem militärischen Einsatz beteiligt waren. Leider ist es manchmal einfach nicht möglich, einen Konflikt ohne militärische Gewalt zu lösen. Wenn ein politischer Führer die Menschenrechte so massiv verletzt wie Milosevic das tat, muss meiner Meinung nach etwas geschehen. Nun aber zu Ihrer Frage. Es gibt Krisenherde in verschiedenen Gebieten der Welt. Das bedeutet nicht, dass wir in jedem Krisenfall einmarschieren müssen. Es ist nicht nur eine moralische Frage, sondern es kommt auch auf die politischen Rahmenbedingungen an. Denn man will auf keinen Fall durch militärisches Eingreifen den Schaden noch größer machen.

Int.: Und wofür wären Sie als Soldat bereit zu sterben?

J.B.: Als Soldat muss man bereit sein, sein Leben zur Verteidigung der Demokratie seines Landes und zur Verteidigung der Humanität einzusetzen. Unsere Demokratie basiert auf den Menschenrechten und humanitären Grundsätzen und diese zu verteidigen ist meine Aufgabe. Aber für deutsche Soldaten steht, so meine ich jedenfalls, aus historischen Gründen das militärische Element nicht im Vordergrund.

Int.: Glauben Sie, dass wir Menschen überhaupt fähig sind, in Frieden miteinander zu leben?

J.B.: Das ist eine schwierige Frage, auf die es keine einfache Antwort gibt. Ich würde sagen, dass wir schon fähig sind, friedlich miteinander zu leben. Auf immer und ewig und auf der ganzen Welt, das glaube ich allerdings nicht. Es wäre schön, wenn es den permanenten Weltfrieden gäbe, aber meiner Ansicht nach ist das eine Utopie. Ein Pazifist würde das sicherlich bestreiten. Doch gibt es im Zusammenleben der Völker manchmal Situationen, in denen ungezügelte Emotionen nüchterne Überlegungen verdrängen oder ignorieren, was letztlich in der Anwendung von Gewalt gipfeln kann. Einen dauerhaften Zustand ohne Gewalt kann man wohl nie erreichen.

3c After listening to the interview again, students summarize it in German. They should include the following points:

◆ When is military intervention necessary?
◆ A soldier's duty
◆ Is lasting peace possible?
◆ Their own opinion.

4 One student plays someone who believes that lasting peace is possible. The other student takes the opposite view. Students (a) think of arguments to make their case and (b) discuss their arguments with their partner.

5 Students imagine they are involved in humanitarian help for an international organization. They write a diary entry (250 words) describing their work and impressions.

AB25 **Extra!** Students read the article on *Arbeitsblatt* 25 and do the activities.

NATO – Friedensgarant?

Grammar focus
◆ *Wenn*-clauses without *wenn*

Materials
◆ Student's Book pages 94–95
◆ Cassette 2 side 2 CD 2
◆ *Arbeitsblatt* 26

1a Students read the facts a–f and decide whether they refer to NATO or the UN. The reading passage will confirm answers on NATO, and the listening text answers on the UN.

Answers:
NATO: a, b, c UN: d, e, f

1b After reading the text about NATO, students can check and see if what they wrote down about NATO in activy 1a was right.

2a Students match the German vocabulary taken from the text to the appropriate English translation.

Answers:
a *4* **b** *1* **c** *6* **d** *2* **e** *7* **f** *3* **g** *5*

2b To test reading comprehension, students choose the appropriate ending for each of a–d.

Answers:
a *1* **b** *2* **c** *1* **d** *3*

2c Students answer questions in German on the text.

Answers:
a *auf der demokratischen Führung Amerikas und der Doppelstrategie von Verteidigung und kooperationsbereiter Entspannung (3 marks)*
b *als Abschreckung und Drohung, zur Sicherung der eigenen Position (3 marks)*
c *open*

3a As preparation for the listening text, students match the German phrases to their English equivalents.

Answers:
a *7* **b** *2* **c** *3* **d** *1* **e** *6* **f** *5* **g** *4*

3b After listening to the report about the UN, students fill in the gaps in the summary of the text. No words are supplied to help students fill the gaps.

Answers:

a *1945* **b** *190* **c** *Generalversammlung* **d** *ständigen*
e *Vetorecht* **f** *Maßnahmen* **g** *Wirtschaftssanktionen*
h *Beziehungen* **i** *Friedenstruppen / Blauhelme*
j *Überwachung*

---

p 95, activity 3b

Die Vereinten Nationen, die UNO, haben die Aufgabe durch internationale Zusammenarbeit den Weltfrieden zu sichern. 1945 gegründet, hat die UNO es sich zum Ziel gesetzt, Toleranz zu üben und freundschaftliche Beziehungen zwischen den Nationen zu entwickeln. Die derzeit 190 Mitglieder verpflichten sich, ihre internationalen Streitigkeiten auf friedlichem Wege zu lösen. In der Generalversammlung haben alle Mitgliedsstaaten gleiches Stimmrecht. Der Sicherheitsrat ist das bedeutendste Organ. Er besteht aus 15 Mitgliedern, davon sind fünf ständige Mitglieder. Diese haben das Vetorecht und können so einen Beschluss verhindern, selbst wenn alle anderen Staaten dafür sind. Entscheidungen können also leicht blockiert werden.

Wenn ein Staat angegriffen wird, darf er sich natürlich verteidigen. Wenn der Weltfriede in Gefahr ist, haben die Mitgliedsstaaten die Verpflichtung, gegen die Aggressoren eventuell sogar militärisch vorzugehen. Bevor es zur militärischen Intervention kommt, gibt es eine Reihe von möglichen Maßnahmen, wie zum Beispiel Wirtschaftssanktionen oder diplomatische Beziehungen abzubrechen. Diese Sanktionen können gegen Staaten verhängt werden, wenn der Friede bedroht wird. Die UNO darf sich also nicht in die inneren Angelegenheiten eines Staates einmischen und nur einschreiten, wenn es sich um schwerwiegende Verletzungen der Menschenrechte handelt. Das System funktioniert jedoch nur, wenn alle Staaten die Grundsätze der UNO befolgen.
Die UN-Friedenstruppen, die Blauhelmtruppen, werden zur Friedenssicherung eingesetzt, teilweise auch, wenn es um die Überwachung von Wahlen oder die Einhaltung der Menschenrechte geht.

---

4 Students work in pairs as follows:

a They choose either NATO or the UN and consider how important and effective the organization is. They make notes or bullet points in preparation for their talk (b).

b They give a short talk about the organization.

 Extra! Students listen to the interview and do the
AB26 activities on *Arbeitsblatt 26*.

Prüfungstraining

Grammar and skills

◆ Using *da* with prepositions
◆ Coping with complex word order
◆ Exam skills (on *Arbeitsblätter*)

Materials

◆ Student's Book pages 96–97
◆ Cassette 2 side 2 CD 2
◆ *Arbeitsblätter* 27a and 27b
◆ Grammar Workbook pages 68 and 144

1 After reading the text about e-commerce, students pick out the German equivalents of the English phrases given.

Answers:

a *es geht darum, Unternehmen zu gründen* **b** *die unterstützt wird* **c** *Mut zu fördern* **d** *Wirtschaftswissen zu vermitteln*
e *besondere Schwerpunkte* **f** *einen Ratgeber für Patienten*
g *bundesweit* **h** *die Aussichten sind ausgezeichnet*

 2 After listening to the interview, students answer the questions about e-commerce.

Answers:

a *Der elektronische Handel entwickelt sich zu einem großen Handel (1) für Waren und Dienstleistungen (1) im Wert von 405 Millionen Euro (1)*
b *Bereiche Reise, Bücher, Wertpapierhandel und Computer; Branchen Automobil, Bekleidung, Lebensmittel*
c *Mehr qualifizierte Fachkräfte wird man in den folgenden Bereichen brauchen: im Logistik und IT-Bereich und in Online-Redaktionsberufen.*

---

p 96, activity 2

Interviewer: Frau Mei-Pochtler, Sie haben letztes Jahr eine Studie über E-Commerce in Deutschland veröffentlicht. Können Sie kurz etwas dazu sagen, wie sich der elektronische Handel in Deutschland entwickeln wird?

Frau M-P.: Ja, von Januar bis Juni letztes Jahres wurden bereits Waren und Dienstleistungen im Wert von 405 Millionen Euro per Internet an Privatkunden verkauft, und zwar von deutschen Unternehmen. In den nächsten Monaten wird sich der Verkauf auf schätzungsweise 1,1 Milliarden Euro erhöhen. Der elektronische Handel scheint

---

sich also zu einem Massenhandel zu entwickeln. Allerdings liegt der Online-Umsatz in Deutschland erst bei 0,3 Prozent des Einzelhandels insgesamt, in Amerika dagegen vier Mal so hoch.

Interviewer: Gibt es Branchen, die besonders erfolgreich sind?

Frau M-P.: Die Wachstumsraten in vier Bereichen sind besonders beeindruckend, und zwar die Bereiche Reise, Bücher, Wertpapierhandel und Computer. Aber auch in den Branchen Automobil, Bekleidung und Lebensmittel gibt es neuartige Geschäftsmodelle.

Interviewer: Gibt es Ihrer Meinung nach überhaupt noch eine Zukunft für reale Händler?

Frau M-P.: Zur Zeit haben die Unternehmen, die sowohl virtuelle Händler sind, aber auch reale Filialen haben, den größten Marktanteil im E-Commerce. Sie fahren sozusagen auf beiden Schienen.

Interviewer: Wie wird sich diese Entwicklung im E-Commerce auf den deutschen Arbeitsmarkt auswirken?

Frau M-P.: Tja, mehr qualifizierte Fachkräfte wird man wahrscheinlich in den folgenden Bereichen brauchen: im Logistik- und IT-Bereich und auch in Online-Redaktionsberufen. Eine wichtige Rolle werden auch die neuen Jobs im Online-Marketing spielen.

Interviewer: Vielen herzlichen Dank für dieses Gespräch.

Frau M-P.: Bitte.

Grammatik

A section showing how to use *da* with a preposition.

A   Students translate the sentences, paying particular attention to the words in bold.

Answers:

a *China and India will get properly onto the Internet in the next two years. There are already concrete signs **of this**.*

b *E-commerce is changing the global economic structures in a radical way and we must get used **to it**.*

c *Being fast and flexible, **that is where** success lies / **therein** lies success.*

B   Students practise using *da* with a preposition by translating sentences a–c. Some of the vocabulary can be re-used from the listening text with activity 2.

Answers:

a *Ich werde zum ersten Mal im Internet einkaufen und ich freue mich darauf.*

b *Unternehmen müssen daran denken, dass der Verbraucher der Gewinner sein wird.*

c *Der Arbeitsmarkt wird sich ändern. E-Commerce wird einen bedeutenden Einfluss darauf haben.*

Grammatik

A section to help students with complex word order.

A   Students insert the appropriate infinitive constructions for sentences a–d. The vocabulary is similar to the text on page 96.

Answers:

a *Eigenschaften wie Mut und Engagement **zu fördern** und Wirtschafts-Know-how **zu vermitteln**, ist das Ziel der Initiative.*

b *Sie machten in der Gründungswerkstatt mit, **um** ein fiktives Unternehmen **zu gründen**.*

c ***Ohne zu zögern**, machten sie sich an die Arbeit.*

d *Viele Schüler und Schülerinnen hatten sich entschlossen, an der Initiative **teilzunehmen**.*

B   Students fill in the appropriate verbs.

Answers:

a *Die Initiative, die von der Zeitschrift „Stern" **unterstützt wird**, soll Mut und Engagement **fördern**.*

b *Viele Schüler bewarben sich in der Start-up Gründungswerkstatt, die ein neues Internet-Planspiel **darstellt**.*

c *Die Mädchengruppe, die einen medizinischen Dienstleistungsservice **anbot**, **gründete** ein erfolgreiches Unternehmen.*

C   Students translate sentences a–c into English.

Answers:

a *Top management contributed to the financial success of the enterprise although the working atmosphere could have been better.*

b *We never plan further than a year in advance, because new developments constantly have to be taken into account.*

c *He sent an e-mail, although he should not have done it.*

D   Students now translate the sentences into German.

Answers:

a *Experten erwarten, dass der E-Commerce finanziell positive Folgen für die Kunden haben wird.*

b *Erfolgreiche Internet-Unternehmen wollen, dass alle Angestellte integrierte Mitarbeiter der Organisation sind.*

c *Wir erwarten, dass unsere Politiker verantwortlich handeln.*

d *Rupert Neudeck möchte, dass humanitäre Hilfe „Hilfe zur Selbsthilfe" sein sollte.*

3a Students work in pairs to prepare arguments for and against shopping on the Internet.

3b Students now use these arguments in a whole-class discussion.

4 Students summarize the theme of e-commerce under the following headings:

♦ Development of e-commerce in Germany

♦ Influence on the labour market

♦ Outlook for the future

AB27 Extra! Students can do more activities to aid exam preparation on *Arbeitsblatt 27*.

Zur Auswahl

Skill focus
♦ Pronunciation practice
♦ Revision of the unit

Materials
♦ Student's Book page 98
♦ Solo cassette side 2

 1 After listening to the report about NATO and the report from UNICEF, students answer the questions a–f.

Answers:

a *Soldaten, die an Nato-Einsätzen auf dem Balkan beteiligt waren.* (3 marks)

b 2 out of: *einige mit tödlichem Ausgang, es handelt sich um Krebserkrankungen, vermutlich durch Uranoxid verursacht*

c *die Folgen für die Zivilbevölkerung* (1 mark)

d *täglich sterben rund 30 000 Kinder, elf Millionen Kinder sterben jährlich vor ihrem 5. Geburtstag* (2 marks)

e 3 of: *Armut, Krankheiten, Kriege, Mangelernährung*

f *Es muss Zugang zu sauberem Wasser, zu medizinischer Versorgung, zu Familienplanung und finanzieller Hilfe geben.* (4 marks)

---

p 98, activity 1

Erste Meldung
NATO: Gefährliche Kriegsfolgen
Eine Reihe von Krankheitsfällen unter Soldaten, die an Nato-Einsätzen auf dem Balkan beteiligt waren, soll jetzt näher untersucht werden. Bei einigen Soldaten hatte die Krankheit sogar zum Tod geführt. Aus diesem Grund soll in der nächsten NATO-Ratssitzung alles Material über gesundheitsgefährdende Kriegsfolgen offen diskutiert werden. In Italien starben bislang sechs Balkan-Veteranen an Krebs. In zwölf weiteren Fällen wird noch ermittelt. Aber auch in Belgien und Frankreich gibt es Krebspatienten unter ehemaligen Balkan-Soldaten. Man vermutet Uranoxid, das in Geschossen abgefeuert wurde, als Ursache der auftretenden Erkrankungen. Das toxische Uranmischoxid kann eingeatmet werden oder über Wunden in den Körper gelangen. Trotz Warnungen von Experten vor möglichen Folgen, gehören die Urangeschosse zur Standardausrüstung einiger NATO-Partner. Geprüft werden müssen auch mögliche Folgen für die Zivilbevölkerung.

Zweite Meldung
Die Zahlen, die im Jahresbericht der internationalen Kinder-Hilfsorganisation UNICEF veröffentlicht wurden, sollten uns zu denken geben. Die Situation der Kinder in unserer Welt ist alarmierend. Täglich sterben rund 30 000 Kinder. Elf Millionen Kinder sterben jährlich vor ihrem fünften Geburtstag. Ursachen für die hohe Kindersterblichkeit in den Entwicklungsländern sind Armut, Krankheiten und Kriege. Mangelernährung ist eine der häufigsten Todesursachen bei diesen Kindern. Durch Aids wurden 13 Millionen Kinder zu Waisen und 600 000 Säuglinge infizierten sich im letzten Jahr mit dem tödlichen Virus. Wie kann man diesen Kindern helfen? Alle Familien müssten Zugang zu sauberem Wasser, zu medizinischer Versorgung und Familienplanung haben. Um dies zu ermöglichen müssten jährlich 70 bis 80 Milliarden Dollar ausgegeben werden. Das scheint eigentlich eine kleine Summe, wenn man sie mit den 680 Milliarden Dollar vergleicht, die für militärische Rüstung weltweit ausgegeben werden. Unser reicher Norden scheint noch einen Riesenschritt von verantwortlichem, globalem Denken und Handeln entfernt zu sein.

2 In pairs students describe both photos. They then discuss the following questions:

a What do you understand by the expression 'Our world is becoming smaller'?

b Will globalization have a positive effect on the poorer countries?

c What do you understand by the proposition 'We must think and behave globally'?

3 Students summarize either a or b in 150 words.

a Without NATO oder the UN there would be more wars and conflicts. Include:
♦ the role of these organizations
♦ successes and failures
♦ their future tasks

b Our world is becoming a global village. Include:
♦ Effects on our way of life
♦ Effects on the environment
♦ Consequences for the rich and poorer countries

4   Students translate sentences a–d, using some of the new vocabulary from the unit.

Answers:

a *Es wird in der Zukunft nur eine Welt geben: unser globales Dorf.*

b *Die reichen Gesellschaften der nördlichen Hemisphäre müssen ihr Bewusstsein ändern und anfangen, global zu denken.*

c *Wir müssen eine grüne / ökologische Ökonomie schaffen, die auf erneuerbaren Energiequellen basiert, wenn wir unsere Zukunft sichern wollen.*

d *Wir sollten alle dazu beitragen, eine friedliche Gesellschaft zu schaffen.*

5   Students listen to and repeat many of the words and phrases from the unit.

---

p 98, activity 5

a global – Globalisierung – der Prozess der Globalisierung – global verantwortlich handeln

b wirtschaftliche Wettbewerbsfähigkeit – wirtschaftliche Entwicklungen

c Überflussgesellschaft – Individualisierung – Orientierungslosigkeit

d humanitäre Hilfe – Hilfe zur Selbsthilfe – Friedenshelfer – Weltfriede

e internationale Intervention – eine übergeordnete Organisation

f Flucht – Flüchtlinge – Flüchtlingslager

g Verteidigung – Verteidigungsbündnis

h Konfliktsituation – Abschreckungspolitik – Herausforderung

Answers for Copymasters

Arbeitsblatt 25

1 a *3* **b** *1* **c** *3*

2 a *Sie versucht, die Beziehungen zwischen Deutschen und Polen auf friedliche Weise / durch den gemeinsamen Dialog zu verbessern. (2)*

b *Es gab viel Unrecht und Grausamkeiten in der Vergangenheit und es ist schwierig, die Vorurteile zwischen Deutschen und Polen abzubauen. (2)*

c *Viele positive Entwicklungen, z.B. deutsch-polnische Gesellschaften, Polen ist wieder Reiseland, Hilfe bei Katastrophen, deutsche und polnische Soldaten haben gemeinsame Truppenübungen (4)*

3 a *Es ist das Ziel der Zeitschrift Dialog zu zeigen, dass die beiden Länder friedlich zusammenarbeiten können.*

b *Obwohl die Beziehungen sich verbessern, gibt es immer noch ungelöste Probleme zwischen den beiden Ländern.*

c *Die Zeitschrift erscheint in zweisprachiger Ausgabe und wurde zum ersten Mal 1987 / im Jahr 1987 veröffentlicht.*

Arbeitsblatt 26

1 a *F (zweiwöchig)* **b** *F (Bonn)* **c** *R* **d** *F (eine Berufsausbildung, aber keine feste Stelle)* **e** *F (etwas aufbauen helfen)* **f** *F (ist hart und nichts für zarte Gemüter)*

A26, activity 1

Int.:   Marc, Volker und Sabine, Sie haben an dem zweiwöchigen Lehrgang des Auswärtigen Amtes in Bonn für Friedenshelfer teilgenommen. Warum wollen Sie als Friedenshelfer arbeiten, Marc? Vielleicht können Sie mal anfangen.

Marc: Ich habe gerade mein Jurastudium abgeschlossen und habe gehört, dass die OSZE, das ist die Organisation für Sicherheit und Zusammenarbeit in Europa, also die OSZE braucht Juristen, weil sie im Kosovo eine neue regionale Verwaltung aufbaut. Ich bin jung, habe noch keine eigene Familie und möchte das einfach einmal ausprobieren. Ehrlich gesagt, bin ich einfach neugierig. Ich weiß, dass so ein Auslandseinsatz mein ganzes Leben verändern könnte, aber ich werde das riskieren.

Int.:   Und Sabine, wie ist das bei Ihnen?

Sabine: Ich habe von einer Freundin von diesem Kurs und der Möglichkeit als Friedenshelfer in Krisengebieten zu arbeiten gehört. Sie hat mir davon erzählt und irgendwie hat mich das gereizt. Ich habe zwar bereits eine Berufsausbildung gemacht, aber bevor ich eine feste Stelle bekomme, möchte ich einfach etwas anderes tun, also etwas zum Frieden und zur Stabilität beitragen. Nicht nur davon reden, sondern wirklich etwas tun.

Int.:   Danke, Sabine, und nun Volker?

Volker: Wie Sabine möchte ich einfach etwas Nützliches machen, etwas aufbauen, mitgestalten helfen in der Welt. Man muss heute global denken und, wenn wir im Westen das Wissen und die Spezialisten haben, dann finde ich es nur richtig, unsere Kenntnisse und Erfahrung weiterzugeben.

Int.:   Was lernt man nun eigentlich in diesem Kurs des Auswärtigen Amtes?

Sabine: Das Training ist ganz schön hart und absolut nichts für zarte Gemüter, das heißt eben, dass

> man keine Angst haben darf und auch nicht zu sensibel sein sollte. Man lernt zum Beispiel wie man einen Geländewagen fährt, wie man sich durch ein Minenfeld bewegt. Dafür hat man auf einem Übungsgelände der Bundeswehr ein realistisches Minenfeld aufgebaut, natürlich mit Platzpatronen, aber man lernt, was in unbekannten Gebieten passieren kann. Man muss natürlich auch Landkarten lesen können, Erste Hilfe geben und vor allem lernen, wie man Konflikte löst.
>
> Int.: Marc, können Sie uns noch kurz sagen, für wen Sie nach dem Kurs arbeiten werden?
>
> Marc: Man wird auf Auslandseinsätze mit internationalen Organisationen wie zum Beispiel, der OSZE oder den Vereinten Nationen vorbereitet, um in Krisengebieten zu arbeiten.
>
> © *PZ* no. 100, December 1999, p. 30

2 **a** *um eine neue Verwaltung aufzubauen* (1 mark)

   b *man braucht Juristen; er hat noch keine eigene Familie; er ist neugierig* (3 marks)

   c *keine Angst haben; nicht zu sensibel sein* (2 marks)

   d *mit Geländewagen zu fahren; sich durch ein Minenfeld zu bewegen; Konflikte zu lösen; Landkarten zu lesen; Erste Hilfe zu geben* (2 marks)

   e *man arbeitet mit internationalen Organisationen wie der OSZE oder der UNO* (2 marks)

Arbeitsblatt 27a

2 **a** *mit 16 versuchte er einen Job ...*

   b *... von meinem Onkel ...*

   c *... wird, muss man ... teilnehmen*

   d *... sind eine gute ..., ... zu bekämpfen*

   e *in meiner Familie sprechen wir ...*

Arbeitsblatt 27b

3 *bewältigen, erschweren, Hilfsorganisationen, gebraucht, Verbreitung, kontrolliert können*

Wiederholung Einheit 7–9

1a Students read the text which deals with the role of the press when reporting distressing issues. To test reading comprehension, they find the appropriate sentence for each of a–d.

Answers:

a *3* **b** *3* **c** *1* **d** *2*
(4 marks)

1b Students answer the questions on the text.

Answers:

a *Obwohl sie die Namen geändert hatte, wusste man wer gemeint war, weil es in einer kleinen Stadt passiert war; das Mädchen musste die schrecklichen Ereignisse noch einmal durchleben.* (2 marks)

b *Weil die Reporterin viel Geld verdienen wollte und mehr Zeitungen verkauft werden.* (2 marks)

c *Weil sie auch Verständnis für die Großmutter hatte.* (1 mark)

d *Sie versucht auch für die Situation der Großmutter Verständnis zu wecken.* (1 mark)

e *Sie liebt ihren Beruf, aber manchmal ist es schwer, wenn man über etwas Unangenehmes schreiben muss.* (2 marks)

(8 marks in total)

2 Students translate the paragraph about children living in poverty.

Suggested translation

'Look after our children', urges Nobel peace prize winner Nelson Mandela. 'Life is precious and we must not waste it. All children have the right to health and a good education. Many live in plenty, while other young girls and boys are daily confronted with poverty, violence and disease. We have the responsibility to do something and to help these children too to develop their personal abilities.' (20 marks)

3 Students look back over the notes they made on the subject of Europe (unit 8). They write out all the words and phrases they can find and use each one in a sentence. This could be done for homework.

4 In pairs students read the English text and then answer the questions in German.

5a After listening to a report about teleshopping, students pick out the false sentences.

Answers:

a *F (Man kann täglich rund 16 Stunden am Shoppingkanal einkaufen.)* **d** *F (In einem Chat-Room kann man über Produkte plaudern.)* **e** *F (Das Online-Geschäft soll im Jahr 2010 900 Millionen Euro bringen.)* **g** *F (Die Televerkäufer behaupten, es seien nur noch wenige Exemplare zu haben.)*
(4 marks)

> p 100, activity 5
>
> Moderator: Der Verkauf via Fernsehen und Internet soll europaweit Milliarden umsetzen. Unsere Reporterin Anke Blaumer berichtet:
>
> A.B.: Neues aus der Welt des Teleshopping: der Shoppingkanal. Rund 16 Stunden täglich live, also rund um die Uhr verkaufen redegewandte Fernsehleute Produkte und Waren aller Art. Häufigster Satz der Tele-Verkäufer: „Es sind nur noch wenige

Exemplare zu haben." Also, nichts wie ran ans Telefon. Lassen Sie sich dieses super Angebot nicht entgehen. Und Sie brauchen nicht einmal aus dem Haus. Der Griff zum Telefon genügt. „Der Einkauf der Couch-Potatoes boomt", so die „Lebensmittelzeitung" über die Einkaufsgewohnheiten der Kartoffelchip-Esser auf deutschen Sofas. Pläne für die Zukunft sehen Online-Angebote, Sonderangebote für Handy-Telefonierer und Ähnliches vor. Besonders die Verbindung von Fernsehen und Internet soll weiterentwickelt werden. So sollen demnächst Zuschauer in einem Chat-Room über Produkte plaudern können.

Das Fernsehgerät in seiner Rolle als vertrautes, überall beliebtes Medium wird sich also zu einem natürlichen Kanal für E-Commerce entwickeln. Angeblich soll das Online-Geschäft bis zum Jahr 2010 900 Millionen Euro bringen.

Um das Image, Teleshopping sei doch nur etwas für Omas und Couch-Potatoes, zu ändern werden junge, gut aussehende und schlanke Moderatoren vor die Kamera gesetzt. Und natürlich ist dann am Ende auch wieder fast alles ausverkauft.

5b Students summarize the listening passage, including the following points:

- What is teleshopping?
- What do many people consider to be the main advantage?
- What is planned for the future?
- What sort of an image does teleshopping have and should it change?

(10 marks for content and 10 for language)

6 Students discuss in pairs the following questions:

a What can parents do to stop their children turning to crime?

b What do you think about surveillance cameras? Give reasons.

c What advantages does the EU offer its members in your opinion?

d Could you imagine working abroad? Why or why not?

e What does the term 'globalization' mean to you?

f Who do you feel is responsible for the Third World?

Kontrollen Einheit 7–9

Arbeitsblatt 34

 1 *Testergebnisse, abrufen, kostet, vielen, Erleichterung, Verbraucher*

(Mark scheme: 6 marks)

A34, activity 1

Der TÜV Rheinland/Berlin-Brandenburg will für mehr Orientierung im weltweiten Warendschungel sorgen. Unter dem Begriff „TÜVdotCom" sollen Sicherheit und Qualität von Produkten und Dienstleistungen bewertet werden. Hierzu wurde ein spezielles Gütesiegel entworfen, über das Testresultate per Internet und über WAP-Handy abgerufen werden können. Das Angebot ist bis auf die anfallenden Telefongebühren kostenlos.

Das neue Zeichen wird bald auf zahlreichen Produkten zu finden sein und damit manche Kaufentscheidung erleichtern.

Alle Informationen sind zielgruppengerecht aufbereitet, das heißt technisch detailliert für Einkäufer und Händler und verbraucherorientiert für Konsumenten. Besonders Einkäufer sollen an solchen Angaben interessiert sein.

Die Welt, February 15, 2001

2 a i b iii c i d ii

(Mark scheme: 4 marks)

A34, activity 2

Sonja K. wurde Opfer eines gewalttätigen Freundes. Im Prozess sieht der 25-jährige Angeklagte auf der Anklagebank eher blass und schüchtern aus. Vor einem Jahr war das jedoch ganz anders. Er war krankhaft eifersüchtig und glaubte, seine Freundin Sonja habe ein Verhältnis mit einem anderen Mann. In blinder Wut schlug er auf sie ein und fügte ihr dann mit einem Küchenmesser rund 40 Stiche zu.

Obwohl Sonja schwer verletzt war, gelang es ihr, sich das Messer selbst aus dem Körper zu ziehen. Mit letzter Kraft schleppte sie sich zur Tür und rief um Hilfe.

Jetzt, ein Jahr später, sind die körperlichen Wunden fast verheilt. Aber die 22 Jahre alte Frau hat bis heute immer noch panische Angst. Sie kann kaum selbständig gehen, sie zittert, sie spricht so leise, dass man sie kaum verstehen kann. Ihre Mutter und ihre Therapeutin weichen nicht von ihrer Seite. Noch einmal durchlebt sie jene schreckliche Nacht letztes Jahr im Sommer.

Der Angeklagte bekommt eine Gefängnisstrafe, aber sein Opfer, die junge Sonja K., wird dieses grauenhafte Erlebnis nie vergessen können.

3 **a** *Sie zog sich das Messer aus dem Körper; sie schleppte sich zur Tür; sie rief um Hilfe. (3)*

  b *Die körperlichen Wunden sind fast verheilt; sie hat immer noch panisch Angst; sie kann kaum allein gehen; sie zittert; sie spricht sehr leise. (5)*

  c *Sie weicht nicht von ihrer Seite. (1)*

  d *Er bekommt eine Gefängnisstrafe. (1)*

(Mark scheme: 15 marks. 10 marks for answering the questions. 5 marks for quality of language.) See the assessment criteria tables for Unit 4 provided in the AQA specification for how to allocate marks for grammatical accuracy.

Arbeitsblatt 35a

1 **a** *R* **b** *F (mehr als 50 Millionen Nutzer)* **c** *R* **d** *NA*
  e *NA* **f** *F (knapp 9 Prozent)* **g** *R*
  (Mark scheme: 7 marks)

2 **a** *Afrika ist besonders stark betroffen. (1) In Kambodscha sind eine Viertel Million Menschen infiziert. (1) Jeden Monat kommen 3000 neue Fälle dazu. (1)*

  b *Sie könnten den Ausbruch von Aids verzögern oder verhindern, (1) aber der Aidscocktail / die Therapie ist für die Patienten zu teuer. (1)*

  c *Die Zahl der Aidstoten ist in den USA durch die Anwendung der Therapie zurückgegangen, (1)in Afrika und Kambodscha aber nicht, weil sich die Patienten die Behandlung nicht leisten können. (1)*

  d *Er will seine Aidsmedikamente zum Selbstkostenpreis an die Dritte Welt verkaufen. (1) Das bedeutet Konkurrenz für die Pharmamultis. (1)*

  e *Ein Aids-Fonds soll eingerichtet werden, (1) in den die Industrienationen einzahlen. (1) Dadurch können Aidsmedikamente preisgünstig eingekauft werden (1) und effektive und kostenlose Verteilung soll garantiert werden (1).*
  (Mark scheme: 13 marks)

3 **a** *Die effektive Aidstherapie (1) kann einen Ausbruch der Krankheit (1) verzögern (1) oder gar verhindern (1).*

  b *Ärzte, die mit Aids-Patienten in der Dritten Welt arbeiten (1), sind wütend (1), weil sie sich die Aidsmedikamente (1) nicht leisten können (1).*

  c *Trotz seines Erfolgs (1) sieht Yusuf Hamied es (1) als seine soziale Verantwortung (1), den Menschen in der Dritten Welt zu helfen (1).*
  (Mark scheme: 12 marks)

4 ***Suggested translation:*** *For there is an effective medicine, an 'Aids cocktail', which can delay or even prevent the outbreak of Aids. Even with Aids patients in the early stages, the illness can be controlled for many years. Through the use of these drugs, the number of people dying from Aids has already reduced in the USA. So why isn't this possible in Africa and Cambodia? The simple reason is that the drugs*

treatment costs more than 10,000 dollars per patient per year. Only rich patients in the USA and Europe can afford this type of treatment.

Arbeitsblatt 36

The activities on this copymaster follow the style of the AQA Unit 6 assessment 'Yesterday, today and tomorrow'.

See the assessment criteria tables for Unit 6 provided in the AQA specification for how to allocate marks to the activities on this copymaster.

Probetest Unit 4

Materials
◆ Student's Book pages 101–105
◆ Cassette 2 side 2 CD 2

A This section includes four short listening texts.

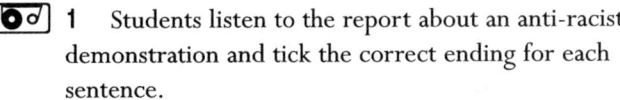 **1** Students listen to the report about an anti-racist demonstration and tick the correct ending for each sentence.

Answers:
a *i* **b** *ii* **c** *iii* **d** *iii* (4 marks)

---

p 101, question 1

Demonstrationen gegen Ausländerfeindlichkeit
Am heutigen 9. November, dem Jahrestag des Falls der Mauer, aber auch der Reichspogromnacht mit der die Judenverfolgung 1938 begann, versammelten sich in allen Teilen der Bundesrepublik weit mehr als 500 000 Menschen, um gegen Rassismus, Ausländerfeindlichkeit und Fremdenhass zu demonstrieren.
Der Bundespräsident mahnte in einer Gedenkfeier am Brandenburger Tor, ein Zeichen gegen die Gewalt gegen Fremde und Schwache zu setzen und dem Rechtsextremismus keine Chance zu geben.
In vielen größeren deutschen Städten fanden am Abend Fackelzüge, Lichterketten und stille Demonstrationen statt. Sicherlich ein Zeichen dafür, dass die Mehrheit der Deutschen für ein friedliches Zusammenleben eintritt und sich nicht von einer Minderheit terrorisieren lassen will.

---

2 Students listen to the report about a fire in a car factory and tick the false sentences.

Answers:
a *(Der Großbrand fand in einer Erfurter Autofirma statt.)*
b *(Ein Kessel war gegen Mittag explodiert.)*
f *(8 Mitarbeiter des Betriebs, 3 Feuerwehrleute, 1 Passant)*
i *(Frühestens im Verlauf der nächsten Woche wird eine Rückkehr zur Arbeit erwartet.)*
(4 marks)

---

p 101, question 2

Großbrand in einer Erfurter Autofabrik.
Gegen Mittag war ein Kessel mit Kunstharz explodiert.
Die Flammen breiteten sich schnell aus. Die Feuerwehr war nach zehn Minuten zur Stelle und verhinderte eine Katastrophe, denn fünfhundert Meter von der Explosionsstelle entfernt lagen Tanks mit hochentzündbaren Brennstoffen und Benzin.
Die Feuerwehrwagen kamen aus einer Umgebung von bis zu 20 Kilometern. Die Feuerwehrleute brauchten mehrere Stunden, um das Feuer unter Kontrolle zu bringen. Die Löscharbeiten dauerten bis zum Abend.
Zwölf Personen, darunter drei Feuerwehrleute, acht Mitarbeiter der Firma und ein Passant wurden schwer verletzt ins Krankenhaus eingeliefert.
Den Sachschaden schätzen die Experten auf rund 50 Millionen Euro. Im Moment ist die Autofabrik geschlossen. Die Arbeit wird nach Angaben der Firmenleitung, erst im Verlauf der nächsten Woche wieder aufgenommen werden können.

---

3 After listening to the report about an avalanche in Austria, students choose the best ending for each sentence.

Answers:

a *i* **b** *ii* **c** *iii* **d** *ii* **e** *ii* (5 marks)

---

p 101, question 3

Lawinenunglück von Galthür
In den Alpen beginnt sich die Lage wieder zu entspannen. Die örtliche Lawinengefahr ist allerdings noch nicht gebannt. Sonne und Schnee würden normalerweise viele Skiurlauber ins Gebirge locken, doch diese Woche wird dieser Teil Österreichs gemieden. Die Straße nach Galthür wurde heute wieder zum ersten Mal für einige Stunden geöffnet. Bergungskräfte fanden auch das letzte Opfer des Lawinenunglücks, ein zehnjähriges Mädchen aus Deutschland. Ein paar Kilometer weiter, im Ort selbst, ein Bild des Grauens. Eine Straße war von der Lawine komplett zugedeckt worden, mehrere Häuser sind völlig zerstört. Wenn man durch die Straßen von Ischgl, einer benachbarten Stadt läuft, hat man den Eindruck, in einer Geisterstadt zu sein. Im Moment bleiben die Touristen weg. Die Betten sind höchstens bis zu 10% belegt.
Die Zahl der Opfer ist jetzt auf 26 angestiegen. Die Leichen sind nach Innsbruck überführt worden. Dort werden sie in einem Staatsakt im Beisein deutscher Politiker geehrt.

---

4 After listening to the report about the muslim teacher, students answer the questions in German. Remind students to use accurate German in their answers. See the assessment criteria tables for Unit 4 provided in the AQA specification for how to allocate marks for grammatical accuracy.

Answers:

a *als Lehrerin arbeiten / die Ausübung des Lehramtes (1)*

b *Sie könne sich nicht an die Gesellschaft anpassen (1) Sie werde deutsche Werte nicht an die Schüler weitervermitteln (1)*

c *weil es zeigt, dass sie emanzipiert (1) und religiös (1) ist*
(5 marks)

---

p 102, question 4

Die Lehrerin und das Kopftuch
Das Stuttgarter Verwaltungsgericht hat heute entschieden, dass die islamische Referendarin Fereshta Ludin das Lehramt nicht ausüben darf. Nach Meinung des obersten Gerichtshofes in Baden-Württemberg sei das Kopftuch, auf dessen Tragen sie besteht, nicht nur Symbol der Zugehörigkeit zu einer gewissen religiösen Gruppe, sondern werfe ernsthafte Fragen auf in Bezug auf die Anpassungsbereitschaft an die Gesellschaft und die Übermittlung ihrer Werte an die Schüler.
Fereshta Ludin hat in Mosbach ihre Referendarzeit abgelegt. Während dieser Zeit hatte es nie eine Klage von Seiten der Eltern über sie gegeben. Doch Fereshta Ludin möchte ihr Kopftuch aufbehalten. Sie trägt es überall, zu Hause, bei Freunden, im Beruf. Damit bekennt sie sich zum Islam, will aber auch zeigen, dass sie eine moderne Frau ist, die selbst entscheidet, was sie will. Demnächst wird ihr Fall an das Bundesverfassungsgericht in Berlin weitergeleitet werden.

B This section is based on one longer listening text.

5 After listening to the report about floods in Mozambique, students answer the questions in German. Some answers require students to consider the whole text.

Answers:

a *Mosambik leidet schon monatelang (1) unter Überschwemmungen (1).*

b *Die Hubschrauber konnten nicht starten (1) und die Lkws konnten nicht auf den Straßen fahren (1).*

c *Sie hat 7 Hubschrauber (1) und 120 Soldaten (1) geschickt.*

d *Schutz vor Kälte (Kleider, Decken), den Leuten zu essen geben (Nahrungsmittel), die Behandlung von Kranken zu ermöglichen (Medikamente, Arzneimittel) (2 out of 3)*

e *Man könnte ihnen die Schulden erlassen (1) und ihnen so beim Wiederaufbau helfen (1).*

f *Summary should include the following: am 10. Februar auf die Katastrophe aufmerksam gemacht (1) am 14. Februar erstes DRK-Flugzeug gestartet (1) früher mit der Hilfsaktion beginnen / nicht knapp drei Wochen warten (1) kein Organisationstalent (1) wollen nicht so gern einem afrikanischen Land helfen (1) abgeschnittene Dörfer versorgen (1) Menschen auf Sandbänken versorgen (1) Trinkwasserstellen schaffen (1) Lager bauen (1) Bundesregierung kann Hilfsorganisationen massiv unterstützen (1) weiterhin Spenden auf das Konto einzahlen (1) Decken und Kleider sammeln (1). (Allow 12 marks for content and 10 for language.)*

See the assessment criteria tables for Unit 4 provided in the AQA specification for how to allocate marks for grammatical accuracy.

---

p 102, question 5

Fluten in Mosambik

Die Welt hat langsam auf die Überschwemmungskatastrophe in Mosambik reagiert. Seit Monaten versinken weite Teile in den Fluten. Wegen weiterer schwerer Unwetter und Niederschläge haben viele der Hubschrauber ihre Rettungs- und Verteilungsaktionen nicht durchführen können. Letzten Donnerstag sind nach Angaben einer Sprecherin des Welternährungsprogramms lediglich 15,6 Tonnen Nahrungsmittel verteilt worden, am Freitag wegen anhaltender Regenfälle gar keine. Eine Verteilung der Hilfsgüter mit Lastwagen sei wegen der überschwemmten Straßen ebenfalls noch nicht möglich. Seit letzter Woche sind im Norden Mosambiks sieben deutsche Armeehubschrauber für die Hochwasseropfer im Einsatz. Das Militär hat gleichzeitig 120 seiner Soldaten in die Krisengebiete Mosambiks verlegt. Am gestrigen Abend startete wiederum ein Team des Bundesgrenzschutzes nach Mosambik. Mit an Bord hatten sie 60 Tonnen Hilfsgüter wie Zelte, Medikamente, Decken und Lebensmittel. Die Piloten der Hubschrauber werden Säcke von Trockengütern wie Reis, Mais und Milchpulver, sowie Arzneimittel in die Lager abwerfen.

Außer diesen Sofortmaßnahmen plant die Bundesregierung einen Schuldenerlass für Mosambik. Die in den letzten Jahren von der afrikanischen Republik aufgenommenen Kredite sollen getilgt werden. Ein Sprecher des Auswärtigen Amtes betonte, auf diese Weise könne ein hoch industrialisiertes Land seinen Willen zum Beistand beim Wiederaufbau eines Landes in der Dritten Welt nach einer Naturkatastrophe bekunden.

Das deutsche Rote Kreuz kritisierte die Reaktion der Bundesregierung auf die Katastrophe scharf. Sie hätten sich gewünscht, die Bundesregierung wäre früher eingestiegen, sagte ein Sprecher des DRK. Das Rote Kreuz habe schon am 10. Februar auf die sich anbahnende Katastrophe aufmerksam gemacht und der erste DRK-Hilfsflug sei bereits am 14. Februar gestartet. Die ersten Hubschrauber der Bundesregierung seien erst knapp drei Wochen danach eingeflogen worden. Das Rote Kreuz sei in der Lage, einen Hilfsflug innerhalb von 24 Stunden zu buchen, doch bei der Bundeswehr fehle es an Organisationstalent und vielleicht zeige dies auch die mangelnde Bereitschaft der Bundesregierung, einem afrikanischen Land zu helfen. Außerdem seien wegen der langsam sinkenden Fluten wohl kaum mehr Menschen von Bäumen oder Hausdächern zu retten, sondern es gehe hauptsächlich darum, abgeschnittene Dörfer und Menschengruppen, die sich auf Sandbänke gerettet haben, mit Lebensnotwendigem zu versorgen. Vor allem die Schaffung von Trinkwasserstellen und der Bau von mehr Lagern seien jetzt dringend erforderlich, um die drohende Gefahr einer Cholera-Epidemie abzuwenden. Solche Hilfe könne nur von den wohltätigen Organisationen geleistet werden. Der DRK-Sprecher appellierte an die Bundesregierung, die Hilfsorganisationen massiv zu unterstützen, um das gröbste Elend zu verhindern. Er wandte sich auch an die Gesamtbevölkerung und forderte sie auf, weiterhin auf die eigens eingerichteten DRK Mosambik Spendenkonten einzuzahlen. Bisher seien über zweieinhalb Millionen Euro eingegangen. Man sollte auch in Zukunft Decken und Kleidung in den vom DRK eingerichteten Sammelstellen abgeben. Im großen Sammeltransport würden diese Güter bis Ende der Woche in die Krisengebiete geflogen werden.

g Students select the appropriate word from the list to fill into the gapped summary of the listening text. The list contains distractors.

Answers:

leistet, Flugzeuge, wohltätigen, einbezahlt, auszuüben

(5 marks)

C This section includes two short reading texts.

6 After reading the article about language issues in the EU, students choose the appropriate ending for each sentence a–e.

Answers:

a *ii* **b** *i* **c** *ii* **d** *iii* **e** *i*

(5 marks)

7 After reading about poverty in Germany, students decide whether sentences a–h are true, false or not mentioned in the article.

Answers:

a R **b** F *(Die Probleme sind keineswegs mit denen der Dritten Welt vergleichbar.)* **c** R **d** R **e** *nicht angegeben*
f F *(Dazu kann auch Neid kommen — or Arme Kinder sind (oft) eifersüchtig auf ...)* **g** *nicht angegeben* **h** R
(8 marks)

D This section is based on one longer text.

8 After reading about youth crime, students do questions a–k. Questions a–f involve answering in German, question g involves translating a paragraph into English and questions h–k involve translating English sentences into German.

Answers:

Paraphrases of the following:

a *In Bad Reichenhall erschoss ein 16-Jähriger drei Passanten, seine Schwester und sich selbst. In Meißen erstach ein 15-jähriger Schüler vor den Augen der Klasse seine Lehrerin.* (2 marks)

b *Jungen aus sozial benachteiligten Schichten, die entweder für rechtsradikale Parolen empfänglich sind oder in der Hooligan-Szene auftauchen.* (2 marks)

c *Im Gegensatz zu den rechtsradikalen Übergriffen haben die Gewalttaten kein politisches Motiv.* (1 mark)

d *Die Jugendlichen suchen ein Gefühl von Gemeinsamkeit, sie wollen dazugehören, aber sie lehnen das normale gesellschaftliche Verhalten ab.* (2 marks)

e *In der Erziehung und in den sozialen Verhältnissen. „Die Jugendlichen brauchen Eltern, die Grenzen aufzeigen, aber ihnen auch viel geben, eine Schule, die sie versteht, und eine Gruppe von Gleichaltrigen, die sie nicht zu einer solchen Extremtat zwingt.“* (3 marks)

f *Während die Landesstatistik bei der Jugendkriminalität steigt, sinkt die Zahl der Straftaten in Aachen.* (2 marks)

g *Suggested translation: In Aachen two police commissars are running the project 'Together against violence — schoolchildren helping schoolchildren.' The important thing is that they ask uncomfortable questions, which force the children to imagine themselves as victims. 'How many times in one minute could you kick someone lying on the ground? What fear and torment must the victim be suffering, how long can a minute be? Lean back, close your eyes for a minute and imagine you are the victim.' The minute gets unbearably long.* (20 marks)

h *Die Jugendlichen werden anfälliger für die Anziehungskraft der Gewalt.* (4 marks)

i *Die Jugendkriminalität steigt, obwohl extreme Gewalttaten immer noch Ausnahmefälle sind.* (4 marks)

j *Eltern und Schulen können dabei helfen, Jugendliche von Gewalt abzubringen, indem sie ihnen ein Gefühl von Gemeinsamkeit geben und deutliche Grenzen aufzeigen.* (4 marks)

k *Sie müssen jedoch verstehen, dass Jugendliche Eltern brauchen, die ihnen dabei helfen können, mit den Problemen des Erwachsenwerdens zurechtzukommen.* (4 marks)

Probetest Unit 6

Materials
◆ Student's Book pages 106–107

The activities on these pages are intended to help students practise for the oral exam. Ideally, they would go through the activities with their language assistant. See the assessment criteria tables for Unit 6 provided in the AQA specification for how to allocate marks to the activities on these pages.

Text 1
Students read the English text about obesity and answer the questions in German.

Text 2
Students read the Friends of the Earth text and answer the questions in German.

These stand-alone questions give practice in discussing many of the themes covered in the specification. Students should practise discussing them with a partner.

a Wie wichtig ist Politik für Sie? Warum / Warum nicht?
b Wie sollte sich ein guter Staatsbürger verhalten?
c Welchen Einfluss hat der / die Einzelne heute auf die Regierung und die Politik?
d Gibt es Ihrer Meinung nach immer noch Arme in unserer Gesellschaft?
e Sollte der Staat oder die Kirche den Armen helfen?
f Welches sind die größten Probleme der Dritten Welt?
g Wie können wir den Menschen der Dritten Welt helfen?
h Gibt es Ihrer Meinung nach zu viele Autos in unseren Städten?
i Wie könnte man die öffentlichen Verkehrsmittel attraktiver machen?
j Welche Auswirkungen haben der Tourismus und das Reisen auf unsere Umwelt?
k Warum kommen so viele junge Leute mit dem Gesetz in Konflikt?
l Mit welchen Methoden kann man Kriminalität am effektivsten bekämpfen?

m Was ist Ihrer Meinung nach besser – Strafe oder Rehabilitierung?

n Sollte England Ihrer Meinung nach Mitglied der EU bleiben?

o Was halten Sie vom „Euro"?

p Hat das Europäische Parlament zu viel Einfluss auf die Politik der Mitgliedsstaaten?

q Was verstehen Sie unter dem Begriff „Globalisierung"?

r Warum gibt es Ihrer Meinung nach Kriege?

s Welche Auswirkungen hat die Globalisierung auf Ihr Leben?

Coursework skills

Materials
◆ Student's Book pages 108–113

Researching and planning a coursework topic
This spread gives helpful tips on:

◆ Choosing a topic
◆ Researching a topic
◆ Writing a plan
◆ Checklist for stages of planning

Answers:
5 Introduction: a, d, g Main body: b, c, h, i Conclusion: e, f

Writing a first draft of your coursework
Page 110 gives helpful tips on:

◆ length
◆ structure
◆ language

Page 111 gives students the steps they need to write up notes into paragraphs.

Answers:
1 **a** *Verbot des Zugangs zur DDR für Westberliner*
 b *Aufhebung der durchgehenden Straßenbahnlinien von Ost- nach Westberlin*
 c *Störung des Transitverkehrs von der BRD nach Westberlin*
 d *Unterbrechung des Telefonnetzes zwischen Ost- und Westberlin*

Re-drafting a piece of coursework
Pages 112–113 give help in the following aspects of re-drafting coursework:

◆ Introduction
◆ Conclusion
◆ Form and content
◆ Language
◆ Checklist for stages of re-drafting

Answers:
2 *Literary essay: d, e, f, g*
 Factual: a, b, c, g

3 **a** *To sum up, we can say …*
 b *The discussion has shown that …*
 c *When the advantages and disadvantages are weighed up, it becomes clear / is shown that …*
 d *In conclusion we can say …*
 e *There are … as well as …*

4 **a** *In contrast to …*
 b *On the one hand … but on the other hand …*
 c *However, we must not forget that …*
 d *If you consider, however, …*
 e *It is similar with …*
 f *In the West there has always been unemployment, whereas in the East it has only existed since …*
 g *in comparison to …*

5 **a** *darstellen* **b** *erwähnen* **c** *existieren / es handelt sich um …* **d** *meinen* **e** *handeln* **f** *erblicken*
 g *erläutern*

6 **a** *Menschen, Personen, Jugendliche, Erwachsene*
 b *Schwierigkeit* **c** *Ich bin der Ansicht, dass …* **d** *Es lässt sich klar sehen / Es zeigt sich, dass / Es wird klar, dass …*

7 **a** *Es kommt immer noch zu fremdenfeindlichen Ausschreitungen, obwohl die Bevölkerung überwiegend gegen Rassismus ist.*
 b *Da die Westberliner die DDR nicht mehr betreten durften, konnten sie ihre Schrebergärten in Ostberlin nicht mehr pflegen.*
 c *Es konnte passieren, dass man von der Stasi abgehört wurde, während man telefonierte.*

8 **a** *Westberlin wurde von der DDR-Regierung Schritt für Schritt / schrittweise isoliert.*
 b *Verschiedene Werbekampagnen wurden begonnen / ins Leben gerufen, die teilweise erfolgreich waren.*
 c *Wenn unsere Gesellschaft in der Vergangenheit rücksichtsvoller gewesen wäre / mehr Rücksicht genommen hätte, würde das Problem heute nicht existieren.*
 d *Es gefällt Anne Frank, wenn Miep und Bep sie in ihrem Versteck besuchen.*

9 **a** *einen Mangel; jungen*
 b *kamen; Millionen*
 c *In den siebziger Jahren gab es **einen** Anwerbestopp; weil die großen Firmen nicht mehr so viele Arbeitskräfte **brauchten**.*
 d *Jedoch **fanden** viele Asylbewerber Arbeit auf **dem** Schwarzmarkt.*
 e *Zusammenfassend würde ich sagen, dass die Deutschen **heute** von **den ausländischen Arbeitnehmern abhängig** sind.*

Mark scheme

In brief, students will be marked on three different aspects:

- **Knowledge of society** This is worth 20 out of a total 30 marks. Students need to show that they know their subject in detail and have used information from various sources. They should present examples and evidence to back up their points/statements and only use information relevant to their chosen title.
- **Reaction and response** They can get a maximum of 5 marks. They need to say what impact the facts have had and how they judge their significance.
- **Knowledge of grammar** For the maximum 5 marks they should use complex sentences, a variety of complex grammatical structures and a wide range of vocabulary and expressions correctly and accurately.

Einheit 1

Name _____

1 Füllen Sie die Lücken mit den unten angegebenen Wörtern.

> Die deutsche Regierung besteht aus zwei Kammern, dem Bundestag und dem _____ . Der Bundestag besteht aus Mitgliedern, die teils _____ gewählt und teils über die Landesliste ins Parlament gekommen sind. In England gibt es auch zwei Kammern: Das Unterhaus (*House of Commons*) und das Oberhaus (*House of Lords*). Im Gegensatz zu Deutschland sind alle Parlamentsabgeordnete im Unterhaus direkt _____ . Der Bundesrat besteht aus _____ der 16 Landesregierungen, während das obere Haus in England teils Adlige, teils Bischöfe und von den Parteien ernannte, also nicht vom Volk gewählte Mitglieder hat. Die Teilnahme des Bundesrates an der Gesetzgebung in Deutschland unterstreicht den _____ Charakter der Republik, indem sie allen Bundesländern, je nach Größe, ein Mitspracherecht erteilt.
>
> Das Oberhaupt im Staate ist der _____ in Deutschland und die _____ in England. Der Bundespräsident wird jeweils auf fünf Jahre gewählt, während der englische König den Titel auf Lebenszeit innehat. Beide haben hauptsächlich _____ Funktionen.

> gewählt   Bundesrat   repräsentative   Vertretern
> Bundespräsident   Königin   föderativen   direkt

2 Erstellen Sie eine Liste der Probleme, die Großbritannien mit Deutschland gemeinsam hat. Denken Sie hier vor allem an:
  ◆ Arbeitslosigkeit
  ◆ Sanierung von bestimmten Wohngegenden
  ◆ Studienplätze
  ◆ Berufsausbildung für Jugendliche.

3a 🔊 Hören Sie sich den Bericht „Schlüsselübergabe im Reichstag" an, entscheiden Sie ob die folgenden Aussagen richtig oder falsch sind und verbessern Sie die falschen Sätze.

1 Knapp zehn Jahre nach dem Bau der Mauer ist das Parlament nach Berlin zurückgekehrt.
2 Das Parlament war schon früher da, von 1899 bis 1945.
3 Der neue Bundestagspräsident Thierse sagte, er wolle eine neue Ära, eine andere Republik und einen möglichst aufregenden Wechsel von Bonn nach Berlin.
4 Die Vertreter aller Parteien betonten, dass der Ortswechsel keinen Richtungswechsel bedeute.
5 Der Umbau hat rund DM 600 000 000 gekostet und hat acht Monate gedauert.
6 Jetzt endlich ziehe das westdeutsche Parlament wieder ein.
7 „Dem deutschen Volke" – diese Giebelinschrift gelte nun wieder, als Verpflichtung für die Parlamentarier des deutschen Bundestages.
8 Im Reichstag kann man die Parlamentarier beobachten und man kann dabei eine Tasse Kaffee trinken.
9 Der Reichstag ist ein Symbol für die Höhen und Tiefen der deutschen Geschichte.
10 Der Reichstag ist 1994 im Königreich erbaut worden.
11 Während der Weimarer Republik ist er nicht genutzt worden.

3b 🔊 Hören Sie sich Bundeskanzler Schröders Ansprache an und füllen Sie die Lücken aus.

> Das Zusammenwachsen ist ein _____ Prozess, der vor allem auf die _____ setzt. Die junge Generation ist viel _____ belastet von 40 Jahren _____ . Die Jugend genießt die _____ in vollen Zügen, sofern sie erlebt, dass sie in dieser Einheit eine _____ hat und genau um diese Zukunftschance _____ wir kämpfen.

Photocopiable

Name _____

1a Lesen Sie die Informationen über die politischen Parteien Deutschlands. Welche Aussagen sind richtig und welche falsch?

1 Die SPD ist die deutsche Version einer kommunistischen Partei.

2 Die CDU ist hauptsächlich in Bayern verbreitet.

3 Die FDP ist dafür, dass die Bürger selbst Verantwortung für sich übernehmen.

4 Das Bündnis 90/die Grünen interessieren sich ausschließlich für den Umweltschutz.

5 Die PDS war auch schon früher in den alten Bundesländern vertreten.

1b Erklären Sie, was Ihnen an jeder Partei gefällt und womit Sie nicht übereinstimmen. Entscheiden Sie dann, für welche Partei Sie Ihre Stimme abgeben würden und begründen Sie Ihre Entscheidung.

1c Lesen Sie nochmals die Angaben durch und versuchen Sie, nach Ihrem Verständnis, auf Englisch eine Zusammenfassung der verschiedenen Ziele der einzelnen Parteien zu geben.

Deutsche politische Parteien

Die deutschen Parteien sind auf die Revolution von 1848 zurückzuführen. In der Weimarer Republik gingen sie schließlich bei der Machtergreifung Hitlers unter.

Wenn wir die heutigen modernen Parteien betrachten, geht es hauptsächlich um nach dem Krieg neu gegründete Organe. Sie sind aber in ihren Zielen durchaus auf ihre historischen Wurzeln zurückzuführen.

SPD Sozialdemokratische Partei Deutschlands; gegründet 1945
- streng antikommunistisch
- Partei der Reformen
- erzielte als Regierungspartei besondere politische Erfolge in der Ostpolitik
- bekennt sich zu einem demokratischen Sozialismus
- plädiert für die soziale Marktwirtschaft und die Westintegration
- tritt für doppelte Staatsbürgerschaft der Gastarbeiter ein

CDU Christlich-Demokratische Union, vereinigt mit ihrer bayrischen Schwesterpartei
CSU Christlich-Soziale Union
- christlich-überkonfessionelle Partei
- versteht sich als christliche und soziale Volkspartei
- Verankerung in christlichen Wertvorstellungen
- vorwiegend konservative Züge
- rasche Eingliederung der Aussiedler in die deutsche Gesellschaft
- Schutz des ungeborenen Lebens

FDP Freie Demokratische Partei Deutschlands
- Partei aller liberalen Kräfte
- gegen absolute Mehrheiten, zwingt andere Parteien zum Kampf um die Mitte
- für persönliche Freiheit in allen Lebensbereichen
- betont Verpflichtungscharakter der Freiheit
- betont Eigenverantwortung des Menschen
- will Lösung von Umweltproblemen auf marktwirtschaftlicher Basis

Bündnis 90/die Grünen gebildet aus dem Zusammenschluss der Grünen (gegründet 1979) mit dem Bündnis 90 aus den neuen Bundesländern
- Die Grünen: Produkt der Protestbewegungen der sechziger/siebziger Jahre
- aus Bürgerinitiativen gebildet
- relativ lockeres Bündnis heterogener Gruppen
- gegen Bau von neuen Atomkraftwerken
- für national organisierten Umweltschutz
- für den Schutz der Menschenrechte, Gleichberechtigung von Mann und Frau

PDS Partei des Demokratischen Sozialismus
- Nachfolgepartei der SED hauptsächlich in den neuen Bundesländern
- spricht sich für den dritten Weg zwischen Sozialismus und Kapitalismus aus
- Parteiprogramm ganz auf die neuen Bundesländer ausgerichtet
- versteht sich als systemkritisch
- sucht Beteiligung an Diskussionen um Beschäftigungs- und Energiepolitik
- setzt sich für Verteidigung der Menschenrechte und für eine alternative Arbeitspolitik ein

NPD Nationaldemokratische Partei Deutschlands – entstand 1964
- Sammelbecken rechter und nationalistisch gefärbter Gruppierungen
- gegen ein multikulturelles Deutschland – „Deutschland den Deutschen"
- für die Familie – gegen die Arbeit von Müttern außer Haus
- wollen politisch Verfolgten kein Asyl gewähren
- für einen Austritt aus der NATO und für die Schaffung eines gesamteuropäischen Sicherheitssystems

Einheit 1

Name _____

Revision of cases

Read through the explanation of the German case system on pp. 117–119 of *Zeitgeist 2*.

1 Put the right form of the definite or indefinite article in the gaps.

  a Die NPD versprach _____ Wählern, Deutschland solle wieder deutsch werden.

  b Die meisten jungen Deutschen haben keine Lust, Mitglieder _____ Partei zu werden.

  c _____ Bundestagsabgeordnete wandte sich in seiner Ansprache vor allem an die Ostdeutschen.

  d Die Landtage entsenden Abgeordnete in _____ Bundesrat.

  e Seit 1998 sind auch die Grünen an _____ Bundesregierung beteiligt.

  f Die Bundesregierung beabsichtigt, _____ Aufbau Ost voranzutreiben.

  g _____ Transport von Atommüll durch Deutschland haben viele abgelehnt.

  h _____ jungen Gastarbeitern zweiter Generation soll endlich _____ deutsche Staatsbürgerschaft angeboten werden.

  i Viele _____ Bundestagsabgeordneten haben noch immer einen Wohnsitz im Westen Deutschlands.

  j Die Einführung _____ Verhältniswahlrechts hat in Deutschland großen Anklang gefunden.

Use of articles

2 Choose the correct definite article.

  a Der/Das vereinte Deutschland ist trotz anfänglicher Schwierigkeiten ein durchaus konkurrenzfähiger Handelspartner.

  b Der/Das Bundesrat stellt die/den Vertretung der Länder dar.

  c Der/Das Reichstag war angeblich von den Kommunisten angezündet worden.

  d Wegen der BSE-Krise haben die/den betreffenden Minister zurücktreten müssen.

  e In der Zeitung war ein Interview mit Frau Dr. Merkel, der/die Vorsitzenden der CDU, veröffentlicht.

  f Norman Foster ist der/den britische Architekt, der das/den Reichstag neugestaltet hat.

  g Der Bundespräsident traf dem/den polnischen Ministerpräsidenten auf die/der Brücke über die/den Oder.

  h Die Einführung der/des Euro fand im Januar 2002 statt.

  i In die/der Weimarer Republik gab es den/die 5% Klausel noch nicht.

  j Nach der/dem Wiedervereinigung ist die/das Arbeitslosigkeit in den/die neuen Bundesländern rapide angestiegen.

3 Translate the following sentences into German.

  a In Leipzig, people carried placards in their hands to show their dissatisfaction with the government.

  b Life in East Germany has changed dramatically.

  c Hitler seized power in 1933 and National Socialist Germany started re-arming.

  d Switzerland remained neutral in both world wars.

  e Medieval Germany was split up into many small states.

  f It took over 50 years before democracy finally arrived in East Germany.

  g The president gave a speech after dinner.

  h Even at school he was very interested in politics.

  i She joined the Green Party while at university.

  j In November 1989, the fate of the whole of Europe changed with the fall of the Wall.

Omission of the indefinite article

4 Translate the following sentences into German.

  a As a catholic, he only ever voted for the CDU.

  b He was still a student when he took part in political demonstrations.

  c Rosa Luxemburg was a communist.

  d His father was an Englishman.

  e The wife of the last president was a social worker.

  f Even as a schoolboy he wanted to become a politician.

  g President Kennedy wanted to be considered a citizen of Berlin.

  h You could not tell from his accent that he was a Bavarian.

  i It took some courage not to join the party in East Germany.

  j The health minister used to be a single mother.

Name _____

1  Wie kann man der Dritten Welt helfen? Hören Sie sich den Bericht an und schreiben Sie eine Zusammenfassung. Sie bekommen maximal 12 Punkte für den Inhalt und 10 für den sprachlichen Ausdruck. Erwähnen Sie die folgenden Punkte:

- die Arbeit von Hilfsorganisationen
- inwiefern ihr Erfolg begrenzt ist
- welche Projekte am meisten helfen
- die Arbeit von der Grammen Bank
- staatliche Hilfe von den Industrieländern
- Schulden
- Probleme mit der Organisation von Spenden von der Ersten Welt
- wie dieses Problem zu lösen ist

2 Lesen Sie den Bericht über Lotto und ergänzen Sie den Lückentext mit Hilfe der Liste unten. Wählen Sie jeweils einen passenden Infinitiv bzw. ein Adjektiv bzw. eine Substantivform und benutzen Sie die richtige Form des gewählten Wortes. Sie dürfen jedes Wort nur einmal benutzen.

Wenn ich im Lotto gewinnen würde ... so beginnen die Träume vieler, die hoffen, im Glücksspiel Millionär zu werden. Jede Woche stehen Kunden an Kassen in Tabakläden, um ihre Scheine abzugeben. Jetzt ist das aber nicht mehr nötig – Jens Schumann, 26, und Marc Peters, 29, haben ein Unternehmen gestartet, das Lottospielern erlaubt, ihre Zahlen am Computer zu Hause einzutippen. Vorher muss man eine Kreditkartennummer eingeben oder einen Bankeinzug erlauben. Per E-Mail gibt es eine Teilnahmebestätigung – und im Gewinnfall die freudige Nachricht.

Zu einem Anstieg der Höhe von Wetten hat die Website aber nicht geführt. „Die meisten Kunden sind nicht bereit, mehr Geld auszugeben als in der realen Welt", sagt Schumann.

Die beiden wollen die Site durch Werbung finanzieren – und für die Werber ist Lotto ein sicheres Geschäft. Bei dem Jackpot von 8 Millionen Euro gab es unlängst einen Ansturm auf Lottoannahmestellen, sowohl traditionell als auch elektronisch. In Nordrheinwestfalen wurden 77 Spielaufträge in der Sekunde gezählt – normal wären 50 gewesen.

Jens Schumann und Marc Peters haben eine Internetfirma _____, die Kunden _____, ihre Lottozahlen zu Hause am Computer _____. Kunden können mit _____ Zahlungmethoden, unter anderem per Kreditkarte, bezahlen. Sie bekommen eine _____ Meldung, wenn sie etwas Geld gewonnen haben. Die meisten Kunden geben aber nicht mehr Geld aus, als wenn sie im _____ Tabakladen zahlen würden. Die _____ von Lotto in Deutschland ist unbestritten, besonders wenn es möglich ist, eine sehr hohe _____ zu gewinnen. Bei dem Jackpot von 8 Millionen Euro wurden 77 Spielaufträge in der Sekunde _____.

Summe   ermöglichen   registrieren   Popularität   elektronisch   Erfolg   gründen   verschieden   Preis   eintragen   neu   sofortig   vermuten   verursachen   traditionell   ausdenken

---

Einheit 2

Name _____

Wohlstand – aber nicht im Osten

Frau Ossowski ist eine tüchtige und kompetente Sekretärin. Seit vier Jahren ist sie arbeitslos, seitdem ihr Betrieb in Halle von einem westdeutschen Investor übernommen wurde. Arbeitslosigkeit gab es in der DDR nicht – in den neuen Bundesländern ist es ein Teil des Alltags geworden.

Über zehn Jahre nach dem Mauerfall haben die neuen Bundesländer keineswegs den Wohlstand der alten Länder erreicht. Konsumgüter gibt es überall zu kaufen – wenn man sie sich leisten kann. Aber bei einer Arbeitslosenquote von 17% können sich das immer weniger. Und die Situation scheint sich nicht zu verbessern, im Gegenteil scheint die Kluft zwischen West und Ost größer zu werden. In den letzten fünf Jahren stieg die Arbeitslosenzahl im Osten um 300 000. Im Westen sank sie im gleichen Zeitraum um 500 000.

Wer jung und mobil ist, zieht um. Und das kann das Ende einer kleinen Gemeinde bedeuten. Dafür ist Bischofferode ein Beispiel. Viele der 2900 Einwohner des Dorfes arbeiteten bei der Firma Mitteldeutsche Kali AG. Als bekanntgegeben wurde, dass der Schacht schließen sollte, gingen die Mitarbeiter in Hungerstreik. Umsonst – ein Jahr später wurde die Firma geschlossen. 700 Arbeitsplätze gingen verloren.

Seitdem haben sich andere Firmen in der Nähe angesiedelt und 220 neue Arbeitsplätze geschaffen. Besser als nichts, aber immer noch zu wenig. Die Kalimitarbeiter ließen sich umschulen, nehmen an Arbeitsbeschaffungsmaßnahmen teil oder gingen in den Vorruhestand. Nicht alle haben es geschafft, in der alten Heimat eine neue Stelle zu finden. Mehr als 400 Bischofferoder haben das Dorf verlassen und suchen woanders eine Perspektive.

---

1 Lesen Sie den Text „Wohlstand – aber nicht im Osten" und finden Sie die Wörter oder Ausdrücke mit der folgenden Bedeutung im Text.

a fähig

b sich finanziell ermöglichen

c die Diskrepanz

d vergebens

e sich niederlassen

2 Richtig, falsch oder nicht angegeben? Füllen Sie die Tabelle unten aus.

		richtig	falsch	nicht angegeben
a	Frau Ossowski hat ihre Stelle verloren, weil sie die Arbeitsbedingungen der neuen Leitung zu anspruchsvoll fand.			
b	Arbeitslosigkeit ist ein Phänomen, das in Ostdeutschland vor der Wende kaum existierte.			
c	Die neuen Bundesländer haben weniger Reichtum als die alten Bundesländer.			
d	Der Unterschied zwischen dem Wohlstand im Osten und im Westen hat sich stabilisiert.			
e	Alle Prognosen deuten darauf hin, dass die Arbeitslosenquote im Osten weiterhin steigen wird.			
f	Viele Jugendliche verlassen ihre Heimatstädte, um woanders Arbeit zu suchen.			
g	Die Aktionen der streikenden Kaliarbeiter sind schließlich erfolglos gewesen.			
h	Die Regierung hat andere Firmen ermutigt, sich in Bischofferode anzusiedeln.			
i	Manche Kaliarbeiter haben sich frühzeitig pensionieren lassen.			
j	Mehr als ein Drittel der ehemaligen Dorfbewohner sind inzwischen umgezogen.			

Name _____

1 **👥** Lesen Sie den Text und diskutieren Sie die Arbeit der Organisation Traidcraft.

Traidcraft

Traidcraft is the UK's largest independent fair trade organization, which was set up in 1979 to challenge the unfair way in which international trading systems are usually structured. Small businesses in 'third world' countries face many disadvantages in trade. These include:

+ lack of money
+ unpredictable world prices and demand for their products
+ tariffs and quotas, which limit how many of their products other countries can buy
+ a lack of knowledge about how trading systems operate.

This can make it difficult for them to compete on world markets and to earn enough money to pay for adequate food, shelter, health care and education.

How does Traidcraft work?

Traidcraft operates on the principle that by paying a fair price for the products we buy, and establishing long term relationships of partnership and co-operation, we can help poor communities to work their way out of poverty and create a more equitable world. Most of Traidcraft's trading partners are community-based enterprises and associations of smallholder farmers organised for the benefit of their producers and growers. Traidcraft can give producers access to credit which allows them to buy the raw materials they need. We also support training programmes which develop the skills and knowledge of our producers. Traidcraft is a Christian initiative which welcomes co-operation with all who share a concern for fairer trade.

What are the benefits of fair trade?

Traidcraft's ethical approach to trading means that, wherever possible, our products come from groups which:

+ are organised primarily for the benefit of their members and the community
+ pay fair wages and provide working conditions that are better than average for the locality
+ encourage and enable workers' participation in ownership and decision making.

Fair trade makes a real difference to the lives of the producers we work with. Improvements in health care, housing and education, along with safer water supplies and a better diet, are among the tangible benefits that fair trade can bring.

What products does Traidcraft sell?

Traidcraft sells a range of fair trade products, including crafts, fashions, foods, beverages, paper and cards. Our products are sold through an extensive network of Fair Traders (Traidcraft representatives), as well as by mail order catalogue and a number of independent retail outlets. We also work in co-operation with a number of other European fair trade organisations to sell fair trade products and promote fair trade. When producers are ready to do so, we help them to find markets in the commercial mainstream.

Beispielfragen

◆ Worum geht es hier?
◆ Was ist Traidcraft?
◆ Was sind die Ziele von Traidcraft?
◆ Was kann Traidcraft seinen Mitarbeitern anbieten?
◆ Wie finden Sie die Arbeit von Traidcraft?

◆ Was sind die Hauptprobleme der Dritten Welt?
◆ Wie kann man Ihrer Meinung nach der Dritten Welt am besten helfen?
◆ Welche anderen Initiativen kennen Sie, die der Dritten Welt helfen?

Einheit 3

Name _____

1 🔊 Hören Sie sich den Bericht „Musik als Therapie bei Depressionen" an. Sind die folgenden Sätze richtig oder falsch?

		Richtig	Falsch
a	Musik wird seit 2000 Jahren als Heilmittel benutzt.		
b	Nach Arthur W. Harvey kann die Musik unterschiedliche Wirkungen haben.		
c	Musik kann sowohl auf einer körperlichen als auch auf einer seelischen Ebene wirken.		
d	Musik kann wenig zu dem seelischen Wohlbefinden beitragen.		
e	Musik kann positive Gefühle unterdrücken.		
f	Therapeuten können viele verschiedene Musikarten benutzen.		
g	Jeder Patient braucht eine ganz spezifische Behandlung.		
h	Die Musiktherapie hat sich jetzt so weit entwickelt, dass sie traditionelle Behandlungsmethoden ersetzen kann.		

2 🔊 Hören Sie sich den Bericht über die St-Hedwig-Klinik an. Schreiben Sie auf Deutsch eine Zusammenfassung des Berichts. Erwähnen Sie die folgenden Punkte.
- Details über die St-Hedwig-Klinik in Berlin
- Wer dort arbeiten wird
- In welchen Bereichen die chinesische Medizin helfen kann
- Woraus die Heilmittel bestehen
- Welche Methoden bei der Behandlung benutzt werden
- Die Ziele des Projekts
- Wie die Krankenkassen darauf reagiert haben.

_____
_____
_____
_____
_____
_____
_____
_____
_____
_____
_____
_____

3 👥 Benutzen Sie die Antworten von Übung 1 und 2 und besprechen Sie die folgenden Fragen mit einem Partner/einer Partnerin. Fassen Sie Ihre Antworten schriftlich zusammen.
a Welche alternativen Heilmethoden kennen Sie?
b Welche Krankheiten kann man mit diesen Methoden behandeln?
c Welche Vorteile gibt es?
d Was halten Sie von diesen Methoden? Glauben Sie, dass sie funktionieren?
e Würden Sie solche Methoden ausprobieren?
f Sollte die Krankenkasse solche Therapien bezahlen?

4 Erforschen Sie andere Heilmethoden im Internet. Suchen Sie unter yahoo.de, Stichwort: alternative Heilmittel. Machen Sie dann ein Flugblatt mit dem Titel „Alternative Medizin".

Name _____

Heroin vom Staat

Hamburgs Drogenpolitik erhält neue Dynamik: die kontrollierte Abgabe von Heroin an Schwerstabhängige soll unter ärztlicher Aufsicht „wahrscheinlich erlaubt werden". Geplant sei ein Erprobungsverfahren, an dem sich neben Hamburg unter anderen Frankfurt/Main und Berlin beteiligen. Dabei soll Heroin an 200 bis 300 Schwerstabhängige verteilt werden. Ziel sei es, an die Süchtigen, die sonst vom Staat nicht mehr erreicht werden, mit Hilfsangeboten heranzukommen. Erfahrungen aus der Schweiz belegten, dass die kontrollierte Abgabe von Heroin an Abhängige ein Weg sein könnte, Drogenkriminalität einzuschränken. Auch hofft man, dass das Programm die Ausbreitung des HIV-Virus eindämmt und dass die Mitglieder des Programms eine Entzugsbehandlung machen.

Das Programm ist natürlich auf Widerstand gestoßen. Manche sind empört, dass staatliches Geld für Heroin ausgegeben wird, und dass die Drogenabhängigen ihre Sucht umsonst befriedigen können. Albrecht Roth, Leiter des Programms, sieht es anders, „Es geht hier keineswegs um freie Drogen", meint er, „sondern um den Versuch, diese Jugendlichen aus der Drogenszene zu ziehen. Unsere Mittel dienen diesem Zweck. Ich betrachte Drogensucht als eine Krankheit – die zu anderen Krankheiten wie Aids führen kann. In diesem Sinne ist die kontrollierte Abgabe von Heroin eine Behandlungsmethode."

Karin Friedrichs bringt einen ganz anderen Standpunkt zur Debatte. Seit zehn Jahren leidet sie an multiple Sklerose. Seit zwei Jahren sitzt sie im Rollstuhl. Das Rauchen von Haschisch ist eine der besten Methoden, die furchtbaren Schmerzen der Krankheit zu lindern. Haschisch ist aber illegal. „Wenn man bereit ist, Heroin an Drogensüchtige zu geben, müsste es auch möglich sein, die kontrollierte Abgabe von Haschisch an multiple Sklerose Kranke zu legalisieren", meint sie. „Erstens ist Haschisch eine sehr milde Droge im Vergleich zu Heroin und zweitens, vom moralischen Standpunkt aus muss man schon einsehen, dass ich im Vergleich zu Drogensüchtigen keineswegs die Schuld an meiner Krankheit trage. Aber das Drogenproblem ist ein sozialer Brennpunkt – die multiple Sklerose eben nicht. Deshalb finde ich es ungerecht, dass ich entweder leiden oder ein Verbrechen begehen muss."

1 Lesen Sie den Text „Heroin vom Staat" und schreiben Sie eine Überschrift für jeden Abschnitt.

2 Fassen Sie jeden Abschnitt in zwei oder drei Sätzen auf Deutsch zusammen.

3 Beantworten Sie die folgenden Fragen auf Deutsch.
   a Was soll bald in Hamburg erlaubt werden? *(1)*
   b Welche Gruppe von Süchtigen will das Programm erreichen? *(1)*
   c Welche drei Ziele hat das Programm? *(3)*
   d Warum protestieren manche Bürger gegen das Programm? *(2)*
   e Wie versucht Albrecht Roth, das Programm zu rechtfertigen? *(2)*
   f Beschreiben Sie Karin Friedrichs' gesundheitlichen Zustand. *(2)*
   g Wie kann Haschisch ihr helfen? *(2)*
   h Inwiefern findet sie es ungerecht, dass Haschisch für multiple Sklerose Kranke illegal ist? *(3)*

4 Übersetzen Sie den letzten Abschnitt ins Englische.

5 Übersetzen Sie diese Sätze ins Deutsche.
   a Heroin is being distributed to drug addicts in Hamburg.

   _____

   _____

   b The programme could be a way of stopping the spread of the HIV virus.

   _____

   _____

   c Albrecht Roth said he wanted to remove young people from the drugs scene.

   _____

   _____

 Photocopiable

Name _____

Die folgenden Personen nehmen an einer Fernsehdebatte zu dem folgenden Thema teil: „Sollte die kontrollierte Abgabe von Drogen an Süchtige erlaubt werden?" Spielen Sie die Rolle, die Ihnen zugeteilt wird. Eine Person kann auch den Moderator/die Moderatorin spielen.

✂ -

A Frau Schneider

- Sie finden es unmöglich, dass Drogen umsonst an Abhängige verteilt werden.
- Man könnte das Geld zu anderen Zwecken benutzen – zum Beispiel, um Krankenhäuser zu verbessern.
- Drogensüchtige bekommen sowieso Entzugsbehandlungen umsonst von der Krankenkasse.
- Sie glauben nicht, dass das Programm die Süchtigen dazu ermutigen wird, eine Entzugsbehandlung zu machen.
- Es könnte schon andere dazu bringen, Drogen zu nehmen.
- Drogensüchtige sind sowieso selber an ihren Problemen schuld.

B Herr Till

- Ihr Sohn war Drogenabhängiger.
- Er ist neulich an Aids gestorben.
- Er hat mehrmals versucht, auf Drogen zu verzichten – aber umsonst.
- Ein solches Programm hätte ihm eine Chance gegeben.

C Frau Pfeil

- Ihr Mann leidet an multiple Sklerose.
- Sie finden es unmöglich, dass er kein Haschisch vom Staat bekommen darf, obwohl Drogensüchtige Heroin bekommen.
- Sie sind nicht unbedingt gegen das Programm für Drogensüchtige, aber Sie finden es ungerecht.
- Sie finden, man sollte zumindest die kontrollierte Abgabe von Haschisch legalisieren.

D Herr Marschollek

- Sie sind Sozialarbeiter und arbeiten mit Drogensüchtigen.
- Sie finden es wichtig, dass Sie mit Drogensüchtigen in Kontakt kommen, die schwer abhängig sind.
- Sie glauben, dass ein solches Programm ihnen helfen könnte.
- Sie glauben, dass nur diejenigen, die sich zu einer Entzugsbehandlung verpflichten, die Drogen bekommen sollten.
- Sie glauben, es ist eine Priorität, Drogenkriminalität und die Ausbreitung des HIV-Virus zu verringern.

E Frau Meyer

- Sie wohnen in der Nähe einer geplanten Klinik für Drogenabhängige.
- Sie glauben, es wäre sehr schlecht für ihre Kinder, Drogenabhängige in der Nähe zu haben.
- Es ist sehr gefährlich, wenn benutzte Spritzen herumliegen.
- Sie sehen nicht ein, dass Geld für Heroin ausgegeben wird.
- Die Abgabe von Drogen wird Abhängige nicht dazu ermutigen, auf Heroin zu verzichten.

F Herr Schmidt

- Sie waren früher drogenabhängig.
- Die Öffentlichkeit versteht nicht, wie schwierig es ist, auf Drogen zu verzichten.
- Sie glauben, es ist eine gute Idee, weil Abhängige dann keine Spritzen teilen.
- Aber man sollte die Abhängigen verpflichten, an einer Entzugsbehandlung teilzunehmen.

Einheit 4

Name _____

1 🔊 Hören Sie sich den Bericht an und wählen Sie die Ergänzung, die zu jeder Aussage am besten passt, so dass die Aussagen mit dem Sinn des Berichts übereinstimmen.

a Reisende erlebten Probleme auf dem Weg in den Urlaub, weil
  1 das Wetter sehr schlecht war. ☐
  2 die Urlauber keine Geduld hatten. ☐
  3 es ständig Staus auf den Autobahnen nach Süden gab. ☐

b In Österreich kam es zu Verkehrsbehinderungen, weil
  1 es viele Staus im Tauerntunnel gab. ☐
  2 der Tauerntunnel gesperrt war. ☐
  3 viele Autofahrer den Tauerntunnel als Ausweichroute benutzten. ☐

c Die Alternative über den Tauer ist besonders geeignet für
  1 ausländische Reisebusse. ☐
  2 Autos mit Wohnwagen. ☐
  3 risikobewusste, erfahrene Autofahrer. ☐

d Die Verkehrspolizei versuchte, den Verkehr zu regeln, indem sie
  1 nur Busse und Camper durchließ. ☐
  2 die Straße nach Graz blockierte. ☐
  3 den Verkehr auf günstigere Strecken umleitete. ☐

e Urlauber, die zum Wörthersee wollen,
  1 sollen dieses Jahr mit dem Flugzeug anreisen. ☐
  2 können die Ausweichstrecke über Graz benutzen. ☐
  3 müssen Pkws mit Anhänger haben. ☐

f Baustellen
  1 verhindern Geschwindigkeitsüberschreitungen. ☐
  2 werden in den Ferienzeiten auf ein Minimum reduziert. ☐
  3 werden vom österreichischen Verkehrsminister angeordnet. ☐

g Besonders stauanfällige Routen in Deutschland sind
  1 die A5 zwischen Basel und Karlsruhe. ☐
  2 die Straße zwischen Graz und dem Tauer. ☐
  3 die A5 zwischen Karlsruhe und Basel. ☐

h Der ADAC hatte die Staus vorausgesagt, da
  1 in drei Bundesländern die Schulferien begonnen hatten. ☐
  2 Ferienbeginn in allen Nachbarländern war. ☐
  3 es im Moment zu viele Baustellen auf Autobahnen gibt. ☐

2 🔊 Hören Sie ein Interview mit Frau Engesser vom Verkehrsverbund VRN zur Bewältigung des Verkehrschaos im Rhein-Neckar-Gebiet. Entscheiden Sie, ob die Aussage richtig, falsch oder nicht angegeben ist.

	R	F	NA
a Der VRN will hauptsächlich die Reise zum Arbeitsplatz und zu Bildungsstätten erleichtern.			
b Der Arbeitnehmer muss sich zur Hälfte an den Kosten des Job-Tickets beteiligen.			
c Ein Job-Ticket ist meist billiger als ein Parkplatz in der Nähe des Arbeitsplatzes.			
d Wer so eine Karte besitzt, darf an Wochenenden ab 19 Uhr bis zu fünf weitere Personen mitnehmen.			
e Die Arbeitnehmer benutzen lieber ihren eigenen Wagen, weil die Linienbusse oft im Stau genauso stecken bleiben.			
f Seit seiner Einführung nutzen jährlich 24 000 Arbeiter ein solches Angebot.			
g Schüler und Azubis können im ganzen Verkehrsnetz uneingeschränkt herumfahren.			
h Schüler können am Wochenende auch bis zu fünf Freunde auf ihrem Ticket mitnehmen.			
i Mit einem Freizeit-Ticket ist der Eintritt ins Technikmuseum kostenlos.			
j Alle Fahrkarten können im Internet bestellt werden.			
k Beim Parken und Reisen muss man die Parkgebühr extra bezahlen.			
l Die Weihnachtseinkäufe wurden erleichtert, weil Päckchen in Fahrzeugen in der Innenstadt abgestellt werden konnten.			

  Zeitgeist 2

Name _____

Die SBB — eine Erfolgsgeschichte

Im Gegensatz zu den meisten europäischen Ländern scheint es der Schweiz gelungen zu sein, eine vernünftige Verkehrspolitik eingeleitet zu haben. Dort benutzen etwa doppelt so viele Bürger wie in der Bundesrepublik die öffentlichen Verkehrsmittel. Auf jeden Schweizer, vom Baby bis zum Greisen, kommen pro Jahr etwa 40 Zugreisen mit umgerechnet 1700 Bahnkilometern, und das bei einer relativ geringen Nord–Süd und Ost–West–Ausdehnung des Landes. Fast jede kleine Ortschaft hat immer noch ihren eigenen Bahnhof, der Nahverkehr blüht und wird von allen, auch von Geschäftsleuten, ausgenutzt. Die Fahrpläne der Kurz– und Langstrecken sind miteinander verzahnt,

sodass die Wartezeiten beim Umsteigen äußerst kurz gehalten werden.

Auch beim Güterverkehr zeigt sich deutlich, dass eine Zusammenarbeit zwischen den Politikern und der Leitung der Schweizerischen Bundesbahnen deutlich Früchte trägt. Fast über 40% des Warentransports im Binnenland laufen über die Schienen, während es die BRD auf ganze 16% bringt. Im Transit schafft es die Schweiz sogar, mehr als drei Viertel der Waren auf Güterzügen zu verfrachten.

Doch nicht nur Politiker und Vertreter der SBB sind für diese Entwicklungen verantwortlich. Sie sind vielmehr die Folge von jahrelangen Debatten und

Volksabstimmungen, die letzten Endes zu einer Verankerung solcher Maßnahmen im Gesetz führten und eine Begünstigung der Investitionen in den Schienenverkehr hervorriefen.

Die Bahn ist für den Gütertransport attraktiv, weil alle Lkws je nach Größe eine entsprechend hohe Summe für die Benutzung aller Schweizer Straßen entrichten müssen. Der Transitverkehr wird dann noch zusätzlich mit einer Alpenpauschale belegt, die ein Vielfaches der in Deutschland vorgeschlagenen Minimaut beträgt. Die so erhaltenen Gewinne werden wiederum zum weiteren Ausbau des Schienenverkehrs eingesetzt.

1a Lesen Sie den Text über Entwicklungen in der Schweiz und suchen Sie darin die Ausdrücke, die den englischen entsprechen:

a twice as many citizens as
b short-distance trips are flourishing
c time-tables are linked
d goods are transported by rail
e the consequence of referendums
f liable for a mountain tax
g used to extend the rail network

1b Machen Sie eine Liste von allen positiven Schritten, die die Schweizer Bundesbahn unternommen hat, um mehr Kunden anzulocken.

2 Ergänzen Sie die folgenden Satzanfänge mit Informationen aus dem Text.

a Jeder Schweizer benutzt im Jahr ungefähr vierzigmal den Zug, während die Deutschen …
b 1700 Zugkilometer pro Jahr und pro Person sind eine erstaunliche Leistung, weil …
c Da die Fahrpläne der Kurz- und Langstrecken miteinander verzahnt sind, werden …
d Obwohl in Deutschland der Gütertransport mittlerweile auf 16% gesunken ist, erreicht er …
e Die Schweizer Regierung hat mit der SBB zusammenarbeiten müssen, nachdem …
f Der Transitverkehr ist für viele ausländische Spediteure nicht mehr attraktiv, weil …

Einheit 4

Name _____

The passive – revision

Read carefully through the explanation of the passive voice
on pp. 134–136 of *Zeitgeist 2*.

1 Put the following active sentences into the passive.
  a In Deutschland baute man die erste
    Dampflokomotive im Jahre 1835.
  b In den Jahren der wirtschaftlichen Expansion
    vernachlässigten die Politiker die Eisenbahnen.
  c Sie begünstigten vor allem den Ausbau der
    Autobahnen und Schnellstraßen.
  d Tony Blair weihte 1998 die neue Zugverbindung
    zwischen Heathrow und Paddington ein.
  e Die Bahn AG verlegt den Güterverkehr wieder auf
    die Schienen zurück.
  f Die Bundesregierung zahlt der Bahn AG weiterhin
    Subventionen.

2 Translate the following sentences into German.
  a The introduction of a unified price structure for
    public transport was generally welcomed.
  b Students were easily persuaded to purchase the
    MAXX tickets.
  c It has been proved that weekend traffic on the
    railways has increased since 1994.
  d A lot is said in favour of the park and ride system.
  e In 1999 public transport in the VRN area was used
    regularly 223 million times.

3 Put the following sentences into the passive using
modal verbs and the passive infinitive.
  a Man sollte auf den Autobahnen ein Tempolimit
    einführen.
  b Die Bundesbürger müssen ihre Autowracks richtig
    entsorgen.
  c Man darf die Geschwindigkeitsbegrenzungen in der
    Nähe von Schulen nicht überschreiten.
  d Man könnte die Anzahl der Unfälle durch
    Tempolimits begrenzen.
  e Man sollte höhere Strafen für Verkehrssünder
    einführen.

The impersonal passive

4 Put the following active sentences into the passive.
  a Der Autohändler empfahl dem Kunden, sich einen
    Katalysator einbauen zu lassen.
  b Die Werkstatt leiht uns ein Auto, bis unser Wagen
    repariert ist.
  c 1973 verbot man den Autofahrern, am Sonntag ihre
    Fahrzeuge zu benutzen.
  d Man erlaubte nur den Sicherheitsdiensten zu fahren.
  e Als wir uns unsere Monatskarten kauften, gab man
    uns auch Fahrpläne mit.
  f Meine Mutter bot mir an, am Abend ihr Auto zu
    benutzen.

5 Translate the following sentences into German.
  a They were offered a student reduction.
  b Pupils are given timetables and application forms at
    the beginning of each academic year.
  c The federal states were ordered to reduce commuter
    traffic by 5%.
  d The public were told about the danger from car
    emissions to the environment.
  e The students were not allowed to drive to school
    because of lack of parking spaces.
  f They were advised to use the cycle paths to get to
    school safely.

Avoidance of the passive

6 Rewrite the following sentences avoiding the passive.
  a Alternativen im Bereich der Städte und des
    Nahverkehrs wurden erforscht.
  b Es wird nicht geleugnet, dass es schwierig sein wird,
    dem Bundesbürger das Auto für den Berufsverkehr
    abzugewöhnen.
  c Ein Anstieg im Gebrauch der Busse und
    Straßenbahnen ist schon beobachtet worden.
  d In vielen Städten Deutschlands sind Mitfahrzentralen
    eingerichtet worden.
  e In den USA wurde Fahrzeugen mit mehreren Insassen
    erlaubt, zu Stoßzeiten eine Schnellspur zu benutzen.

Name _____

1 [▣] Hören Sie sich den Bericht über die Rolle von Robotern bei der Marsforschung an. Wählen Sie die Ergänzung, die zu jeder Aussage am besten passt, so dass die Aussagen mit dem Sinn des Berichts übereinstimmen.

a Roboter sollen den Planeten Mars _____ .
  1 erforschen ☐
  2 überprüfen ☐
  3 kontrollieren ☐

b Die ersten Versuche, Roboter auf dem Planeten zu landen, _____ .
  1 haben viel gebracht ☐
  2 sind gescheitert ☐
  3 waren erfolgreich ☐

c Forscher wollen herausfinden, ob der Mars früher das Leben hätte _____ können.
  1 erhalten ☐
  2 töten ☐
  3 beschränken ☐

d Es gibt schon _____, dass das Klima auf Mars mal ganz anders war.
  1 Vermutungen ☐
  2 Behauptungen ☐
  3 Anzeichen ☐

e Es ist ein Hauptzweck der Mission, Spuren von Wasser zu _____
  1 sammeln ☐
  2 finden ☐
  3 analysieren ☐

f Forscher wollen _____ untersuchen.
  1 Chemikalien ☐
  2 Erdstücke ☐
  3 Gase ☐

g Die Landung auf dem Mars kann _____ sein.
  1 lang ☐
  2 reibungslos ☐
  3 problematisch ☐

h Forscher wollen endgültig _____, ob wir eigentlich immer die einzigen Lebewesen im Solarsystem gewesen sind.
  1 fragen ☐
  2 entscheiden ☐
  3 feststellen ☐

2 Füllen Sie das Kreuzworträtsel aus.

(Kreuzworträtsel mit Lösungswort WISSENSCHAFT, Felder 1–12)

Fragen
  1 das Ziel einer Handlung
  2 etwas gezielt beeinflussen
  3 Strom von der Sonne
  4 das wissenschaftliche Untersuchen, um neue Erkenntnisse herauszufinden
  5 ein Automat, der bestimmte Tätigkeiten ausführt
  6 eine Kopie von etwas machen
  7 eine Entwicklung zum Besseren
  8 etwas finden oder herausfinden
  9 Technologie zur Veränderung von Genen
  10 eine Erneuerung
  11 die Reise durch den Weltraum
  12 ungefähr berechnen

Name _____

Use this text with the *Grammatik* activities on p. 54 of *Zeitgeist 2*.

SOLARSTADT GELSENKIRCHEN

„Solarstadt Gelsenkirchen" heißt die Überschrift auf der Webseite – und diesen Titel hat die Stadt in Nordrhein-Westfalen wohl verdient. Mit Energie hatte die Stadt schon immer zu tun. Dreizehn Zechenräder drehten sich einst innerhalb der Stadt: aus umweltschädlichen fossilen Brennstoffen wurde Energie gewonnen. Aber die Zukunft Gelsenkirchens lag woanders – in Energie von der Sonne. Diese Umstellung auf Solarstrom ist eine Entwicklung, die nicht nur saubere Energie, sondern auch Arbeitsplätze für die Stadt schaffen sollte.

Um den Energiebedarf der Welt zu decken, müssen alternative Methoden der Energiegewinnung weiterentwickelt werden. Fossile Brennstoffe werden im Laufe dieses Jahrhunderts erschöpft sein. Erneuerbare Energien sind Wasserkraft, Biomasse, Windkraft und Sonnenlicht. Die Sonne steht an der Spitze mit einem Ressourcenpotenzial, das weit über das fossile Potenzial hinausgeht. Die Sonne liefert dem Erdball 15 000-mal mehr Energie im Jahr als der Jahresverbrauch an atomarer und fossiler Energie. Sie liefert allein Italien sechsmal mehr Energie als der Jahresweltverbrauch.

In Gelsenkirchen liegt die Sonnenenergie der Stadtplanung am Herzen. In Schulen werden Projekte zum Thema Sonnenenergie durchgeführt. Internationale Tagungen finden statt. Gelsenkirchen ist die Solarstadt Deutschlands, denn sie ist sowohl der Sitz einer riesigen Solarfabrik mit 700 Arbeitnehmern als auch einer Siedlung mit 77 Reihenhäusern. Jedes Solarhaus erhält einen dachintegrierten Solarkollektor. Die Warmwasserversorgung wird zu über 60% und die Stromversorgung zu über 50% durch Sonnenenergie gedeckt. Die Haustechnik ist ebenfalls auf Energiesparen ausgelegt: Waschmaschinen und Geschirrspüler werden an die solare Warmwasserbereitung angeschlossen. Der CO_2-Ausstoß von jedem Haus beträgt weniger als die Hälfte des Durchschnitts.

Der Landesbauminister Michael Vesper darf sich schon über den Erfolg dieser Stadt freuen. Fünfzig Solarsiedlungen sollen in den kommenden Jahren in Nordrhein-Westfalen entstehen, mit dem Ziel, „die verschiedenen Lösungen zum Energieproblem für jeden sichtbar zu machen".

- - ✂ -

Schneiden Sie die Karten aus. Bringen Sie sie in die richtige Reihenfolge, um einen Text zu bilden.

sondern auch Arbeitsplätze für die Stadt schaffen sollte. Um den Energiebedarf der Welt zu decken, müssen alternative Methoden der Energiegewinnung weiterentwickelt werden. Fossile Brennstoffe werden	als der Jahresverbrauch an atomarer und fossiler Energie. Sie liefert allein Italien sechsmal mehr Energie als der Jahresweltverbrauch. In Gelsenkirchen liegt die Sonnenenergie der Stadtplanung am Herzen. In Schulen werden	über den Erfolg dieser Stadt freuen. Fünfzig Solarsiedlungen sollen in den kommenden Jahren in Nordrhein-Westfalen entstehen, mit dem Ziel, „die verschiedenen Lösungen zum Energieproblem für jeden sichtbar zu machen".
Projekte zum Thema Sonnenenergie durchgeführt. Internationale Tagungen finden statt. Gelsenkirchen ist die Solarstadt Deutschlands, denn sie ist sowohl der Sitz einer riesigen Solarfabrik mit 700 Arbeitnehmern	„Solarstadt Gelsenkirchen" heißt die Überschrift auf der Webseite – und diesen Titel hat die Stadt in Nordrhein-Westfalen wohl verdient. Mit Energie hatte die Stadt schon immer zu tun. Dreizehn Zechenräder drehten sich einst innerhalb der Stadt: aus umweltschädlichen fossilen Brennstoffen	im Laufe dieses Jahrhunderts erschöpft sein. Erneuerbare Energien sind Wasserkraft, Biomasse, Windkraft und Sonnenlicht. Die Sonne steht an der Spitze mit einem Ressourcenpotenzial, das weit über das fossile Potenzial hinausgeht. Die Sonne liefert dem Erdball 15 000-mal mehr Energie im Jahr
als auch einer Siedlung mit 77 Reihenhäusern. Jedes Solarhaus erhält einen dachintegrierten Solarkollektor. Die Warmwasserversorgung wird zu über 60% und die Stromversorgung zu über 50% durch Sonnenenergie gedeckt. Die Haustechnik ist	wurde Energie gewonnen. Aber die Zukunft Gelsenkirchens lag woanders – in Energie von der Sonne. Diese Umstellung auf Solarstrom ist eine Entwicklung, die nicht nur saubere Energie,	ebenfalls auf Energiesparen ausgelegt: Waschmaschinen und Geschirrspüler werden an die solare Warmwasserbereitung angeschlossen. Der CO_2-Ausstoß von jedem Haus beträgt weniger als die Hälfte des Durchschnitts. Der Landesbauminister Michael Vesper darf sich schon

✂

Name _____

You don't have to be human to work here. But it helps.

We love to watch them doing battle on TV but when it comes to actually using robots, Britain trails the world. James Meek on a love-hate relationship

Earlier this year a worker was made redundant at the K Shoes factory in Kendal, Cumbria. The union didn't object; the worker's colleagues didn't even look up as the operative was removed from the premises. Odd, on the face of it, since the worker seemed to have done rather well in his five years with the firm. He'd done a 24-hour shift, seven days a week, pausing only three times. He didn't stop for lunch, never went to the toilet, never asked to be paid, didn't get a pension and was carried serenely out the door without a whiff of redundancy money.

This worker was not flesh and blood. He was a robot, an RX-90, made by the Swiss firm, Stäubli. His short, successful career was over, and K Shoes was buying another one.

Suddenly, robots are cheap. Seen for decades as costly, complex rarities, fit for car assembly lines and not much else, they have come down in price so far that they are ready to start fulfilling the lost promise of the machine age – to free human beings from the most mind-numbing, low-paid assembly-line jobs there are.

Robots have been put to good use at K Shoes. Up until 1994, one of the most loathed jobs in the Kendal factory was in the moulding room. For hours on end, a human worker would have to stand next to a moulding machine with a spray gun. The machine would mould an artificial sole, bind it to an upper and move the completed shoe away: the worker had to spray a quick jet of a chemical onto the mould to stop the next sole from sticking. In seconds, another sole, another spray. And so on, and so on, and so on, thousands of times, over and over again. Soles made – souls destroyed.

"They might get RSI, they might breathe in some of the fumes – it was a boring job, and it wasn't done consis-tently," said Rod Sayers, the engineer who organised the introduction of the robots. "There used to be four operators on the machine. They used to take it in turns and nobody liked it."

Initially, workers and bosses alike were sceptical about robots. The workers feared for their jobs: the bosses saw little point unless somebody lost their job. In the end, the robots arrived, and improved the quality of the shoes so much that the employees found less zombifying work on a bigger shop floor. The first robot paid for itself in a year.

"One of the problems is robots are perceived as being complicated and difficult to train. The fact is they're not any more," said Sayers. "After the initial robot went in we tend to use robots wherever we can."

Lesen Sie den Text und überlegen Sie sich Antworten zu den folgenden Fragen.
◆ Worum geht es hier?
◆ Wie haben die Firmen die Roboter benutzt?
◆ Was sind die Vorteile von Robotern?
◆ Warum sind manche Leute gegen Roboter?
◆ Was halten Sie von Robotern?

◆ Wie würden Sie einen Roboter einsetzen, wenn Sie einen hätten?
◆ Was für andere technische Fortschritte könnten der Menschheit helfen?

Name _____

1 Carola Feuerbach arbeitet bei einer Integrations-
organisation für Ausländer. Hier spricht sie über die
Rolle von Ausländern in Deutschland seit dem Zweiten
Weltkrieg. Lesen Sie das Interview. Welche Frage passt
zu welcher Antwort?

a Frau Feuerbach, wegen der Geschichte Deutschlands
denken viele, dass Deutschland immer noch ein
rassistisches Land ist. Stimmt das Ihrer Meinung
nach? ☐

b Was hat Deutschland getan, um Ausländer
willkommen zu heißen? ☐

c Wie ist es für Asylanten? ☐

d Warum ist die deutsche Asylpolitik so großzügig? ☐

e Dennoch gibt es heutzutage viele Probleme mit
Rassismus in Deutschland. Wie sehen Sie diese
Probleme? ☐

f Warum interessieren sich die Medien dann so sehr
für Rassismus in Deutschland? ☐

1 *Die Asylpolitik wurde ein Teil des Grundgesetzes direkt nach
dem Krieg. Ich glaube, man wollte anerkennen, dass viele
Deutsche, ob Juden oder nicht, während der Nazizeit ins
Exil gehen mussten, weil sie verfolgt wurden. Dazu gehörten
auch prominente Personen, wie der Schriftsteller Thomas
Mann. Diese Menschen haben in verschiedenen Ländern wie
den USA, der Schweiz oder Großbritannien Asyl gesucht.
Nach dem Krieg wollte Deutschland auch politisch
Verfolgten Asyl gewähren.*

2 *Wegen der Vergangenheit Deutschlands ist
Fremdenfeindlichkeit natürlich ein empfindliches Thema hier.*

3 *Nein, klar will ich die schrecklichen Ereignisse des Zweiten
Weltkriegs nicht herunterspielen, aber nach dem Krieg hat
sich Deutschland darum bemüht, Ausländer zu begrüßen.*

4 *Deutschland hat auch die großzügigste Asylpolitik in
Europa und nimmt im Durchschnitt die Hälfte aller
Flüchtlinge auf, die in Europa Asyl suchen.*

5 *Deutschland hat ausländische Arbeitskräfte angeworben – die
so genannten Gastarbeiter. Vierzehn Millionen ausländische
Arbeiter sind in der Nachkriegszeit nach Deutschland
gekommen. Drei Millionen davon sind geblieben. Deutschland
ist also heute eine mulitkulturelle Gesellschaft wie viele
andere.*

6 *Ich will diese Probleme keineswegs verharmlosen. Aber wegen
der Nazizeit wird Deutschland oft einfach als
fremdenfeindliches Land abgestempelt und das finde ich
ungerecht. Die meisten Deutschen sind gar nicht rassistisch
– nur eine gefährliche Minderheit.*

2 Richtig (R), falsch (F) oder nicht angegeben (N)?

a Nach dem Krieg hat Deutschland Ausländer
eingeladen, nach Deutschland zu kommen um zu
arbeiten. ☐

b Die Ausländer durften sich aber nur begrenzt in
Deutschland aufhalten. ☐

c Deutschland nimmt jährlich die größte Anzahl an
Asylanten von allen europäischen Ländern auf. ☐

d Die meisten Asylanten dürfen jedoch nicht lange in
Deutschland bleiben. ☐

e Die Asylpolitik ist ein Grundlage der deutschen
Verfassung. ☐

f Während des Kriegs mussten viele Deutsche ihre
Heimat verlassen, um den Nazis zu entkommen. ☐

g Die USA haben die Mehrheit der deutschen
Flüchtlinge aufgenommen. ☐

h Frau Feuerbach findet die heutigen Probleme mit
Rassismus gar nicht beunruhigend. ☐

i Frau Feuerbach meint, die Vergangenheit hätte
einen großen Einfluss auf den Ruf Deutschlands
heutzutage. ☐

j Rassismus ist kein heikles Thema mehr in
Deutschland. ☐

3 Übersetzen Sie den Abschnitt „Die Asylpolitik …
gewähren".

4 Übersetzen Sie diese Sätze ins Deutsche.

a Germany welcomed foreigners after the Second
World War.

b Frau Feuerbach thinks that the German asylum
policy is very generous.

c Politically persecuted people are offered asylum in
Germany.

d Germans want other countries to recognize that they
are not all racist.

Name _____

Young and old, some old enough to remember the persecution of Jews by the Nazis, walked side by side from the capital's finest synagogue to the Brandenburg Gate, now the symbol of a united, free Germany.

Many thousands carried green balloons bearing the words "Nein zu Neonazis" ("No to neo-Nazis"). Others held banners denouncing the far-Right National Democratic Party (NPD), which is accused of inciting the recent wave of racial hatred.

Yesterday was chosen deliberately by politicians. The Nazis launched their pogrom against Germany's Jewish population on 9 November 1938, vandalising synagogues and setting fire to Jewish-owned shops and houses up and down the country. At least 90 Jews died and 30,000 were imprisoned on what became known as „Kristallnacht", the night of broken glass.

Acutely aware that a silent majority of their countrymen had allowed the Nazis to proceed with anti-Semitic policies in the Thirties, modern Germans wanted to make public their revulsion at resurgent neo-Nazism 62 years on.

Iris Stegmann, a mother of two young children, said: "We are here because we want our children to grow up in a tolerant society without racism. We want people to come here from other countries and not be afraid because they speak another language." Norbert Madloch, 69, had clear memories of the Nazis. He said: "I remember a teacher in my school who wanted to shoot all Jews in the neighbouring village. I am completely against any racism."

Among those on the march were Steffi Graf and Boris Becker, the tennis stars, Chancellor Gerhard Schröder and President Johannes Rau, who told the crowd: "On November 1938, barbarity was instigated by the state. This time the state stands against it."

Modern Germany was a land of freedom and humanity, he said. It was a country of which its people should be proud. But a clear distinction had to be drawn between patriotism and nationalism. "Patriotism can thrive only where racism and nationalism have no chance. We must never confuse patriotism with nationalism. A patriot is one who loves his own fatherland. A nationalist is one who despises the fatherland of others. Young German men have chased foreigners, handicapped and homeless people through the streets and injured or even beaten them to death. This is a disgrace for our country."

The *Telegraph*, November 10, 2000

1 Lesen Sie den Text und überlegen Sie sich Antworten zu den folgenden Fragen.

  a Worum geht es hier?

  b Wogegen wurde demonstriert?

  c Warum ist der 9. November ein wichtiger Tag für die Deutschen?

  d Was sind die Ursachen von Rassismus?

  e Warum ist Rassismus in Deutschland gestiegen?

  f Was kann man gegen Rassismus tun?

Einheit 6

Name _____

Cut out the cards. Form teams of 3 or 4 players. Place the cards face down on the table. In the first round, each player turns over one card and has twenty seconds to make up a sentence using the word on the card. At the end of the round replace all the cards face down on the table and re-arrange them so that they are no longer identifiable. Then each player in turn takes two cards and has 30 seconds to write a sentence using both words. Again, the cards should be reused at the end of the round. In the third round each player takes three cards and has 40 seconds to write a sentence with all three words. Continue indefinitely!

bekämpfen	Ausländer	Parlament	beunruhigend	Meinungsfreiheit
gewalttätig	Integration	sich engagieren	benachteiligen	Gastarbeiter
Asylantenheim	angreifen	friedlich	empört	verbieten
politisch	unternehmen	Einschränkung	Staatsbürgerschaft	Häftling
Warnung	gelten	rechtsextrem	Partei	Vorurteil

© Oxford University Press Photocopiable   Zeitgeist 2

Name _____

1a Lesen Sie die Fragen einer jungen Reporterin und die Antworten eines Jugendlichen, der vor einigen Jahren mit dem Gesetz in Konflikt gekommen war.

1b Schreiben Sie das Interview in der richtigen Reihenfolge auf.

a Moritz, wann bist du das erste Mal mit dem Gesetz in Konflikt gekommen?

b Du hattest nicht genug Geld zum Spielen und machtest Schulden?

c War es deine Idee oder hast du dich durch deine „Freunde" beeinflussen lassen?

d Wie hat die Polizei euch erwischt?

e Was für eine Strafe hast du bekommen?

f Wie abschreckend ist eine Geldstrafe deiner Meinung nach?

g Was hältst du von Gefängnisstrafen?

h Warum werden Jugendliche deiner Ansicht nach kriminell?

i Was brauchen Jugendliche in ihrem Leben?

1 *Auf jeden Fall eine Beschäftigung, einen Job, damit man genug Geld verdient.*

2 *Ich war 16, hatte die Schule beendet, hatte aber keinen Ausbildungsplatz. Mir war langweilig, aber ich hatte kein Geld. Ich versuchte einen Job zu kriegen, aber da war einfach nichts drin. Bei der Jobsuche traf ich einen Kumpel, der in einer ähnlichen Situation war. Er schlug vor in ein Spielkasino zu gehen, um unser Glück zu versuchen. Du kannst dir schon denken, was dann passierte.*

3 *Genau. Zuerst habe ich mir Geld von verschiedenen Freunden und Bekannten geliehen, dann von meinem Bruder. Und dann wollten alle plötzlich ihr Geld zurück. Meinen Freunden vom Spielkasino ging es auch nicht besser und so planten wir eben diesen Einbruch in der Firma meines Onkels.*

4 *Die Strafe wurde zur Bewährung ausgesetzt, aber ich musste das gestohlene Geld natürlich zurückgeben und meine Schulden abbezahlen, indem ich unbezahlte Arbeit in der Firma meines Onkels machte.*

5 *Ich bin froh, dass ich keine Gefängnisstrafe bekam. Denn man ist einfach dadurch stigmatisiert. Aber für solche Verbrechen wie Mord, zum Beispiel, sind Gefängnisstrafen schon richtig.*

6 *Ich muss zugeben, es war schon meine Idee. Ich wusste einfach nicht mehr, wie ich zu Geld kommen konnte. Mein Fehler war, dass ich mich anfangs von meinen Freunden beeinflussen ließ und überhaupt in die Spielkasinos ging.*

7 *In meinem Fall war es total abschreckend, weil ich die Strafe als wirklich beschämend empfand.*

8 *Die Firma meines Onkels hatte Überwachungskameras, was ich natürlich nicht gewusst habe. So hatte es die Polizei ziemlich einfach.*

9 *Also, ein Grund ist bestimmt, wenn man kein Geld hat. Man kann sich nichts leisten, aber alles, was Spaß macht, kostet Geld.*

2 👥 Machen Sie das folgende Rollenspiel mit einem Partner/einer Partnerin.

Rolle A
Sie sind ein Jugendlicher/eine Jugendliche, der/die mit einem Sozialarbeiter über seine/ihre Straftat spricht. Erwähnen Sie die folgenden Punkte in Ihrem Gespräch und beantworten Sie die Fragen des Sozialarbeiters/der Sozialarbeiterin.
- ◆ Langeweile in der Schule
- ◆ Prüfung nicht bestanden
- ◆ keine Arbeit
- ◆ durch Freunde beeinflusst
- ◆ mit Drogen experimentiert
- ◆ Zukunftsziele: neue Freunde, keine Drogen, eine Arbeit finden

Rolle B
Sie sind Sozialarbeiter/Sozialarbeiterin und führen ein Gespräch mit einem Jugendlichen/einer Jugendlichen, der/die eine Straftat begangen hat. Erwähnen Sie folgende Punkte in Ihrem Gespräch und stellen Sie entsprechende Fragen.
- ◆ Situation in der Schule
- ◆ Situation zu Hause
- ◆ Gründe für die kriminelle Straftat
- ◆ Änderung der Situation – wie?
- ◆ Vorschläge: Interessen? Schulabschluss machen? Berufsberatung? Informationen über Jobs sammeln?
- ◆ Realistische Zukunftspläne diskutieren

Name _____

Die Rolle der Zeitungsreporter

RALF EVERS ist Reporter bei einer überregionalen Tageszeitung. „Wie ich meine Rolle als Journalist sehe? Nun, zu allererst geht es darum, Information zu übermitteln. Durch Recherchieren und Analysieren wollen wir die Bevölkerung auf dem Laufenden halten. Oft wird uns Zeitungsreportern vorgeworfen, dass wir die Privatsphäre von Prominenten, aber auch von Normalbürgern missachten. Es ist natürlich wichtig, das Verhalten von Prominenten kritisch zu betrachten, zum Beispiel um Skandale aufzudecken, aber manche Journalisten gehen zu weit, besonders die, die sich auf Sensationsstorys spezialisieren.

Natürlich steht man als Reporter auch ganz schön unter Konkurrenzdruck, Aktualität steht heute an erster Stelle. Es geht um Auflagensteigerung bei Zeitungen, Einschaltquoten im Fernsehen und Wettbewerb innerhalb der Medien. Da ist es natürlich schon wichtig, die beste Story zu haben und deshalb nicht immer leicht, sorgfältig und wahrheitsgetreu mit der Information umzugehen.

Ob das Internet das Ende der Presse bedeuten wird? Wohl kaum, denn es besteht immer noch eine Nachfrage nach kompetenten Journalisten, die Kritik und Kontrolle ausüben, die Informationen selektieren und somit die Öffentlichkeit informieren. Das wichtigste Mittel gegen die Informationsüberflutung des Internets ist die Glaubwürdigkeit der Presse. Und die Qualitätszeitungen und seriösen Regionalzeitungen sind der beste Beweis dafür.

Die große Gefahr des Internets liegt nämlich darin, dass es unkontrollierbar ist. Während Journalisten sich an gewisse Spielregeln halten müssen und verantwortlich gemacht werden können, wenn sie zu weit gehen, ist das beim Internet nicht möglich. Die Gefahr liegt in seiner Anonymität."

1 Lesen Sie den Text und beantworten Sie folgende Fragen.
  a Was ist Ralfs Meinung nach die wichtigste Aufgabe eines Journalisten? *(1)*
  b Was wird oft an Zeitungsreportern kritisiert? *(2)*
  c Inwiefern stehen Reporter unter Konkurrenzdruck? *(2)*
  d Was ist Ralfs Meinung zum Internet? *(4)*

2 Welche der folgenden Aussagen sind richtig (R), welche falsch (F) und welche sind nicht angegeben (N)?
  a Zeitungsreportern wird ständig vorgeworfen, dass sie die Privatsphäre von Prominenten und Normalbürgern missachten. ☐
  b Journalisten müssen weit gehen, wenn sie sich auf Sensationsstorys spezialisieren. ☐
  c Der Konkurrenzdruck kann dazu führen, dass Journalisten nicht immer die Wahrheit berichten. ☐
  d Die Nachfrage nach guten Journalisten geht zurück. ☐
  e Im Internet kann man Qualitätszeitungen und Regionalzeitungen lesen. ☐
  f Die Anonymität macht das Internet unkontrollierbar. ☐

3 Übersetzen Sie den Abschnitt von „Ob das Internet …" bis „… Beweis dafür" ins Englische.

4 Übersetzen Sie die folgenden Sätze ins Deutsche.
  a Reporters are constantly under pressure to compete.
  b The most important task of reporters is to select information in order to convey it to the public truthfully.
  c Quality papers are proof of the credibility of the press.
  d The great danger with the Internet is that there are no rules.

5 „Wie sehen Sie die Rolle der Zeitungsreporter?" Erarbeiten Sie gemeinsam mit einem Partner/einer Partnerin eine Liste und diskutieren Sie anschließend in der Klasse.

Name _____

1 Ordnen Sie jedem deutschen Ausdruck den entsprechenden Englischen zu.

a Gelächter	1 furiously	
b bis sie an der Reihe sind	2 laughter	
c wütend	3 to re-educate them	
d jemanden angrinsen	4 to smirk at someone	
e dagegen habt ihr verstoßen	5 mate	
f Aufräumdienst	6 to report to the police	
g Kumpel	7 duty to clear up	
h bei der Polizei anzeigen	8 you violated this	
i sie umzuerziehen	9 until it is their turn	

a	b	c	d	e	f	g	h	i

2 🔊 Hören Sie sich den Fall „Darf diese Musik im Jugendzentrum gespielt werden?" an und kreuzen Sie die vier Sätze an, die falsch sind.

a Karl spielt eine CD, die rassistische Parolen enthält. ☐

b Karl bedroht den Sozialarbeiter mit seiner Bierflasche. ☐

c Paul, der Sozialarbeiter, ist alt und steht unter Stress. ☐

d Karl und sein Kumpel tragen schwere Schuhe. ☐

e Joachim wird von Paul zurückgehalten. ☐

f Politische Propaganda ist im Jugendzentrum erlaubt. ☐

g Drogen sind nicht erlaubt. ☐

h Paul will Karl bei der Polizei anzeigen. ☐

i Karl wollte die Sozialarbeiter provozieren. ☐

3 🔊 Hören Sie sich den Fall noch einmal an. Ergänzen Sie die Aussagen so, dass sie mit dem Sinn des Hörtextes übereinstimmen.

a Karl nimmt einen Schluck aus seiner Bierflasche und …
1 lacht den Sozialarbeiter an. ☐
2 lacht den Sozialarbeiter aus. ☐
3 schreit den Sozialarbeiter an. ☐

b Joachim beginnt Karl …
1 einen Vortrag ☐
2 seine Meinung ☐
3 seine Ansicht ☐
… über Meinungsfreiheit und Menschenwürde zu halten.

c Karl und sein Kumpel haben …
1 ein Plakat gemalt. ☐
2 die Spielregeln übertrieben. ☐
3 die Spielregeln missachtet. ☐

d Paul hat schon …
1 etwas mehr Erfahrung als Sozialarbeiter. ☐
2 viel länger als Joachim im Jugendzentrum gearbeitet. ☐
3 lange hier gearbeitet. ☐

e Joachim will Karl anzeigen, weil …
1 Karl ihn provoziert hat. ☐
2 Karl eine CD mit fremdenfeindlichen Parolen spielte. ☐
3 er Karl nicht leiden kann. ☐

4 🔊 Hören Sie sich den Fall noch einige Male an. Fassen Sie das Fallbeispiel dann auf Deutsch zusammen. Erwähnen Sie die folgenden Punkte.
◆ Wo ereignete sich der Zwischenfall?
◆ Was passierte?
◆ Joachims Meinung
◆ Pauls Meinung
◆ Ihre eigene Meinung

5 👥 Bereiten Sie sich auf eine Diskussion zwischen Joachim und Paul vor.

A ist Joachim. Sie finden, dass man Karl bei der Polizei anzeigen soll. Stellen Sie eine Liste mit Argumenten zusammen.

B ist Paul. Sie sind Sozialarbeiter und glauben, dass es besser wäre, Karl nicht anzuzeigen. Schreiben Sie eine Liste mit Argumenten auf. Diskutieren Sie anschließend mit Ihrem Partner. Benutzen Sie möglichst viele Ausdrücke aus dem *Tipp* auf Seite 77 des Schülerbuchs.

Name _____

1 das Europäische Parlament

2 die Europäische Kommission

3 die Europäische Zentralbank

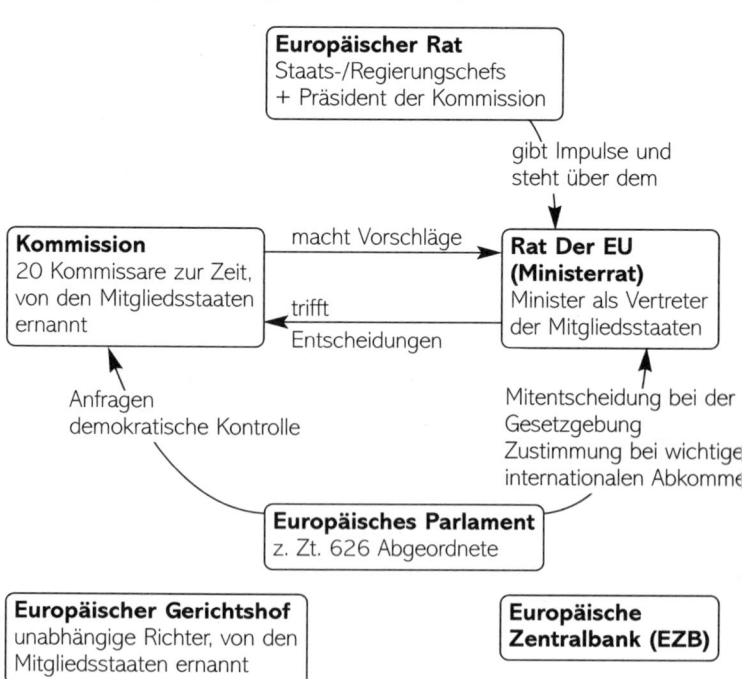

4 der europäische Gerichtshof

1 Ordnen Sie jedes Gebäude einer Stadt zu.

2 Was wissen Sie über die Funktion dieser EU-Einrichtungen? Ordnen Sie die Aufgaben den entsprechenden Organen zu.

   a ist den anderen Organen übergeordnet und legt die allgemeinen Zielvorstellungen der EU fest

   b ist für die Preisstabilität zuständig, sowie für das Funktionieren der Europäischen Währungsunion

   c entscheidet bei der Gesetzgebung mit, stellt den EU-Haushaltsplan endgültig fest, repräsentiert die Bevölkerung der einzelnen Mitgliedsstaaten

   d ist dafür verantwortlich, dass sich die Institutionen an die Rechte und Gesetze halten, die in den verschiedenen EU-Verträgen festgelegt wurden.

   e ist für die Ausarbeitung von Vorschlägen verantwortlich, führt den EU-Haushaltsplan aus und verwaltet Fonds und Forschungsprogramme

   f entscheidet über Vorschläge der Kommission und vertritt die Interessen der Regierungen der Mitgliedsstaaten

Die wichtigsten Organe der Europäischen Union

Europäischer Rat
Staats-/Regierungschefs
+ Präsident der Kommission

gibt Impulse und steht über dem

Kommission
20 Kommissare zur Zeit, von den Mitgliedsstaaten ernannt

macht Vorschläge

trifft Entscheidungen

Rat Der EU (Ministerrat)
Minister als Vertreter der Mitgliedsstaaten

Anfragen demokratische Kontrolle

Mitentscheidung bei der Gesetzgebung Zustimmung bei wichtige internationalen Abkomme

Europäisches Parlament
z. Zt. 626 Abgeordnete

Europäischer Gerichtshof
unabhängige Richter, von den Mitgliedsstaaten ernannt

Europäische Zentralbank (EZB)

3 Beschreiben Sie Ihrem Partner/ Ihrer Partnerin die Aufgaben der EU-Institutionen.

Einheit 8

Name _____

1 🔊 Hören Sie den Bericht „EU warnt vor Chaos in Palästinensergebieten" und vervollständigen Sie die Satzanfänge mit der Ergänzung, die am besten passt.

a Die Wirtschaft in den Palästinensergebieten …
   1 bedroht den Frieden. ☐
   2 steht vor dem Kollaps. ☐
   3 wird stärker. ☐

b Die zuständigen EU-Beamten wollen …
   1 mehr Druck auf Israel ausüben. ☐
   2 in die Politik Israels eingreifen. ☐
   3 Israels Wirtschaft fördern. ☐

c Ungefähr 30 Prozent der Bevölkerung …
   1 wohnen an der Grenze. ☐
   2 leben in Armut. ☐
   3 sind arbeitslos. ☐

d Im Februar soll eine Konferenz über … stattfinden.
   1 den Osten ☐
   2 die Nähe des Ostens ☐
   3 den Nahen Osten ☐

2 🔊 Hören Sie sich den Bericht noch einmal an und beantworten Sie die folgenden Fragen.

a Inwiefern ist die Situation zwischen Palästinensern und Israel düster? *(2)*

_____

_____

_____

b Woran sieht man, dass die Palästinenser vor dem Zusammenbruch stehen? *(4)*

_____

_____

_____

_____

_____

c Was wird über die Handelsbeziehungen zwischen der EU und Israel gesagt? *(3)*

_____

_____

_____

3 Ergänzen Sie den folgenden Lückentext und benutzen Sie die richtige Form des gewählten Wortes. Sie dürfen jedes Wort nur einmal benutzen.

Die EU will mit politischem Druck auf Israel _____, um den wirtschaftlichen und _____ Zusammenbruch der Palästinenser zu verhindern. Die wirtschaftliche _____ ist dort zurückgegangen und die Situation _____ sich außerdem durch den Stillstand des _____–Infrastrukturprojektes. Die EU ist Israels _____ Handelspartner und _____ israelische Produkte haben zollfreien Zugang zu den EU-Märkten.

Hafen   wenig   bedeutend   Produktivität   finanziell   einwirken   ausüben   verbessern   zahlreich   verschlechtern   Zusammenbruch.

4 👥 Interview mit einem EU-Berichterstatter über die Krise in den Palästinensergebieten.

A ist Journalist, **B** ist Berichterstatter der EU. Erarbeiten Sie zuerst gemeinsam einige Antworten zu den folgenden Fragen und machen Sie dann das Interview.

◆ Wie steht die EU zur Krise im Nahen Osten?
◆ Wie sieht die Lage der Palästinenser aus?
◆ Warum will die EU politischen Druck auf Israel ausüben?
◆ Wie könnte dieser politische Druck aussehen?
◆ Wie wichtig ist die EU für Israel?

Einheit 8

Name _____

Europa wird größer – was können die Bürger von einander lernen?

Städtepartnerschaften entstanden nach dem Zweiten Weltkrieg, um die kulturelle Zusammenarbeit der europäischen Städte und die Verständigung zwischen ihren Bürgern zu fördern. Mittlerweile gibt es mehr als 3000 deutsche Städtepartnerschaften, die auch bei der Osterweiterung der EU aktive Mitgestalter sein wollen. Städtepartnerschaften sollen also helfen, den Gedanken der europäischen Einigung unter Europas Bürgern und Bürgerinnen zu verbreiten.

Bislang haben sich die Städtepartnerschaften hauptsächlich am Vereinsleben orientiert mit Austauschprogrammen zwischen Sport- und Gesangsvereinen, aber teilweise auch Schulen. Nun wollen die Städte ihre Zusammenarbeit erweitern. Man will von einander lernen und gemeinsam handeln.

Solche grenzüberschreitenden Programme zwischen Partnerstädten gibt es bereits in den Bereichen Verkehr, Umweltschutz, Arbeitslosigkeit, jugendliche Randgruppen oder Rechtsradikalismus. So lässt sich zum Beispiel die Stadt Ludwigsburg die städtischen Parks von Landschaftsgärtnern ihrer französischen Partnerstadt Montbéliard gestalten, während eine Gruppe aus Montbéliard sich darüber informiert, wie man in Ludwigsburg mit jugendlichen Problemgruppen umgeht.

In einem weiteren Projekt, *„East-West community"*, geht es um den Gedanken-und Meinungsaustausch zwischen west-und osteuropäischen Städten zu aktuellen Themen wie dem Umgang mit Minderheitsgruppen oder der Förderung des öffentlichen Nahverkehrs. In der Zukunft wird das Internet, das einen schnellen, unbürokratischen Informationsaustausch ermöglicht, dabei wohl auch eine wachsende Rolle spielen.

1 Für jeden der folgenden Namen bzw. Bezeichnungen kreuzen Sie jeweils die Ergänzung an, die mit dem Sinn des Textes übereinstimmt.

a Städtepartnerschaften …
   1 waren eine Folge des Zweiten Weltkrieges. ☐
   2 spielen eine wichtige Rolle bei der Verständigung der Bürger Europas. ☐
   3 interessieren sich besonders für die Osterweiterung. ☐

b Der Gedanke der Europäischen Einigung …
   1 soll das Ziel der Bürger und Bürgerinnen sein. ☐
   2 soll den Bürgern und Bürgerinnen näher gebracht werden. ☐
   3 soll durch das Vereinsleben entwickelt werden. ☐

c Grenzüberschreitende Programme …
   1 sollen den Dialog und gemeinsames Handeln fördern. ☐
   2 sollen besonders bei der Gestaltung von Parks helfen. ☐
   3 sollen Jugendliche mit Problemen unterstützen. ☐

d Der Gedanken- und Meinungsaustausch …
   1 ist besonders im Bereich des Nahverkehrs wichtig. ☐
   2 muss unbürokratisch und schnell sein. ☐
   3 wird durch das Internet einfacher werden. ☐

2 Beantworten Sie die folgenden Fragen auf Deutsch.
   a Wozu soll die Erweiterung der Städtepartnerschaften führen? *(2)*
   b Warum will man den Gedanken- und Meinungsaustausch mit dem Osten fördern? *(1)*
   c Wie kann das Internet zu einer besseren Verständigung zwischen Ost- und West beitragen? *(2)*

3 Schreiben Sie einen Zeitungsartikel (ca. 150 Wörter) zum Thema „Die Zukunft der Städtepartnerschaften liegt in Osteuropa". Erwähnen Sie dabei die folgenden Punkte:
   ◆ Gründe für Partnerschaften mit Osteuropa
   ◆ Mögliche Projekte
   ◆ Ziele der Städtepartnerschaften

Name _____

1 Lesen Sie den Text „Zeit für den Frieden". Wählen Sie für jeden der Namen bzw. Bezeichnungen (rechts) die Ergänzung, die mit dem Sinn des Textes übereinstimmt.

Zeit für den Frieden

Dialog, so heißt das Magazin für deutsch-polnische Verständigung, das versucht, eine Verständnisbrücke über die Oder-Neiße-Grenze, also zwischen Deutschland und Polen zu bauen. Ein Journalist aus Hamburg und ein polnischer Journalist aus Warschau haben vor 12 Jahren mit dem Projekt begonnen. Ist es möglich, dass Polen und Deutsche friedlich zusammenarbeiten können trotz aller historischen Konflikte? Das haben sie sich jedenfalls zum Ziel gemacht. Eine einfache Aufgabe ist es bestimmt nicht, wenn man das Unrecht, die Grausamkeiten, die Vorurteile und die immer noch ungelösten Probleme zwischen den beiden Ländern und Ihren Menschen bedenkt.

Doch es zeigen sich durchaus schon positive Entwicklungen. Die deutsch-polnischen Gesellschaften in Deutschland und die sich in Polen noch im Aufbau begriffenen entsprechenden Organisationen sind ein so genannter Wegweiser. Polen als Reiseland, die Hilfe vieler Deutscher bei der Hochwasserkatastrophe in Polen, das sind Zeichen dafür, dass sich die Beziehungen verbessern, und wenn deutsche Soldaten mit polnischen Kollegen zusammen auf Truppenübungsplätzen in Schlesien gemeinsam üben, taucht zwar die Erinnerung an die Geschichte wieder auf, aber ohne die Feindseligkeiten.

1987 wurde der *Dialog* ins Leben gerufen und erscheint seither in zweisprachiger Ausgabe. Günter Filter, der Hamburger Journalist, setzte sich damals mit polnischen Publizisten, Historikern und Politikern in Verbindung und traf dabei den prominenten polnischen Journalisten Adam Krzeminski, der in Leipzig Deutsch studiert hatte, und dessen Kontakte zur polnischen und deutschen Elite und Intimkenntnisse der deutsch-polnischen Beziehungen dem Projekt zugute kamen. Adam Krzeminski und Günter Filter arbeiten weiterhin an einer Verbesserung der Beziehungen auf allen Ebenen.

© *PZ* no. 100, December, 1999, p. 36 KH Kurchner

---

a *Dialog* …
   1 ist der Name einer Brücke zur Verständigung über die Oder-Neiße-Grenze. ☐
   2 ist die Verständigung zwischen einem deutschen und einem polnischen Journalisten. ☐
   3 ist eine Zeitschrift, die zur Verständigung zwischen Deutschen und Polen beitragen will. ☐

b Deutsche Soldaten …
   1 haben gemeinsame Truppenübungen mit polnischen Soldaten. ☐
   2 erinnern sich gemeinsam an die Geschichte ohne Feindseligkeiten. ☐
   3 haben Truppenübungsplätze in Schlesien. ☐

c Adam Krzeminski …
   1 hatte in Hamburg Deutsch studiert. ☐
   2 kennt deutsche und polnische Politiker. ☐
   3 arbeitet mit Günter Filter an der zweisprachigen Ausgabe von *Dialog*. ☐

2 Beantworten Sie die folgenden Fragen.
   a Inwiefern kann man die Zeitschrift *Dialog* als Brücke zwischen Deutschen und Polen bezeichnen? *(2)*
   b Warum ist die Aufgabe, die sich der Hamburger und der Warschauer Journalist gesetzt haben, so schwierig? *(2)*
   c Woran sieht man, dass das Projekt Erfolg hat? *(4)*

3 Übersetzen Sie die folgenden Sätze ins Deutsche.
   a It is the aim of the magazine *Dialog* to show that the two countries can work together peacefully.
   b Although relations are improving there are still unsolved problems between the two countries.
   c The magazine is published bilingually and was first published in 1987.

4 Sie sind Reporterin für eine Jugendzeitschrift und sollen einen Artikel über das Projekt *Dialog* schreiben. Erwähnen Sie dabei folgende Punkte:
   ◆ Warum wurde das Projekt ins Leben gerufen?
   ◆ Welche Ziele hat das Projekt?
   ◆ Wie erfolgreich ist das Projekt?
   ◆ Ihre eigene Meinung dazu

Einheit 9

Name _____

1 🔊 Hören Sie sich das Interview mit Friedenshelfern an und verbessern Sie die Sätze, die falsch sind.

a Sabine hat an einem dreiwöchigen Lehrgang teilgenommen. ☐

b Der Lehrgang wird vom Auswärtigen Amt in Berlin organisiert. ☐

c Marco weiß, dass sein Leben nach einem Auslandseinsatz anders aussehen könnte. ☐

d Sabine hat weder eine Berufsausbildung noch eine feste Stelle. ☐

e Volker möchte beim Häuserbauen helfen. ☐

f Das Training ist schön und gemütlich. ☐

_____
_____
_____
_____
_____
_____

2 Beantworten Sie die folgenden Fragen auf Deutsch.

a Wofür braucht man im Kosovo Friedenshelfer? *(1)*

_____

b Warum möchte Marc Friedenshelfer werden? *(3)*

_____

c Was für eine Person muss man sein, wenn man als Friedenshelfer arbeiten will? *(2)*

_____

d Was lernt man auf dem Lehrgang? Nennen Sie zwei Beispiele. *(2)*

_____

e Was geschieht nach dem Lehrgang? *(2)*

_____

3 🔊 Hören Sie sich das Interview noch einmal an. Schreiben Sie dann eine Zusammenfassung auf Deutsch. Erwähnen Sie die folgenden Punkte:
- Aufgaben eines Friedenshelfers
- Gründe für die Entscheidung, Friedenshelfer zu werden
- Voraussetzungen

4 Sie wollen an dem Lehrgang des Auswärtigen Amtes „Wie wird man Friedenshelfer" teilnehmen. Schreiben Sie einen Brief mit Ihrer Begründung (ca. 150 Wörter).

5 👥 Machen Sie ein Interview darüber, wie man Friedenshelfer wird.

A möchte Friedenshelfer/in werden und wird von **B** interviewt. Bereiten Sie Ihre Gründe, warum Sie Friedenshelfer werden wollen, vor.

B ist Kursleiter/in des Lehrgangs für Friedenshelfer des Auswärtigen Amtes und interviewt die Bewerber. Bereiten Sie Fragen vor, um herauszufinden, ob **A** für diese Arbeit geeignet ist.

Einheit 9

Name _____

Exam Preparation

General Points

◆ Start revising well before your study leave
◆ Summarize each of the topics covered, using subtitles and bullet points. You may find the following suggestions useful.

Topic: Der Staat und das Individuum
a Parteien in Deutschland
b Ziele der Parteien
c Interessenverbände: Ziele, Erfolgschancen
d Vergleich mit England
e Meine Meinung

Topic: Globalisierung
a Auswirkungen auf unser Leben
b Gründe für Kriege
c Voraussetzungen für Frieden
d E-Commerce: Bedeutung, Entwicklung in der Zukunft
e Meine Meinung

Mind-mapping

Your vocabulary needs to be appropriate and you need to know topic-related phrases and expressions. Take the topic *Rassismus*, for example.

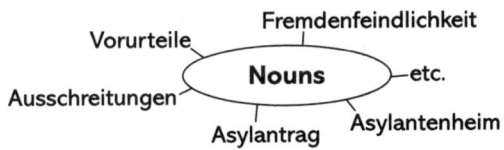

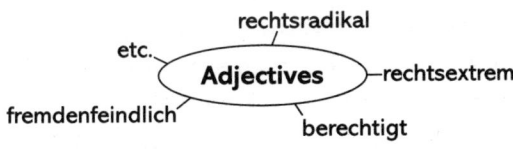

1 Now do the same for the remaining A2 topics.

Skills as required in Unit 4

◆ Allocate the appropriate amount of time to each part of the paper. You should spend more time on the reading/writing sections of the paper.

Part A Listening (short items)   23 marks
Part B Listening (longer items)   37 marks
Part C Reading   25 marks
Part D Writing   55 marks

◆ Read the instructions and statements carefully.
◆ Do not waste time if you don't know an answer. Go back to it later.
◆ Check the accuracy of your German answers. You get extra marks for accuracy.

2 Correct the mistakes in the following German sentences.

a Mit 16 er versuchte eine Job zu kriegen.

_____

b Die Firma von mein Onkel hatte Überwachungskameras.

_____

c Wenn man Friedenshelfer werde, man muss teilnehmen an einem Lehrgang.

_____

d Überwachungskameras ist ein gut Idee, um Verbrechen bekämpfen.

_____

e In meine Familie wir spricht über viele aktuelle Themen.

_____

© Oxford University Press 113

Einheit 9

Name _____

When you summarize in German:
- ◆ Read the bullet points carefully.
- ◆ Concentrate on these points when you listen to the text.
- ◆ Take notes.
- ◆ Listen again and write out your answer in sentences.
- ◆ Check your answer for agreement between subject and verb, word order, adjective endings and cases.
- ◆ In gap-filling exercises make sure that you use the correct form of the word you choose.

3 Fill in the following gapped text. Choose one of the words below and use the correct form of the word.

> Was können wir tun, um die Probleme der Dritten Welt zu _____? Umweltkatastrophen, Bürgerkrieg und Krankheiten _____ die Arbeit der Entwicklungshelfer und _____ . Wirkungsvolle Medikamente werden dringend _____, damit Epidemien wie die _____ von Aids _____ werden _____ .

> Verbreitung bewältigen kontrollieren erschweren
> Hilfsorganisation können brauchen

- ◆ When your answer is required in German you need to adapt the language in the reading text according to the task.
- ◆ When you translate into English, read the whole passage first before you start.
- ◆ When you translate into German, remember that you will often find some of the vocabulary required in the reading passage. For more information check the *Tipp* on p. 65 of **Zeitgeist 2**.

Speaking skills as required in Unit 6

Part 1 Reporting and discussion
- ◆ Be prepared to state in German what the English text is about. Make sure that your summary includes the relevant information from the text.
- ◆ When you respond to the examiner's question, express your opinion and, if possible, offer other views.

4 Work through your notes and textbook and write out all the phrases you could use to express your opinion. Then answer the following questions using a variety of expressions, as follows:
- ◆ Was halten Sie von E-Commerce?
- ◆ Was sind Ihrer Meinung nach die Vor- und Nachteile des Euro?
- ◆ Sollte sich die EU in politische Angelegenheiten anderer Staaten einmischen?
- ◆ Wie könnte man Verbrechen wirkungsvoll bekämpfen?

Part 2 Conversation
- ◆ Answer promptly and do all you can to sustain the conversation. You can even take the lead and do not have to agree with the examiner.
- ◆ Take care with pronunciation and intonation.

5 Re-visit *Zur Auswahl* in *Zeitgeist 1* and *2* and do the pronunciation and intonation exercises again.

Part 1 and Part 2
- ◆ Do correct yourself if you notice a grammatical error you have made.
- ◆ Use a wide range of vocabulary and more complex sentence constructions, such as relative clauses, subordinate clauses and the passive.
- ◆ Listen to some German or if you have a German Language Assistant talk to him/her just before the exam, so that you don't go into the exam 'cold'.

Good Luck and *Viel Erfolg*!

Kontrolle Einheit 1–3

Name _____

Total for this section: 60 marks

Part A   Total for Part A: 23 marks

In this section, you will hear four short items.
The marks for each question are given. You may listen to
the items as many times as you wish.

1 🔊 Sie hören jetzt einen Bericht über den Kampf
gegen Alkohol. Ergänzen Sie die Aussagen. Kreuzen Sie
(**x**) jeweils die Ergänzung an, die zu jeder Aussage am
besten passt, sodass die Aussagen mit dem Sinn des
Berichts übereinstimmen.

(a) Die Bundesregierung und die Interessengruppen
standen einander lange Zeit … gegenüber.
   - i) freundlich ☐
   - ii) feindlich ☐
   - iii) gleichgültig ☐

(b) Sie wollten gemeinsam den … Genuss von Alkohol
bekämpfen.
   - i) übertriebenen ☐
   - ii) gemäßigten ☐
   - iii) täglichen ☐

(c) In der Bundesrepublik sind 1,6 Millionen Menschen
… alkoholabhängig.
   - i) seit 10 Jahren ☐
   - ii) im Moment ☐
   - iii) vorübergehend ☐

(d) 92 000 Menschen können wegen Alkoholsucht nicht
mehr …
   - i) arbeiten ☐
   - ii) trinken ☐
   - iii) leben ☐

(4 marks)

2 🔊 Sie hören jetzt einen Bericht über das Ende einer
Initiative für Obdachlose in Hamburg. Kreuzen Sie (**x**)
die vier Sätze an, die **falsch** sind.

a	Jeden Morgen verteilt Annemarie Knapp Lebensmittel an die Obdachlosen.	
b	Das Projekt hatte eine Laufzeit von drei Jahren.	
c	Annemarie Knapp ist selbst obdachlos.	
d	Das Projekt ist ihr sehr wichtig.	
e	Die Stadt hat sie die ganze Zeit finanziell unterstützt.	
f	Frau Knapp hat Lebensmittel für die Obdachlosen von ihrem Haushaltsgeld gekauft.	
g	Das Wichtigste für die Obdachlosen ist, warme Getränke zu bekommen.	
h	Weil sie geschieden ist, war Annemarie Knapp selbst obdachlos geworden.	
i	Sie hofft, durch private Mittel das Projekt weiterführen zu können.	

(4 marks)

3 🔊 Sie hören einen Bericht über den geplanten Bau
eines Einkaufsparks in Eschwede. Ergänzen Sie die
Aussagen. Kreuzen Sie (**x**) jeweils die Ergänzung an,
die zu jeder Aussage am besten passt, sodass die
Aussagen mit dem Sinn des Berichts übereinstimmen.

(a) Die Bürger von Eschwede …
   - i) waren mit dem Bau des Einkaufsparks
einverstanden ☐
   - ii) wollten den Park auf einem anderen Gelände
haben ☐
   - iii) protestierten gegen die Errichtung eines
Einkaufsparks ☐

(b) Der Einkaufspark sollte … gebaut werden.
   - i) mitten in der Stadt ☐
   - ii) auf dem Lande ☐
   - iii) am Stadtrand ☐

Photocopiable   © Oxford University Press

Name _____

(c) Im Einkaufspark könnte man … finden.
   i) dieselben Geschäfte wie in der Stadt ☐
   ii) Geschäfte, die die Bürger selbst wollen ☐
   iii) ganz andere Geschäfte als in der Stadt ☐

(d) Die Einwohner haben Angst,
   i) dass viele ihrer Geschäfte schließen könnten ☐
   ii) dass viele Menschen ihre Arbeitsplätze
      verlieren könnten ☐
   iii) dass Menschen zu viel Geld ausgeben könnten ☐

(e) Die Anwesenden protestierten, weil
   i) nicht genug neue Arbeitsplätze geschaffen
      würden ☐
   ii) viele Familienbetriebe Bankrott gehen
      könnten ☐
   iii) die neuen Geschäfte besser bezahlen ☐

(5 marks)

4 🔲 Sie hören einen Bericht über die sinkenden Spenden bei der Aids-Hilfe. Beantworten Sie die Fragen **auf Deutsch. Bewertung des sprachlichen Ausdrucks: maximal 5 zusätzliche Punkte.**

a Warum sind ein Schweigemarsch, ein Konzert und ein Gottesdienst geplant?

_____

_____

(1 mark)

b Welche drei Faktoren haben zu finanziellen Schwierigkeiten geführt?

_____

_____

_____

(3 marks)

c Auf welche Weise unterstützt die Organisation Aidskranke vor allem?

_____

_____

(1 mark)
(5 marks + 5 marks for language)

Part B   Total for Part B: 37 marks

In this section you will hear one longer item. The marks for each question are given. You may listen to the item as many times as you wish.

5 🔲 Sie hören jetzt einen Bericht über die Auswirkung, die der Computer auf unser Leben hat.
a Welche unerwünschte Wirkung wird durch das Anschalten des Computers im Büro nach der Rückkehr aus dem Urlaub hervorgerufen?

_____

_____

(2 marks)

b Was war die ursprüngliche Hoffnung bei der Einführung der Computer?

_____

_____

(2 marks)

c Wieso wird behauptet, dass heute wegen der Computer mehr gearbeitet wird als früher?

_____

_____

(2 marks)

d Was passierte im Videoclip und was war Ihrer Meinung nach der Grund dafür?

_____

_____

(2 marks)

e Wie typisch ist die Reaktion des Angestellten in „Bad Day" und warum ist das so?

_____

_____

(2 marks)
(Total: 10 marks)

Kontrolle Einheit 1–3

Name _____

f Schreiben Sie **auf Deutsch** eine Zusammenfassung von der zweiten Hälfte des Berichts. Sie bekommen maximal 12 Punkte für den Inhalt Ihrer Arbeit, **und maximal 10 zusätzliche Punkte für sprachlichen Ausdruck.**
Erwähnen Sie die folgenden Punkte:

◆ Wie Mitarbeiter eines Betriebs E-Mails verschicken und so oft unnötigen Stress verursachen

◆ Wie diese Handelsweise Angestellte krank machen kann

◆ Wie das Telefon die Belastung vergrößert

◆ Welche Kontrollfunktion ein Netzwerk in einem Betrieb übernehmen kann

◆ Warum Manager diese Informationen vielleicht nützlich finden

◆ Ob das Schicken privater E-Mails vom Büro aus unproblematisch ist.

(12 marks + 10 marks for language)

_____
_____
_____
_____
_____
_____
_____
_____
_____
_____
_____
_____
_____
_____
_____
_____
_____
_____

g Ergänzen Sie den folgenden Lückentext mit Hilfe der **fett gedruckten** Liste.
Wählen Sie jeweils einen passenden Infinitiv bzw. ein Adjektiv bzw. eine Substantivform, und benutzen Sie die richtige Form des gewählten Wortes.
Sie dürfen jede Form nur einmal benutzen.

Die Informationsflut, die eine normale Bürofachkraft tagtäglich bewältigen _____, war vor 30 Jahren, als die ersten Rechner _____ wurden, unvorstellbar. Damals dachte man vor allem daran, wie viele _____ und komplizierte Arbeitsvorgänge von Maschinen übernommen werden könnten. In der Zwischenzeit aber dominieren die Rechner die _____ total. Immer neue Software wird eingeführt und das bedeutet, dass Angestellte sich immer wieder weiterbilden lassen müssen. Technische Probleme können zum Verlust wichtiger _____ führen und sind immer mit Zeitverschwendung verbunden.

müssen dürfen herstellen schreiben Bücher Arbeitswelt Büro Taschenrechner Dokumente langweilig interessant nützlich

(5 marks)
(Total: 37 marks)

Name _____

Part C

1a Lesen Sie den folgenden Text.

Armut in Deutschland

Überall wird angenommen, Deutschland sei ein wohlhabendes Land, ein Land, wo Milch und Honig fließen, aber dem ist nicht so.

Heutzutage leben nach wie vor 9,1% der Bevölkerung und damit jeder elfte Bundesbürger unter der Armutsgrenze, davon etwas weniger, 8,7%, im Westen und 10,7% im Osten. Zu dieser Gruppe gehören vor allem allein erziehende Mütter, Familien mit vielen Kindern, Arbeitslose und erstaunlicherweise auch besonders viele Jugendliche.

Als arm gilt, wer monatlich weniger als €519 in den alten Bundesländern und unter €428 in den neuen Bundesländern zur Verfügung hat. Diese Summen stellen jeweils 50% des durchschnittlichen Pro-Kopf-Einkommens dar, so wurde in einer repräsentativen Studie von Professor Walter Hanesch festgelegt.

Viele von den heutigen Armen gehören zu den so genannten „arbeitenden Armen". Sie haben entweder Kurzzeitjobs inne oder arbeiten für Hungerlöhne. Ursula Engelen-Kefer, die Vorsitzende des Deutschen Gewerkschaftsbundes, forderte deshalb die generelle Festlegung eines Mindestlohns, der wie beim Bau allgemein verbindlich sein müsste. Außerdem müssten die Bundesbürger ausführlicher darüber aufgeklärt werden, welche sozialen Leistungen sie in Anspruch nehmen dürften, um ihr geringes Einkommen aufzubessern. Viele Menschen sind sich ihrer Leistungsberechtigung nicht bewusst.

Erschreckend hoch ist die Anzahl der in Armut lebenden Kinder. Vierzehn Prozent aller Kinder leben unter der Armutsgrenze und knapp die Hälfte aller Jugendlichen unter 16 Jahren wachsen in finanziell prekären Umständen auf, d.h. in Familien, die weniger als 75% des Durchschnittseinkommens zur Verfügung haben. Zusätzlich spricht man immer mehr von „kinderbedingter Armut", von der besonders Alleinerziehende betroffen sind.

1b Füllen Sie die Tabelle mit den dazu gehörenden Definitionen aus.

9,1%	
10,7%	
€428	
€519	
14%	
8,7%	

(6 marks)

1c Beantworten Sie jetzt die folgenden Fragen **auf Deutsch**.

a Wie ist das Bild von Deutschland fast überall im Ausland? *(1 mark)*

_____

b Ist der Anteil der Armen an der Bevölkerung überall gleich groß? *(1 mark)*

_____

c Wer wird als „arm" definiert? *(1 mark)*

_____

d Warum können auch Menschen, die arbeiten, als arm angesehen werden? *(2 marks)*

_____

e Was könnte die Regierung unternehmen, um diese Situation zu verbessern? *(1 mark)*

_____

f Wie können staatliche Zuschüsse die finanzielle Lage mancher Menschen verbessern? *(2 marks)*

_____

g Warum wird behauptet, die finanzielle Lage von fast der Hälfte aller Kinder sei prekär? *(1 mark)*

_____

h Aus welchen Gründen sind Alleinerziehende Ihrer Meinung nach besonders von diesen Problemen betroffen? *(1 mark)*

_____

(Total: 10 marks)

Name _____

2a Lesen Sie jetzt den folgenden Text zu Schönheitsoperationen.

Schönheitsoperationen sind bei der Jugend „in"

Ein Busen wie Britney Spears, ein Hinterteil wie Leonardo di Caprio und eine süße kleine Nase wie Julia Roberts, wer träumt nicht davon unter den Jugendlichen?

Bei der wohlhabendsten Gruppe kann man wohl unter dem Weihnachtsbaum oder auf dem Geburtstagstisch einen Gutschein für einen chirurgischen Eingriff finden, der nur kosmetischen Zwecken dient. Der Kult der Schönheit wird heutzutage weitgetrieben. Und überall wird die Botschaft verbreitet, Schönheit sei käuflich.

Sicher, wer kennt sie nicht, die typischen Teenager-Komplexe? Teenies finden sich meist zu dick, zu picklig, zu hässlich. In Extremfällen entwickeln manche Mädchen Anorexie oder Bulimie, weil sie ihre Popidole mit ihren superschlanken Taillen allzu sehr nachahmen.

Eine der Spice Girls scheint sich nur durch Vitaminspritzen am Leben zu erhalten – von vernünftiger Ernährung schreibt die Boulevard-Presse nichts. Und wenn es nicht mit dem Diäthalten klappt, dann gibt es immer noch das Fettabsaugen, allerdings zu einem Preis und dazu noch nicht gerade ungefährlich.

Viele Teenies können gar nicht warten, bis sich der Busen normal entwickelt. Sie plagen ihre Eltern, sie sollten ihnen doch zum Geburtstag eine Brustvergrößerung schenken. Bei Jungs geht es meist um eine Laserbehandlung ihrer von Akne gekennzeichneten Gesichtern und Nasenkorrekturen sind bei beiden Geschlechtern beliebt.

Doch warnen Ärzte vor zu frühzeitigen Eingriffen. Jede Schönheitsoperation, egal in welchem Alter, trage große Risiken mit sich, wie Infektionen, Blutungen, Narben und Narkoserisiken. Doch bei Jugendlichen komme dazu noch eine Vergrößerung der Narben durch Wachstum und eine mögliche Verhärtung des Gewebes. Manchmal wachse zum Beispiel die Brust noch so sehr, dass eventuelle Implantate wieder herausgenommen werden müssen.

Brustoperationen werden deshalb nicht vor 18 Jahren und Nasenkorrekturen oder Fettabsaugen nicht vor 16 Jahren vorgenommen. Nur abstehende Ohren werden ab sechs Jahren korrigiert, da die Kinder womöglich in der Schule wegen ihres Schönheitsfehlers gehänselt werden.

Außerdem braucht man einen dicken Geldbeutel. Die meisten dieser Eingriffe kosten so um die 5000 Euro. Und die Kassen zahlen nur in Fällen, wenn der betreffende Körperteil stark von der Norm abweicht. Wäre es nicht besser, diese Summe für eine schöne Urlaubsreise bereitzuhalten?

Spiegel on-line, 14 March 2001

2b Lesen Sie den Artikel und die darauf folgenden fünf Aussagen durch und kreuzen Sie (**x**) an, ob die Aussage jeweils richtig, falsch oder nicht angegeben ist.

		richtig	falsch	nicht angegeben
a	Britney Spears hat sich die Brust vergrößern lassen.			
b	Julia Roberts hat eine große Nase.			
c	Viele Teenager sind mit ihrem Aussehen nicht zufrieden.			
d	Fettabsaugen wird von der Krankenkasse finanziert.			
e	Die Form der Nase könnte sich bis zum Alter von sechzehn Jahren noch verändern.			

(5 marks)

© Oxford University Press

Kontrolle Einheit 1–3

Name _____

2c Für jede der folgenden Personen bzw. Bezeichnungen kreuzen Sie (**x**) jeweils die Ergänzung an, die mit dem Sinn des Textes übereinstimmt:

(a) Jugendliche …
   i) träumen vom Erfolg der berühmten Filmstars ☐
   ii) möchten eine Figur wie Leonardo di Caprio haben ☐
   iii) finden Julia Roberts' Nase nicht schlecht ☐

(b) Reiche Menschen …
   i) lassen sich zu Festtagen Schönheitsoperationen schenken ☐
   ii) werden an Weihnachten oder an Geburtstagen operiert ☐
   iii) kaufen Schönheit bei einer Botschaft ☐

(c) Popidole …
   i) leiden alle an Anorexie oder Bulimie ☐
   ii) können wegen ihrer Schlankheit für die Gesundheit junger Mädchen gefährlich sein ☐
   iii) ernähren sich vernünftig und nehmen Vitamine ein ☐

(d) Viele Teenies …
   i) haben schon eine voll entwickelte Figur ☐
   ii) sind mit ihren Nasen völlig zufrieden ☐
   iii) wollen ihre jugendliche Haut verbessern ☐

(e) Ärzte …
   i) sind selten bereit, bei Jugendlichen zu operieren ☐
   ii) freuen sich über die zusätzlichen Einnahmen ☐
   iii) vergrößern gerne durch Implantate die Brust ☐

(f) Operationen …
   i) werden niemals bei Kindern unter 16 Jahren vorgenommen ☐
   ii) können Kinder glücklicher machen, weil sie nicht verspottet werden ☐
   iii) werden bei Kindern von den Krankenkassen bezahlt ☐

(6 marks)

2d Übersetzen Sie den folgenden Abschnitt des Textes **ins Englische**.

Doch warnen Ärzte vor zu frühzeitigen Eingriffen. Jede Schönheitsoperation, egal in welchem Alter, trage große Risiken mit sich, wie Infektionen, Blutungen, Narben und Narkoserisiken. Doch bei Jugendlichen komme dazu noch eine Vergrößerung der Narben durch Wachstum und eine mögliche Verhärtung des Gewebes. Manchmal wachse zum Beispiel die Brust noch so sehr, dass eventuelle Implantate wieder herausgenommen werden müssen.

(10 marks)

3 Übersetzen Sie folgende Sätze **ins Deutsche**.
  a Families with children are most frequently affected by poverty, with more than a tenth of all children living below the poverty line. *(4 marks)*

_____

_____

_____

  b If the government set a minimum wage, this would improve the overall level of income of the population. *(3 marks)*

_____

_____

  c A cosmetic operation is a popular present nowadays for young people in Germany. *(2 marks)*

_____

_____

  d For this you have to dig deep into your pocket, as the health insurance schemes will only pay in extreme cases. *(4 marks)*

_____

_____

_____

(Total: 13 marks)

Name _____

Why can't we love the Germans?

Today, the Duke of Gloucester is to launch UK-Berlin 2000, a year of exhibitions, concerts and festivals in the new German capital. This is the first fruit of Panel 2000 – dubbed the "Cool Committee" – which was set up soon after Labour came to power in 1997 "to improve the way Britain is seen overseas". The committee, under the late Derek Fatchet, decided to target specific capitals. And Berlin was put top of the list.

The German chancellor, Gerhard Schröder, has said that he wants the Berlin-Paris axis, up to now the pivot of the European union, to become a "triangle" that takes in London, where Tony Blair has made a priority of improving links with Germany.

The whole thing seems pretty odd. If relations with Berlin are so good, why such a pressing need to mount a campaign in its capital? In any case, there is probably no other city in which Britain's image would appear to be less in need of burnishing. Two of its proudest symbols, the remodelled Reichstag and the Stock Exchange, were designed by British architects, Norman Foster and Nicholas Grimshaw.

The city's leading orchestra will soon be under the baton of a Briton, Simon Rattle. Seven thousand Britons live in the city, many of them service personnel who stayed on after an occupation which

is remembered by the locals with more gratitude than resentment. But then, relations between the British and the Germans are like that: a giant, lopsided paradox. Germany is now Britain's biggest export market. There are increasingly close links between our universities. Footballers such as Kevin Keegan and Jürgen Klinsman come back from playing in each other's countries to say that they have had the time of their lives. German television is awash with British showbiz personalities.

Yet the relationship remains shot through from the British side, with a rancour and a mistrust that is cheerfully stoked by a rightwing press with its penchant for kraut-bashing headlines. Whether it should be taken at face value is another matter.

abridged from John Hooper, The *Guardian*, 28 January 2000

1 Lesen Sie den Text und überlegen Sie sich Antworten zu den folgenden Fragen.

a Was hat die britische Regierung unternommen, um das Image von Großbritannien im Ausland zu verbessern?

b Warum ist die Wahl von Berlin als Start dieser Kampagne erstaunlich?

c Welche Beispiele werden von deutsch-britischer Zusammenarbeit gegeben?

d Wie wird über die Deutschen in der britischen Boulevardpresse gesprochen?

e Warum, glauben Sie, findet man in solchen Zeitungen so viele negative Artikel über die Deutschen?

f Haben Sie bei Ihrer Lektüre in der Oberstufe oder während eines Deutschlandbesuchs herausgefunden, ob diese Zeitungen vielleicht doch Recht haben?

g Was könnte man ihrer Meinung nach tun, um das Verständnis der Briten gegenüber Deutschland zu verbessern?

Name _____

Part A   Total for Part A: 5 marks

In this section, you will hear one short item. The marks for each question are given. You may listen to the items as many times as you wish.

1 🔲 Sie hören einen Bericht über rechtsextreme Jugendliche. Ergänzen Sie die Aussagen. Kreuzen Sie (**x**) jeweils die Ergänzung an, die zu jeder Aussage am besten passt, so dass die Aussagen mit dem Sinn des Berichts übereinstimmen.

(a) Rechtsradikale Jugendliche haben Asylbewerber …
   i) angegriffen. ☐
   ii) ermordet. ☐
   iii) schwer verletzt. ☐

(b) Die Asylbewerber …
   i) sind schon früher von Neonazis angegriffen worden. ☐
   ii) sind Neuankömmlinge in der BRD. ☐
   iii) waren zu dritt. ☐

(c) Die Polizei …
   i) hat die Täter verhaftet. ☐
   ii) sucht die Täter noch. ☐
   iii) hat die Täter schon identifiziert. ☐

(d) Die Anzahl an Neonazis in der Stadt …
   i) sinkt. ☐
   ii) ist gleich geblieben. ☐
   iii) nimmt zu. ☐

(e) Die Asylbewerber wollen …
   i) nach Hause zurückkehren. ☐
   ii) nicht mehr in der Stadt bleiben. ☐
   iii) in einem anderen Asylantenheim in der Stadt untergebracht werden. ☐

(5 marks)

Part B   Total for Part B: 13 marks

In this section you will hear one longer item. The marks for each question are given. You may listen to the item as many times as you wish.

2 🔲 Hören Sie sich einen Bericht über „Wasserstoff statt Benzin" an und beantworten Sie die Fragen **auf Deutsch**.

a Warum interessieren sich Kunden für Autos mit alternativen Brennstoffen?   *(1 mark)*
b Was haben Daimler und BMW gemacht?   *(2 marks)*
c Wann wird das neue Auto eventuell auf dem Markt sein?   *(1 mark)*
d Warum werden wenige Leute das neue Auto kaufen?   *(1 mark)*
e Welchen Vergleich kann man zwischen dem neuen Auto und anderen technischen Geräten ziehen?   *(2 marks)*

(7 marks)

f Ergänzen Sie den folgenden Lückentext mit Hilfe der **fett gedruckten** Liste.
Wählen Sie jeweils einen passenden Infinitiv bzw. ein Adjektiv bzw. eine Substantivform, und benutzen Sie die richtige Form des gewählten Wortes.
Sie dürfen jedes Wort nur einmal benutzen.

Autokonzerne _____ schon seit einigen Jahren, Autos zu bauen, die keine Umweltschäden _____. Jetzt planen die Autokonzerne Daimler und BMW abgasfreie Autos zu produzieren. Benzin soll durch Wasser _____ _____ und dadurch soll die _____ geschont werden. Daimler hofft sogar, dass in zehn Jahren 5% seiner Autos keine Abgase mehr produzieren, eine Perspektive, die von Umweltorganisationen _____ geheißen wurde.

zwei ersetzen verursachen Luftverschmutzung Umwelt versuchen treiben beide willkommen bauen wollen empfehlenswert

(6 marks)

Name _____

Parts C and D Total for this section: 26 marks

Schule Ohne Rassismus

„Die **SCH***weiß***WARZ**en" nennt sich die 11-köpfige Gruppe von Schülerinnen und Schülern des Friedrichsgymnasiums in Frankfurt an der Oder und spielt dabei mit den Worten für zwei Farben, die im Allgemeinen zur Bezeichnung von Hautfarben verwendet werden. Die Gruppe ist seit vier Jahren aktiv; „Wir wollen mit gezielten Aktionen an der Schule für mehr Toleranz werben, Vorurteile gegen ‚Ausländer' abbauen und über andere Kulturen informieren", sagt Anita Nagel, eine der Mitgründerinnen der **SCH***weiß***WARZ**en. Vor allem jedoch wollten die Schüler und Schülerinnen das Friedrichsgymnasium in eine „Schule Ohne Rassismus" verwandeln.

Rassismus – das bedeutet jegliche Form der Kopplung von der Rasse eines Menschen mit bestimmten als minderwertig eingestuften Eigenschaften. Entsprechend sind die Ziele des Projekts „Schule Ohne Rassismus", Rassismus zu erkennen, zu ächten und zu bekämpfen. Durch die Konzentration auf die Zielgruppe Schüler/Jugendliche sollen möglichst viele Menschen erreicht werden. Auch weiß man, dass die Einstellungen von Jugendlichen noch nicht so verfestigt sind wie bei Erwachsenen.

Aber zurück zu Anita und den **SCH***weiß***WARZ**en. Zunächst machte die Gruppe eine Befragung der Schülerschaft zum Thema „Rassismus" und eine Aufklärungskampagne in den Klassen 5–7. Dann baute die Gruppe in der Aula einen „Magic Walk" auf. Nur mit Hilfe eines Walkman mussten sich die Besucher in der Rolle von Fremden auf den Weg durch den Behördendschungel und den ganz normalen deutschen Alltag machen. Ein Video über dieses Projekt hat einen Preis des Verlags Volk und Welt gewonnen und die Schule erhielt sogar einen Besuch vom Bundespräsidenten, der mit 15 Schülern und Schülerinnen diskutierte. Bedeutend bei dem Projekt ist, dass die Schüler den Ablauf entscheiden.

Die Schüler aus Frankfurt arbeiten keineswegs allein, denn das Projekt breitet sich aus. Schüler vom Friedrichsgymnasium haben sich mit Vertretern der anderen „Schulen Ohne Rassismus" auf einem bundesweiten Vernetzungsseminar getroffen – zum gegenseitigen Kennenlernen und Erfahrungsaustausch. Und auch international geht es weiter. „Schule Ohne Rassismus" ist mittlerweile in Österreich, Polen und Belgien aufgegriffen worden. Sogar eine kroatische Schule hat sich um den Titel „Schule Ohne Rassismus" beworben.

adapted from Inter Nationes dossier: *Rechtsextremismus,* www.inter-nationes.de

1 Lesen Sie diesen Artikel und die darauf folgenden fünf Aussagen. Kreuzen Sie (**x**) jeweils richtig bzw. falsch bzw. nicht angegeben an.

		richtig	falsch	nicht angegeben
a	Es gibt 11 Mitglieder der Gruppe **SCH***weiß***WARZ**en.			
b	Mangelnde Toleranz für Ausländer war ein großes Problem in der Schule.			
c	Es ist einfacher, die Meinung von Jugendlichen als die von Erwachsenen zu beeinflussen.			
d	Die Schule ist wegen des Erfolgs des Projekts ausgezeichnet worden.			
e	Die Schüler haben keine Macht zu entscheiden, wie das Projekt weitergehen soll.			

(5 marks)

2 Beantworten Sie die Fragen **auf Deutsch**.
 a Was ist das Endziel des Projekts? *(1 mark)*
 b Welche Rolle spielt Anita in der Gruppe? *(1 mark)*
 c Was hat die Gruppe für Schüler in der Unterstufe gemacht? *(1 mark)*
 d Womit sollen Besucher des „Magic Walks" versuchen, zurechtzukommen? *(2 marks)*
 (Total: 5 marks)

3 Übersetzen Sie den letzten Abschnitt „Die Schüler … beworben" **ins Englische**. *(10 marks)*

4 Übersetzen Sie die folgenden Sätze ins Deutsche.
 a The aim of the project is to combat racism by breaking down prejudices. *(3 marks)*
 b The founders of the group hope to reach as many young people as possible. *(2 marks)*
 c The school was visited by the president. *(3 marks)*
 d The project is expanding internationally. *(3 marks)*
 (10 marks)

Kontrolle Einheit 4–6

Name _____

A new plan to improve cycle paths should stop the misery of Berlin cyclists. Those who choose the environmentally friendly way to work currently take their life in their hands. One may well set off on a cycle path but before long it disappears or ends in a narrow pavement full of pedestrians. Now the city's transport department is seeking to develop an integrated system of cycle paths, which should make the city centre more accessible to cyclists.

The redesign of the capital has required the development of an integrated transport policy. Initially this has focused on the re-integration of underground and bus links as well as improving the quality of some roads in the previously divided city. New

developments such as Space City and the redevelopment of business around the Potsdamer Platz, previously the No Man's Land around the Wall, have pushed these concerns to the forefront. For cyclists can contribute to the commercial success of these projects as well as to fresher air in the city centre. Every Berliner who travels to work in the city centre by bicycle leaves a parking space free for visitors who come in to shop or do business.

1 Lesen Sie den Text und überlegen Sie sich Antworten zu den folgenden Fragen.
- ◆ Worum geht es hier?
- ◆ Welche Probleme haben Radfahrer in Berlin im Moment?
- ◆ Was sollte eine integrierte Verkehrpolitik zum Wiederaufbau Berlins beitragen?
- ◆ Wie könnte man die Leute dazubringen, mit dem Rad anstatt mit dem Auto zu fahren?
- ◆ Was könnte man Ihrer Meinung nach sonst machen, um Verkehrsprobleme zu lösen?
- ◆ Würden Sie mit dem Rad fahren, wenn es möglich wäre?

  Zeitgeist 2

Kontrolle Einheit 7–9

Name _____

Total for this section: 25 marks

1 [🔊] Hören Sie den Kurzbericht „TÜV baut Internetdienst für Warentests auf" und ergänzen Sie anschließend den folgenden Lückentext mit Hilfe der **fett gedruckten** Liste. Wählen Sie jeweils einen passenden Infinitiv bzw. ein Adjektiv bzw. eine Substantivform und benutzen Sie die richtige Form des gewählten Wortes.

_____ über Sicherheit und Qualität von Produkten kann man entweder per Internet oder über WAP-Handy _____ . Außer den Telefongebühren _____ das Angebot nichts. Das Gütezeichen wird man auf _____ Produkten finden können, was für die Käufer eine _____ sein wird. Alle Informationen richten sich an verschiedene Zielgruppen wie zum Beispiel Händler und _____ und sind dementsprechend aufbereitet.

TÜV – Technischer Überwachungsverein

Gütezeichen – *quality mark*

Anrufen viel Erleichterung Leistung abrufen Verbraucher Testergebnisse kosten zahlen Einkäufer

(6 marks)

2 [🔊] Sie hören einen Bericht über das Opfer eines Verbrechens. Ergänzen Sie die Aussagen. Kreuzen Sie (**x**) jeweils die Ergänzung an, die zu jeder Aussage am besten passt, so dass die Aussagen mit dem Sinn des Berichts übereinstimmen.

(a) Eine junge Frau …
   i) erlitt schwere Verletzungen ☐
   ii) wurde leicht verletzt ☐
   ii) verletzte ihren Freund ☐

(b) Der Freund …
   i) hatte sie mit einem anderen Mann gesehen ☐
   ii) war krankhaft schüchtern ☐
   iii) war eifersüchtig ☐

(c) Die Mutter …
   i) ist jetzt immer bei Sonja ☐
   ii) steht neben Sonja ☐
   iii) weicht Sonja aus ☐

(d) Sonja …
   i) überlebt die Gefängnisstrafe ☐
   ii) kann das Erlebnis nicht vergessen ☐
   iii) hat das schreckliche Erlebnis vergessen ☐

(4 marks)

3 [🔊] Hören Sie den Bericht noch einmal. Beantworten Sie die folgenden Fragen **auf Deutsch. Bewertung des sprachlichen Ausdrucks: maximal 5 zusätzliche Punkte.**

a Was machte Sonja, nachdem ihr Freund sie angegriffen hatte? *(3 marks)*

_____

_____

_____

b Wie sieht ihre Situation ein Jahr später aus? *(5 marks)*

_____

_____

_____

_____

_____

c Wie verhält sich ihre Therapeutin? *(1 mark)*

_____

d Was geschieht mit Sonjas Freund? *(1 mark)*

_____

(10 marks + 5 marks for language)

Kontrolle Einheit 7–9

Name _____

Total for this section: 42 marks

1 Lesen Sie den Artikel und die folgenden Aussagen. Kreuzen Sie (**x**) jeweils richtig bzw. falsch bzw. nicht angegeben an.

Geht der Online-Musiktauschbörse Napster das Geld aus?

Nach dem US-Gerichtsurteil vom Montag kann die Musiktauschbörse Napster für den kostenlosen Tausch geschützter Musikdateien haftbar gemacht werden. Auf der Website www.napster.com sind mehr als 50 Millionen Nutzer registriert. Auch für Internet-User in Deutschland hat das US-Gerichtsurteil gegen Napster Konsequenzen. Rund 1,1 Millionen deutsche Internetnutzer müssten nach Schätzungen der Branche nach einer Schließung der Musiktauschbörse Napster künftig wieder für Musiktitel zahlen. Im Dezember vergangenen Jahres haben knapp neun Prozent aller Bundesbürger mit Internetanschluss die Napster-Site angewählt.

Auch Napster-Konkurrenten haben vom Urteil gegen die kostenfreie Musiktauschbörse profitiert: Deutlich mehr Nachfrage als sonst registrieren Händler am Neuen Markt bei Musicmusicmusic. Marktbeobachter vermuteten einen Zusammenhang mit dem Urteil gegen die Internet-Musiktauschbörse Napster. Damit erhöhten sich die Chancen der kostenpflichtigen Internet-Musikanbieter.

Die Welt, 15 February 2001

---

		richtig	falsch	nicht angegeben
a	Napster wird von dem US-Gericht für den kostenlosen Tausch geschützter Musikdateien verantwortlich gemacht.			
b	Napsters Website hat 50 Millionen Nutzer registriert.			
c	Napster hat auch mehr als 1 Million deutsche Kunden.			
d	Ab jetzt müssen die Internetnutzer der Napster-Website bezahlen.			
e	Das US-Gericht forderte die Schließung der Napster Musiktauschbörse.			
f	Mehr als 9 Prozent der Bundesbürger mit Internetanschluss haben letzten Dezember die Napster-Site angewählt.			
g	Bei Napster-Konkurrenten hat sich seit dem Urteil die Nachfrage erhöht.			

(7 marks)

   Zeitgeist 2

Name _____

Aidscocktail – Medizin nur für Reiche, nicht für die Dritte Welt?

Afrika ist von der Aidsepidemie besonders stark betroffen, doch auch in Südost-Asien, vor allem in Kambodscha verbreitet sich das Virus mit rasender Geschwindigkeit. War das Land Anfang der 90er Jahre noch so gut wie HIV-frei, so sind heute fast eine viertel Million der zwölf Millionen Kambodschaner infiziert. Jeden Monat kommen mehr als 3000 neue Fälle dazu. Die Ärzte der Hilfsorganisation „Ärzte ohne Grenzen" können oft nicht mehr tun, als den Leidenden das Sterben zu erleichtern. Die Ungerechtigkeit und Hilflosigkeit macht sie traurig, oft auch wütend.

Denn es gibt eine wirkungsvolle Medizin, den Aidscocktail, der den Ausbruch von Aids verzögert oder gar verhindert. Selbst bei Aids-Patienten in einem frühen Stadium lässt sich die Krankheit über Jahre kontrollieren.

Durch die Anwendung dieser Therapie ist in den USA die Zahl der Aidstoten bereits zurückgegangen. Warum ist das also nicht auch in Afrika und Kambodscha möglich? Ganz einfach: Die Therapie kostet pro Patient und Jahr mehr als 10 000 Dollar. Nur reiche Patienten in den USA und Europa können sich so eine Behandlung leisten.

Doch jetzt gibt es einen Hoffnungsschimmer. Der Chef der indischen Pharma-Firma Cipla, Yusuf Hamied, 64, will seine Aidsmedikamente zum Selbstkostenpreis an die Dritte Welt verkaufen, denn er hat trotz seines Erfolges sein soziales Gewissen nicht vergessen. Die einen nennen ihn deswegen „Wohltäter der Menschheit", seine Kollegen aus dem wissenschaftlichen Bereich sehen ihn als ein „Wunderkind", aber seine Geschäftskonkurrenten aus dem reichen Westen, die Chefs der Pharmamultis Amerikas und Europas, sehen in ihm eine Bedrohung.

Die Dritte Welt braucht jedoch dringend Hilfe und niemand sollte sich der sozialen Verpflichtung entziehen. Harvard-Professor J.D. Sachs macht einen radikalen Vorschlag. Unter Leitung der Weltgesundheitsorganisation soll ein Aids-Fonds eingerichtet werden, in den die Industrienationen einzahlen. Der Einkauf preisgünstiger Aidsmedikamente und die kostenlose, effektive Verteilung in den Ländern der Dritten Welt könnten auf diese Weise kontrolliert und garantiert werden.

adapted from *Der Spiegel*, Nr.14/02.04.2001

---

2 Lesen Sie den Artikel und beantworten Sie die Fragen a–e **auf Deutsch**.

a Was wird über das Ausmaß der Aidsepidemie gesagt?

(3 marks)

_____

_____

b Warum sind die Ärzte traurig und wütend zugleich?

(2 marks)

_____

_____

c Vergleichen Sie die Situation der Aidskranken in den USA mit der Situation der Aidskranken in Afrika und Kambodscha. *(2 marks)*

_____

_____

d Warum ist Yusuf Hamied eine Bedrohung für die Pharmamultis des Westens? *(2 marks)*

_____

_____

e Wie könnte eine gerechtere Zukunft aussehen? *(4 marks)*

_____

_____

_____

_____

(Total: 13 marks)

3 Übersetzen Sie die folgenden Sätze **ins Deutsche**.
  a Effective Aids therapy can delay or even prevent an outbreak of the disease. *(4 marks)*
  b Doctors who work with Aids patients in the Third World are angry because they cannot afford the Aids medication. *(4 marks)*
  c Despite his success, Yusuf Hamied sees it as his social responsibility to help the people in Africa and Cambodia. *(4 marks)*

(Total: 12 marks)

4 Übersetzen Sie den Abschnitt von „Denn es gibt eine …" bis „… eine Behandlung leisten". *(10 marks)*

© Oxford University Press

Kontrolle Einheit 7–9

Name _____

Part 1 Reporting and discussion

EU threat to cut Kosovo aid

Fears that mounting violence between ethnic Albanian guerillas and Yugoslavian forces could destabilise the region dominated the summit of Balkan leaders and European Union officials yesterday in Skopje, the capital of Macedonia.

The violence in the area between Kosovo and southern Serbia led to EU warnings that aid could dry up if it does not stop. The EU external affairs commissioner, Chris Patten, issued a sharp warning: "The people of Kosovo need a wake-up call because it is the whole of Kosovo that risks paying – literally and figuratively – if this barbarism carries on."

A dozen Serbian soldiers and police have been killed by mines or sniper fire in the last month, while Yugoslav tanks have shelled ethnic Albanian villages. Within Kosovo itself, 10 Serb civilians died last week when the leading bus in a convoy hit a landmine. Albanian gunmen have also targeted police in nearby western Macedonia in incidents which EU officials fear may be connected.

The new government in Belgrade has proposed a plan for peace talks which would pump aid into the region. The plan stops short of autonomy and calls for the guerrillas to disband before Yugoslav forces withdraw. The Yugoslav president, Vojislav Kostunica, told yesterday's summit that the buffer zone should be abolished. "It is no longer a security zone, but merely a base for terrorist activity and the major source of the threat," Mr Kostunica said.

abridged from Jonathan Steele, *The Guardian*, 24 February 2001

1 Lesen Sie den Text und überlegen Sie sich Antworten zu den folgenden Fragen.

a Was ist das Problem im Kosovo?

b Wie reagierte die EU?

c Was hat die Regierung in Belgrad vorgeschlagen?

d Wie könnte die EU helfen?

e Sollten sich internationale Organisationen in die Angelegenheiten von Staaten einmischen?

f Wie können sie helfen?

g Kennen Sie noch andere Beispiele von Minderheitsgruppen, die verfolgt wurden oder verfolgt werden?

Part 2 Conversation

Bereiten Sie sich auf ein allgemeines Gespräch über die folgenden Themen vor.

◆ Warum werden Jugendliche zu Verbrechern?

◆ Inwiefern lassen sich junge Leute beeinflussen?

◆ Wie sollten Verbrecher bestraft werden?

◆ Was halten Sie von CCTV?

◆ Warum stehen Jugendliche oft unter Druck?

◆ Was sind Ihrer Meinung nach die größten Probleme unserer Gesellschaft?

◆ Wie könnte man den Ländern in der Dritten Welt helfen?

◆ Inwiefern sind wir für die Probleme der ärmeren Länder verantwortlich?

◆ Was halten Sie vom Internet?

◆ Wird das Internet unsere Welt verändern? Wie?

◆ Werden wir in 50 Jahren noch in Geschäften einkaufen gehen oder wird es nur noch E-Commerce geben?

◆ Was halten Sie von internationalen Organisationen wie der NATO oder der UNO? Können Sie den Frieden in der Welt garantieren?

◆ Ist Weltfriede Ihrer Meinung nach möglich oder wird es immer Kriege geben?